山川
歴史モノグラフ
㉞

公職選挙にみる
ローマ帝政の成立

丸亀裕司
Yuji Marugame

山川出版社

Election and the Emergence of Imperial Rome
by
MARUGAME Yuji
Yamakawa-Shuppansha Ltd 2017

公職選挙にみるローマ帝政の成立　目次

公職選挙にみるローマ帝政の成立

序章　ローマ帝政の成立と公職選挙をめぐって

ローマ帝政初代皇帝アウグストゥスは、約二〇年続いた内乱を鎮め、王政廃止から約五世紀間続いた共和政を一人支配体制へと再構築し、皇帝の地位を確立した。二世紀初頭に活躍した歴史家タキトゥスは、アウグストゥスによる帝政の成立を「三人委員の名を有したあと、コンスル職を自身のもとへもたらし、平民を守るために護民官の権限を保有し、贈物により軍隊を、穀物により市民を、余暇の甘美により万人を唆《そそのか》し、少しずつ地位を高め、元老院、公職者、法の義務を自身の手元に集めた」と評する。[1] 本書は、タキトゥスが「アウグストゥスが手元に集めた」とするもののうち「公職者」[2]に注目し、その選出のあり方が共和政末期からアウグストゥス治世までのあいだにどのように変化したかを検討することによって、ローマ帝政の成立を説明する試みである。

ローマ帝政の成立過程

本書では、共和政末期（とくにスッラの独裁後）からアウグストゥス時代の公職選挙をみていくこととなる。ローマ皇帝の性格を考えるにあたってこの時期の公職選挙に注目する理由についてはあとで詳しく説明することとして、まずは、共和政末期からアウグストゥス時代までがどのような時代であったかをみてみよう。

前八〇年代、元老院主導の政治を志向するスッラを筆頭とした元老院主流派と、前一〇〇年代に五年連続でコンスルに選出された軍事的英雄マリウス、彼を支持するキンナを筆頭とするポプラレスとが政治的優位をめぐって対立した。マリウスとキンナの死後、軍を率いて東方遠征より帰還したスッラは、都市ローマを軍事的に制圧し、独裁官に就任した(前八二年)。独裁官として絶大な権限を掌中にしたスッラは、護民官の立法権と拒否権の剝奪、護民官経験者の高位公職就任の禁止、公職就任規定の整備、属州総督の選出方法の制度化、元老院議員の三〇〇人から六〇〇人への増員、裁判の審判人の元老院議員による独占、グラックス兄弟以来の穀物供給の廃止など、さまざまな施策を実施する。

前七九年、スッラは自身が志向した改革が達成されたとみるや政界を去るが、その翌年にはスッラ体制への反発があらわれた。前七〇年代を通じて徐々にスッラ体制の切り崩しは進行し、最終的に、スッラのもとで頭角をあらわし、その後の軍事的功績を背景に前七〇年のコンスルに就任したポンペイウスとクラッススが護民官職権をスッラ以前の状態に回復したことで、スッラ体制は崩壊した。

前六〇年代になると、ポンペイウスの軍事的名声はますます高まった。ポンペイウスは、前六七年、海賊討伐のための例外的な命令権を付与され、その任を達成すると、さらに翌年、ポントス王ミトリダテスとの戦争の指揮権を委ねられ、ポントスのみならず、セレウコス朝までもローマの属州に編入した。

同じ頃、ローマの政界ではキケロとカエサルがその頭角を現し始めた。キケロは、前七〇年、シキリア島民の要請で属州シキリアの元総督ウェッレスを弾劾すると、その弁論の名声は一気に上昇した。その後、数々の法廷弁論で有力者との人脈を築きながら、前六九年にアエディリス、前六六年にプラエトル、前六三年にコンスルに選出される。コンスルに就任したキケロは、都市ローマへの放火、敵対する元老院議員や騎士の殺害などを企てたカティリナの国家転覆計画を事前に暴露し、これを阻止した。

カエサルは、マリウスの未亡人で叔母ユリアの葬儀(前六九年)に際して、スッラ以降都市ローマへの持ち込みが禁止されていたマリウス像をその葬列に加えて注目を集めると、前六五年、アエディリス在職中に前例のない大規模な見世物を開催し、ローマ都市民の絶大な人気を獲得した。前六三年には、通常であればもっとも権威ある元老院議員が選出される最高神祇官に三十七歳の若さで選出された。さらに、翌年にはプラエトルに選出され、着実に政治家としての影響力を強めた。

東方で軍事的大成功をおさめたポンペイウスは、前六一年に都市ローマに帰還、生涯で四度目の凱旋式を挙行し、彼の名声は絶頂を迎える。しかし、彼の軍団の退役兵への土地分配を元老院は承認せず、ポンペイウスと元老院の溝は深まっていった。

こうした状況のなか、前六一年に属州ヒスパニア総督として軍功をあげたカエサルは、前五九年度コンスル選挙に立候補した。カエサルはコンスル選挙当選の前後に、元老院と対立するポンペイウスを味方とし、さらにポンペイウスと対立するクラッススを和解させ、この三人で「三頭政治」と呼ばれる私的な政治的盟約を結ぶ。

前五〇年代は、この三人の強力な影響力のもとで幕を開けた。カエサルは、前五九年のコンスルとしてポンペイウスの退役兵への土地分配を決めた法を可決させ、さらに翌年から五年間におよぶ属州ガッリアおよびイッリュリクム総督としての命令権を獲得し、ガッリア戦争を開始する。彼らは、前五六年に三頭政治の継続を確認し、ポンペイウスとクラッススがその翌年のコンスルに選出された。

その間、クロディウスが前五八年の護民官に選出され、組合結成を認める法を制定すると、政治的影響力を拡大させた。さらにクロディウスは、コンスル在職中に裁判なしでカティリナを処刑したとしてキケロを告発し、これを受けてキケロは都市ローマを離れ、追放の憂き目にあった。翌年、キケロは追放からの帰還を許されるが、このときもクロディウスによる妨害があった。また、それによって都市ローマで食糧問題が発生すると、ポンペイウスに「食糧監督官」(curator annonae)という特別な権限が与えられた。これ以降、都市ローマでなんらかの問題が生じた場合、元老院がポンペイウスにその対処を要請する機会が増してゆく。

さて、三頭政治に話を戻すと、前五五年、ポンペイウスとクラッススはコンスルに就任する。そして、カエサルの属州ガッリア総督の任期を五年延長し、さらにポンペイウスとクラッススは、それぞれ任期五年の属州ヒスパニアと属州シリアの総督に就任する。翌年、クラッススは属州シリア総督として、東方のパルティアとの戦争を開始した。

しかし翌年以降、三頭政治のバランスは崩れ始めることとなる。前五四年、カエサルの娘でポンペイウスの妻ユリアが死去し、さらにその翌年にはクラッススがパルティアとの戦闘で戦死する。その後、ポンペイウスは元老院主流派との距離を急速に縮めていく。クロディウスが引き起こした混乱の沈静化のために、前五二年、ポンペイウスは元老院の承認のもとで単独コンスルに選出される。こうして、ポンペイウスは元老院主流派の中心的人物となっていく。

元老院との結び付きを強めるポンペイウスは、ガッリアで違法に徴兵したとして、カエサルに軍隊の解散と都市ローマへの帰還を要求する。これに妥協案を提示したカエサルだったが、ポンペイウスや元老院主流派との溝は埋まらなかった。武力に訴えることを決断したカエサルは前四九年一月七日にルビコン川を渡り、ローマ政界を二分する内乱が勃発した。

カエサルの迅速な作戦行動に対処する準備が整っていないポンペイウスは、多くの元老院議員とともにギリシアへ渡る。カエサルはすぐにポンペイウスを追跡せず、イタリア、ヒスパニアで軍備を進める元老院主流派を制圧する。同年十二月に都市ローマに戻ると、カエサルは「選挙民会主宰のための独裁官」(dictator comitiorum habendae causa)に任命され、自身のコンスル選出も含めて、前四八年度公職選挙を主宰した。その他いくつかの施策を講じたのち、カエサルはポンペイウスを追ってギリシアへ渡る。

カエサルは、デュッラキウム陣地戦では窮地に陥るものの、前四八年八月にファルサルスの戦いで元老院主流派を敗走させる。ポンペイウスは逃亡先のエジプト、アレクサンドリアで殺害された。ポンペイウスを追ってエジプトに渡ったカエサルは、クレオパトラ七世とプトレマイオス十三世の王位継承問題に介入し、しばらく都市ローマを不在にすることとなった。

カエサル、そしてカエサルがその選挙を主宰するはずだったコンスルとプラエトルが不在のまま前四七年を迎えた都市ローマでは、家賃免除と借財帳消しを提案した護民官ドラベッラと、その成立を阻止しようとする、独裁官の補佐役である騎兵長官アントニウスおよび護民官トレベッリウスの衝突が続く。この混乱はカエサルが都市ローマに戻るまで続いた。

カエサルはその後、前四六年四月タプススの戦い、前四五年三月ムンダの戦いで反カエサル派に勝利し、単独支配体制構築をめざすこととなる。前四四年になると、カエサルは「終身独裁官」として、ローマ共和政史上前代未聞の無制限、無期限の命令権を獲得した。これに対して、前四四年三月十五日、M・ブルトゥス、カッシウスらを筆頭とする反カエサル派は、国家を僭主から解放するという大義を掲げ、カエサルを暗殺した。

カエサル暗殺後、暗殺者たちは期待していた支持を得られず、首都ローマから退去せざるをえなくなった。他方、カエサル派ではアントニウスがしだいに影響力を強めた。しかし、カエサル派内部でもアントニウスの影響力拡大に反発する者は多く、彼らはユリウス・カエサル家の相続人に指名されたカエサルの姪の息子オクタウィアヌスを支持し、アントニウスと対抗した。前四三年夏、アントニウスとオクタウィアヌスの陣営はムティナで軍事的に衝突するも、同年十一月、アントニウスとオクタウィアヌスは旧カエサル派の有力者レピドゥスを交え、カエサル暗殺者の処罰と国家の混乱の収拾のために、五年任期の「国家再建三人委員」を創設、これに就任し、コンスルと同等の権限をはじめとした非常大権を獲得する。翌年、フィリッピの戦いでカエサル暗殺者たちを破り、当初の目的を達成した三人委員だったが、サルディニア島を拠点に都市ローマを脅かすセクストゥス・ポンペイウスや、混乱に乗じてローマ領内への侵入をはかるパルティアとの戦いのために、三人委員はその後もその地位を維持し、アントニウスは帝国東方を、オクタウィアヌスは帝国西方を、そしてレピドゥスはアフリカを管理することとなる。

前三七年、三人委員はその任期を五年延長し、セクストゥス・ポンペイウスとの決戦、パルティア遠征の実行を確認する。前三六年、オクタウィアヌスはセクストゥス・ポンペイウスを破り、さらにその混乱に乗じてレピドゥスを失脚させた。アントニウスは、パルティア遠征の後背地となるエジプトの女王クレオパトラとの距離を縮め、パルティア遠征を実行に移したが、これは失敗に終わる。

オクタウィアヌスはその後も順調に自身の地盤を強化した。前三五年に開始したイッリュリクム遠征の成功でオクタウィアヌスは軍事的評価を高めた。他方、アントニウスはその後もエジプト、クレオパトラと密接な関係を築く。パルティア遠征に失敗したにもかかわらず凱旋式をアレクサンドリアで挙行し、さらに、クレオパトラの子にローマの支配領域の領有を含めた藩属王国の王位を与えた。こうしてアントニウスは、ローマの元老院、オクタウィアヌスとの溝を深めることとなる。

前三二年、ローマの元老院、オクタウィアヌスはエジプトへ宣戦布告し、オクタウィアヌスは全イタリア、続いて西方属州のローマ市民から忠誠の宣誓を受け、その戦争の指揮を担うこととなる。オクタウィアヌスは、前三一年九月二日、アクティウムの海戦でアントニウスとエジプトの艦隊を敗走させ、さらに翌年八月一日にはアレクサンドリアを陥落させる。その結果、アントニウスとクレオパトラは自殺し、約二〇年におよぶローマの内乱はここに終結した。

前二九年一月、ローマが戦争状態にあることを示して開かれるヤヌス神殿の門がおよそ二百年ぶりに閉ざされ、平和の訪れが高らかに宣言された。オクタウィアヌスは九月にローマに戻り、エジプトとの戦争の勝利を記念する凱旋式を挙行した。前二八年、彼は「元老院の第一人者」に指名され、ローマ市民中最大の権威を帯びていることが広く示される。他方、国家再建三人委員として、あるいはエジプトとの戦争のために保持した非常大権を、少なくとも外見上は、徐々に放棄、ないしその行使を停止し、内乱勃発以前の政治体制への回帰が喧伝された。

そして、前二七年一月十三日、彼自身の言葉を借りれば、「万人の同意により万事を司っていた私〔オクタウィアヌス〕

は、国家を私の権限からローマの元老院および市民の判断に委ねた」[3]。これに対して元老院は、潜在的な軍事的危機はいまだ存在しているとして、それへの対処をオクタウィアヌスに要請し、協議をした。そして外敵の侵入や反乱などの危険性がある属州をオクタウィアヌスが、こうした危険性のない属州を元老院が、その統治を担当することとなった。その結果、軍隊が駐屯する属州の統治はオクタウィアヌスに委ねられ、彼は同時にほぼすべてのローマ軍の指揮をも掌握した。その三日後、元老院はその功績への感謝として、「アウグストゥス」の名をオクタウィアヌスに贈る。その後、アウグストゥスは西方属州の視察に出発し、前二四年まで都市ローマを不在にした。

前二三年七月、アウグストゥスは体調不良を理由に、前三一年から連続して就任していたコンスルを辞職する。その際、カッシウス・ディオの言葉を借りれば、アウグストゥスは「終身の護民官職権」とともに「都市境界(pomerium)内にはいる際にも放棄されない、また、更新もされないプロコンスル職」「属州においてそれぞれの指揮官以上の権限」を獲得した。

その直後、元老院属州マケドニア総督(プロコンスル)のプリムスが藩属王国トラキアと無断で戦争を開始したとして、国家反逆罪の廉《かど》で告発され、それに引き続き、カエピオとL・ムレナを主導者とするアウグストゥスへの陰謀事件が生じた[4]。前二二年には、都市ローマではティベリス川の氾濫と飢饉が発生し、ディオによれば、ローマの都市民はこれらの災害が生じたのはアウグストゥスがコンスルに就任していないからだと主張して、彼にコンスル就任を要請した。しかし、アウグストゥスはこのコンスル職をはじめ、改めて提示された終身のコンスル職や独裁官職も拒否し、「食糧供給への配慮」のみを引き受けた。そのあと、アウグストゥスは東方属州巡察のためにローマを不在にすることとなるが、その間、公職選挙はしばしば混乱したと伝えられている。前二一年、前一九年度コンスル選挙でもコンスルは一人しか選出されず、アウグストゥスのために空位のままだったコンスルのポストをめぐって選挙は混乱した。とくに、エグナティウス・ルフスの前一九年度コンスル選挙立候補により、コンスル選挙をめぐる混乱はピークに達した。この混乱はアウグストゥスが都市ローマに戻って鎮められたが、ディオによれば、このときアウグストゥスは「終身のコンスル権限」を獲得した。

こうしてアウグストゥスの特殊な地位と新しい政体は少しずつ確立していくが、アウグストゥスはその政体を継続的なものとするために、後継者(とその後見人)の準備に着手する。軍事的な面でアウグストゥスの右腕として活躍し、彼の娘ユリアと結婚していたアグリッパは、前一八年に五年間の護民官職権と命令権を獲得する。さらにその翌年、アウグストゥスは、アグリッパとユリアの息子、ガイウスとルキウスを養子とした。

しかし、アグリッパは前一二年に死去する。アウグストゥスは、軍事面での右腕であり、後継候補の後見人を失ったが、この役割は、妻リウィアの連れ子で、すでに軍事的な資質を示しつつあったティベリウスとドルススが担うこととなる。翌年、ティベリウスは、アウグストゥスの娘でアグリッパの未亡人ユリアと再婚する。ティベリウスは弟のドルススとともにゲルマニア方面軍を指揮していたが、ドルススは前九年に事故死する。その後、ゲルマニアの混乱を鎮めると、前六年にティベリウスは五年間の護民官職権を獲得し、アウグストゥスの後継候補あるいはその後見人としての地位を強めた。しかしその翌年、ティベリウスはロドス島へ向かうと、後二年までそこに滞在し、都市ローマに戻らなかった。

その間、ガイウス・カエサルとルキウス・カエサルが公的生活を始める年齢に達し、ガイウスは後一年の、ルキウスは二年の予定コンスルに選出された。ガイウスは、前一年からドナウ方面軍の指揮、さらにアルメニアの王位継承問題の解決など、アウグストゥスの後継者として、着実に実績を積み重ねていった。しかし、ルキウスはコンスル就任以前に病没し、ガイウスも、アルメニアで起こった反乱での負傷が原因となり、後四年、ローマへの帰途で死去する。ガイウスとルキウスの死去により、ティベリウスがアウグストゥスの後継者として最有力候補となった。

同年、アウグストゥスは、ティベリウスと、ガイウスとルキウスの弟アグリッパ・ポストゥムスを養子とする。同時にティベリウスは、弟ドルススとアントニア（アウグストゥスの姉オクタウィアとアントニウスの娘）の息子ゲルマニクスを養子としている。さらに、ティベリウスの護民官職権は一〇年を期限として更新され、ティベリウスは今や高齢のアウグストゥスの事実上の共同統治者として帝国統治の中心に復帰した。その後、彼は再びゲルマニア方面軍の指揮を執り、六年に勃発したパンノニアおよびイッリュリクムでの反乱を鎮圧した。一二年、ティベリウスはローマに戻り、この戦勝を記念する凱旋式を挙行し、翌一三年にはさらに一〇年間の護民官職権と、アウグストゥスと同等の命令権を獲得した。ティベリウスがアウグストゥスの後継者となることは決定的となった。

翌一四年八月十九日、アウグストゥスはノラの別荘で死去し、ティベリウスがその地位を継承した。アウグストゥスが築いたローマ帝政ははじめての帝位継承をへて、継続的な支配体制となることが確認された。

ローマ帝政の成立に関する学説史

このようにして、ローマの共和政は帝政へと転換した。つぎに、現代の研究者がローマの帝政成立をどのように説明してきたかを回顧し、ローマ帝政成立やローマ皇帝像について新たな像を描くうえで、公職者選出のあり方の変容に注目する理由を示したい。

ローマ帝政成立に関する研究でまず取り上げねばならないのはモムゼンである。モムゼンは、皇帝の権限は共和政の公職者のそれに由来し、前二七年一月、オクタウィアヌスが元老院より「アウグストゥス」の名、半数の属州、そこに駐屯するローマ帝国軍の指揮権を付与されたことで、全帝国がアウグストゥスと元老院の「二元統治体制」のもとにおかれ、これによりローマの前期帝政「元首政」が成立したと説明する。[5] そして、ローマ皇帝の法的地位は、属州統治と軍隊指揮のために付与された「プロコンスル命令権」によって規定されたとする。[6]

モムゼン以降、「二元統治体制」という概念は多くの研究者に注目され、皇帝と元老院の権力関係を問うことで「二元統治体制」を精査する研究、あるいは、皇帝を規定する権限がどのようなものだったかを問う研究が多数発表される。[7] シュルツは、モムゼンが皇帝の命令権をプロコンスル命令権としたのに対し、皇帝の命令権は共和政期のコンスル命令権と同一であるとし、共和政期のコンスルは同僚によりその行使が制限されていたが、皇帝は、同僚をもたなかったため、これを無制限に行使できたと説明する。[8] クロマイアーは、元首政における皇帝の地位は、共和政期のコンスル、プロコンスル、護民官職権の保持者、最高神祇官といった、共和政期の権限の総和の上に成立したと論じる。[9] デッサウは、「二元統治体制」という像を否定し、皇帝の親族が公職階梯において優遇されることを例示しつつ、前一八年以降、アウグストゥスは公職をめぐる競争を許さず、「支配者の意思以外に法のない絶対的な君主政がうち立てられた」とする。[10]

日本においても、モムゼン以降の法制度史的研究を踏まえ、船田享二が帝政成立を論じた。船田は、ローマ皇帝の登場あるいは帝政成立について、共和政を廃して帝政が成立したのではなく、公職者、元老院、市民に代表される共和政体は維持され、皇帝がこれに付け加えられるかたちで帝政が成立したとする。[11]

ローマ帝政成立について法制度的側面が注目を集める一方で、共和政期の政治史研究は大きな転換を迎えた。そのきっかけとなったのがゲルツァーの論考である。彼は教授資格請求論文『ローマ共和政のノビリタス』〔一九一二年出版〕において、社会史的に共和政期ローマの政治権力の根源を探り、以下のように論じた。前三六七年から前六三年までに[12]最高位の公職であるコンスルに選出された者のほとんどが、コンスルを輩出したことのある「ノビレス」家系出身であり、コンスルを輩出したことのない家系出身者「新人」のコンスル就任は一五人、のべ二四回だけだった。[13] そして、公職選挙を勝ち抜きコンスル就任をはたすために、「立候補者は党派を拠り所にすることはできず、上下を問わない、あらゆる種類の個人的関係のシステムを通じて支えられて」[14]おり、ノビレスによるコンスル職や政治の独占の前提を史料にあらわれるさまざまな人間関係に求めた。そして、

投票する被支配集団と、その大衆を統治する支配集団の全ローマ市民には、一つの社会として、継続的な金銭的義

> 務をともなった政治的友誼関係としての、法廷や共同体における保護・被保護関係〔パトロキニウム〕を本質的形態とする、忠実で密接な、さまざまな関係が浸透していた。これらの関係が政治権力の分配を決定していた。……そのため、もっとも有力な者とは、彼らの被保護者〔クリエンテス〕と友人をもとに、もっとも多くの投票者を動員できる者だった。

と結論づけた。[15] その後、ミュンツァーは、詳細なプロソポグラフィ研究の成果から、共和政期を通じて何世代にもわたる有力家系間の協力・敵対関係の存在を明らかにした。[16] こうして、ゲルツァーとミュンツァーの学説は、ローマ社会全体に浸透した保護・被保護関係（「パトロキニウム」「クリエンテラ」とも。以下、一般に通用している「クリエンテラ」を使用）を権力基盤とする有力政治家たちの協力・敵対関係によって共和政ローマの政治が展開していたという理解「クリエンテラ論」を生み、さらにこの理解はプレマーシュタイン、サイムによって帝政成立の説明にも敷衍される。

プレマーシュタインは、共和政末期から帝政成立にいたる過程をクリエンテラの発展を中心にすえて以下のように論じた。マリウスが募兵により軍団を編成し、その軍団兵に戦利品や農地を分配したことで、軍事のみならず政治にも活用できる従士団が形成され、軍隊指揮官であり大きなクリエンテラの保護者である個人が国家の権力者となる下地が生まれた。そして、カエサルとポンペイウス、アントニウスとオクタウィアヌスの内乱によりそれらが拡大、統合された結果、「元首政において軍隊指揮官とパトロヌスが一個人に集約し、すなわち、プリンケプス（第一人者）は市民団のなかで最高の保護者であり、同時に軍隊に対する最高指揮官でもあり、皇帝に忠誠を宣誓した帝国内にいるすべての者は、緊急時には武器をとって彼のために戦う義務を負って」アウグストゥスの元首政が誕生した。[17] また、こうした体制において、公職や神官の任命をはじめとする、帝国の中枢においてクリエンテラ関係を創出する資源は皇帝に独占され、皇帝とその一家の権力強化にのみ利用されることとなり、[18] 皇帝以外の者はクリエンテラ関係を皇帝に奪われることはあっても、新たにこれを構築し、自身の権力基盤として政治利用することはできなくなった。

サイムは、前三二年になされた全イタリアのローマ市民によるオクタウィアヌスへの宣誓を帝政成立の決定的な契機とみなす。サイムは、「この宣誓はあらゆる社会階級を包含し、保護者に対する庇護者として、あるいは軍隊指揮官に対する兵士として、全市民を党派のリーダー〔オクタウィアヌス〕のクリエンテラへと結びつけた」と評し[19]、「カエサル派」という一党派の指導者にすぎなかったオクタウィアヌスが全ローマ市民の第一人者としてその保護者である皇帝の地位を獲得したとする。そして、皇帝に対する宣誓は「元首政の本質」をなすものであり[20]、モムゼンが帝政成立の起点とした前二七年の出来事については「痛みのない、表面的な変容」にすぎなかったとする。[21]

共和政末期から帝政前期の政治史研究において、「ノビレスの権力基盤としてのクリエンテラ」は研究の前提とされ、その後の研究は進展する。帝政成立史研究は、ローマ皇帝〔アウグストゥス〕が獲得した権限、そしてアウグストゥス体制の統治理念が検討される一方、プレマーシュタインとサイムが提示したモデルの精緻化という方向で研究が進められた。

皇帝の権限について、例えばサイムが「上級プロコンスル命令権」と「護民官職権」を「アウグストゥスの支配の二本の柱」と述べているように[22]、命令権と護民官職権がローマ皇帝にとって主要な権限だったとされる点で、研究者の見解は一致している。そのうち、護民官職権については、アウグストゥスは前二三年にこれを獲得し、都市ローマでの元老院や民会の招集のためにこの権限を行使したと広く認められている。さらに、アウグストゥスはその政治的な立場を都市民(plebs urbana)の支持のうえに基礎づけるためにこれを獲得したといったように[23]、その政治的重要性も強調されている。

他方、アウグストゥスが獲得した命令権については、研究者の見解は一致しているとはいえない。「命令権」とは、一般的な認識によれば、コンスルとプラエトルの軍隊指揮権であるとともに行政上の職務権限でもあった。[24]アウグストゥスが獲得した命令権について、現代の研究者のあいだでは、プロコンスル〔属州総督〕に優越する指揮権である「上級プロコンスル命令権」とする説、また共和政期の最高位の公職であるコンスルと同等の「コンスル命令権」とする説が主要なものとなっている。近年では、アウグストゥスは「コンスル命令権」を獲得したとする研究者が多いが、「プロコンスル命令権」だったと主張する研究者も少なくない。これは長く絶え間ない議論が続いている問題となっている。

アウグストゥスの統治理念については、プレマーシュタイン、サイム以前から、とくにキケロの国政論の影響の有無という観点から研究がなされていたが[25]、「自由」(libertas)や[26]、「第一人者」あるいは「元首」(princeps)ないし「元首政」(principatus)[27]、そして「権威」(auctoritas)などの言葉がアウグストゥスの統治理念として注目され、これらの言葉が示す概念の共和政末期との連続性が検討される[28]。とくに「権威」は、アウグストゥス自身が『神アウグストゥスの業績録』のなかで、「権威の点で私は万人に勝ったが、権限の点では公職での私の同僚となった他の者たち以上のものを何一つ保持しなかった」と述べていることから[29]、アウグストゥスの統治理念の根幹とみなされてきた。

クリエンテラ論に基づいて共和政末期から帝政初期の政治を論じた研究もさかんにおこなわれた。テイラーは、クリエンテラ論を前提として、カエサルが活躍した時代の政争を「元老院主流派」(optimates)と「ポプラレス」の対立として論じる[30]。それに対してマイヤーは、クリエンテラをはじめとするさまざまな人的紐帯の重要性を認めつつも、その形成に個人の評判も一定の役割をはたしたこと[31]、さらに、同じ一族や兄弟間の政治的な対立の事例から、世襲の人的紐帯に権力基盤をもつ有力家系出身者たちが安定的に党派を形成したとは考えられないと指摘し[32]、権力が複数の個人に集中する政治のあり方では広大な海外領土(属州)の統治は不可能だったために内乱、さらに帝政成立へと向かったと論じる。また、共和政末期からアウグストゥス時代までの新人(祖先に元老院議員をもたない家系の出身者)元老院議員に注目したワイズマンは、新人についての詳細なプロソポグラフィ研究の成果を提示するとともに、彼らはクリエンテラをはじめとするさまざまな権力基盤をもつノビレスの協力なしに政界進出をはたしえなかったと論じる[33]。サイム自身は、タキトゥスの記述の分析を通じて、ティベリウス帝からトラヤヌス帝までの政治の実態を人的構造から解明しようと試み[34]、また、とくにアウグストゥス治世に婚姻や養子縁組で関係を築き、家系存続の危機を生き残ろうとする貴族層の栄枯盛衰を描いた一連の論考を一篇の著書として出版し、[35] クリエンテラに焦点をあてた帝政成立論の精緻化と、帝政初期の人的構造の解明を進めた。

他方、クリエンテラ論に批判的な研究もある。その主要なものとして、ヤヴェッツの研究があげられる。ヤヴェッツは、カエサルからユリウス＝クラウディウス朝期の皇帝たちとローマの都市民のあいだに従属的なクリエンテラ関係があったことを前提とせずにその関係を論じ、「ローマに民主政は存在しなかったが、都市民の圧力は存在した」と、ローマの都市民が皇帝の行為に対して一定の影響力をおよぼしうる存在だったと主張する。[36]

このように、広く研究者に影響を与えたクリエンテラ論は、日本のローマ史研究にも多大な影響をおよぼした。長谷川博隆は共和政末期の多種多様な人的結合をクリエンテラの枠組みのなかに位置づけて詳細に論じ、[37] 吉村忠典は共和政末期に地中海世界各地の支配階層がローマの有力者のクリエンテラ関係に組み込まれる過程を実証的に論じた。[38] また、弓削達は、マルクスやウェーバーの理論を援用しつつ、必ずしもクリエンテラ論に拠らないローマ帝政成立論を展開する。[39]

共和政末期から帝政前期政治史研究に多大な影響を与えてきたクリエンテラ論だが、一九八〇年代にはいると、痛烈な批判にさらされることとなる。まず、帝政前期のクリエンテラ関係について、サラーがそれまで受け入れられてきた前提に強い疑義を呈する。[40] アウグストゥスが全帝国のクリエンテラ関係を統合してローマ帝政が成立したあと、クリエンテラは皇帝に独占されて硬直化したとプレマーシュタイン、サイムが説明して以降、ある人物と皇帝との関係のみが注目され、元老院議員間、あるいは元老院議員と騎士の関係は看過されてきた。しかしサラーは、社会学的方法を援用しつつ、帝国行政に携わる役職などの「皇帝の恩恵」と「それを受ける者」を接続する元老院議員間の推薦、さらには皇帝以外の元老院議員が有したパトロネジ関係が帝政前期においても存在したことを例示しつつ、元老院議員は皇帝によりクリエンテラ関係を奪われパトロンとしての地位を失ったとするプレマーシュタイン、サイム説を批判する。[41]

他方、共和政末期の政治史におけるクリエンテラ関係の重要性に疑問を投げかけたのはミラーである。ミラーは、立法民会に先立って開催される市民集会である「コンティオ」[42]で市民を説得する政治家に注目し、ゲルツァーが示したように、クリエンテラの動員によってノビレスが民会を支配していたのであれば、なぜこうした説得が必要だったのか、という疑問を提示した。[43]そして、その後の一連の論考でも、クリエンテラ動員によってノビレスが民会と政治を支配したという説明を批判し、政治決定における都市民の影響力を評価し、[44]最終的に、ローマ共和政はある種の民主政だったと主張する。[45]

クリエンテラ関係を権力基盤としたノビレスによる政治支配という政治史研究の前提への批判はサラーやミラーに始まったものではない。例えば共和政末期については、ブラントはゲルツァー以来の「ノビレス」の定義に異議を唱え、[46]ホプキンスとバートンはコンスル家系がコンスルを輩出する連続性の低さをすでに提示していた。[47]しかし、ミラーの研究（あるいは問題提起）は一九八〇年代以降の共和政末期政治史研究の大きな転換点となり、とくに都市民の政治的影響をいかに評価すべきか、という議論を引き起こした。[48]こうした議論の代表的なものとして、ムーリッツェンがあげられる。ムーリッツェンは、ミラーがローマ共和政を「民主政」としたのに対し、政治システムによって市民の政治参加は強く制限されており、富裕層市民が政治決定の場である民会で大きな影響力を発揮しえたとし、有力家系出身者が政治全体にイニシアティヴを発揮した「寡頭政」だったと主張する。[49]

ミラー以降の共和政期の政治史研究において、クリエンテラは、ノビレス家系による長期的なコンスル輩出と政治支配を可能とした前提ではなく、彼らのさまざまな権力基盤の一要素と考えられるようになり、クリエンテラ以外の有力政治家の権力基盤を解明しようとする研究が多くみられるようになる。安井萠は、政治家本人ないしその祖先が成し遂げた国家への貢献がもたらす「ディグニタス」（一般に「威厳」と訳される）がノビレス支配を成立させていたと論じる。[50]

また、ヘルケスカンプは、政治システムやそこでの競争自体が有力家系出身者に有利なもので、彼らは祖先の偉業とそれに由来する名誉を象徴資本として蓄積し、これにより長く政治の主導的地位を独占したと説明する[51]。

共和政末期から帝政成立期を通事的に扱った研究としては、食糧供給政策の変遷を皇帝権の成立と関連づけて論じた宮嵜麻子の研究がある。宮嵜は、首都ローマの食糧危機に際してポンペイウス、アウグストゥスが「食糧供給への配慮」(cura annonae)を引き受けた際に与えられた「異例の命令権」(imperium extraordinam)をローマの皇帝権成立の契機とみなす[52]。

帝政成立期に関する最近の研究では、「ドムス・アウグスタ」(「アウグストゥスの家」)と呼ばれる集団が注目されている。セヴェリーは「ドムス・アウグスタ」の成立に焦点をあて、貴族家系の競争システムから一つの家族の優越性が成立する過程として帝政成立を論じる[53]。島田誠は、アウグストゥスとユリウス・カエサル家を核に、女性を結節点としてクラウディウス・ネロ家をはじめとしたファミリア(狭義の「家族」)が結びついた「ドムス・アウグスタ」の構造を明らかにし、これが帝政初期の「皇帝の後継候補者を含む、帝政を支える人材を生み出す母体であり、また外部から新たな人材を政権に取り込むための経路を与える存在だった」と、その重要性を強調する[54]。

また、長くアウグストゥスの統治理念として重要視されてきた「権威」についても、従来の理解に疑問が呈されている。ロウエは、先に取り上げた『業績録』の文言「権威においては万人に勝った」は、アウグストゥスの統治理念ではなく、前二八年に彼が「元老院の第一人者」に選出された出来事を指すと主張する[55]。

以上のように、共和政末期から帝政成立期の政治史研究は、一九八〇年代にクリエンテラ論の限界が指摘されて以降、さまざまな方向性が模索されている状況にある。

これまでの研究の問題点

ここまでローマ帝政成立に関する学説史を振り返ってきたが、ローマ皇帝の性格という観点でこれをみれば、命令権を有する「ローマ軍の最高指揮官」、そして「帝国最大のパトロン」という見方が多くの研究者のあいだで共有されている。

「ローマ軍の最高指揮官」としてのローマ皇帝像は、前二七年一月にアウグストゥスがプロコンスル命令権を獲得し、この権限が皇帝の地位を規定するとモムゼンが主張して以来、広く研究者に認められているものである。共和政から帝政への移行の一つの側面には、命令権の変容という側面がある。命令権とは、外敵の侵入などの緊急事態への対応のために元老院の要請によりこれを有する独裁官が任命される場合もあったが、共和政期を通じて、原則的には民会で毎年選出される一年任期の公職者のうち高位公職者(コンスルとプラエトル)に付与されるものであり続けた。しかし、前八二年、スッラが独裁官に就任して以降、前例にない特別な命令権がたびたび創出される時代となる。前六〇年代には、海賊討伐のために地中海全域におよぶ命令権がポンペイウスに付与され、彼はさらにミトリダテス戦争指揮のための命令権を獲得した。カエサルの終身独裁官、国家再建三人委員(いわゆる「第二次三頭政治」)が有したコンスルと同等あるいはそれ以上の権限のように、しだいにその権限は強大化した。アウグストゥスの命令権獲得は、こうした特別な命令権創出の帰結点と位置づけることができる。

こうした特別な命令権創出の展開とローマ皇帝登場の結果、帝国支配層内部で階層化が生じた。すなわち、共和政期には元老院と騎士が帝国の支配層を形成したが、帝政成立にともない、皇帝とその一族が元老院と騎士の上位に立ち、皇帝の後継候補を輩出する狭義の支配層「ドムス・アウグスタ」が形成され、ローマ軍の最高指揮権としての命令権は彼らに独占された。

しかし、帝国統治はこの狭義の支配層だけによって成し遂げられたわけではない。元老院と騎士は帝政成立後も帝国の支配階級としての地位を維持し、皇帝のもとで帝国統治を直接に担う人材を輩出しつづけた。アウグストゥスが全帝国の約半数の属州の統治を委任されて以降も、軍隊を指揮するのは皇帝とその親族だけに限定されず、高位公職経験者にその役割の一端を担うことが期待されつづける。そのことを考えると、ローマ皇帝の性格を説明するうえで、皇帝による命令権と軍隊の掌握を論じるだけでは不十分であり、皇帝と帝国統治の直接の担い手たちとの関係も問う必要があるだろう。

現在の研究者が共有するもう一つのローマ皇帝像が、「帝国最大のパトロン」というものである。これは、プレマーシュタインやサイムがクリエンテラの統合としてローマ帝政を論じて以降定着しているものである。しかし、サラーが帝政前期のさまざまな階層間のクリエンテラ（パトロネジ）の存在を証明し、さらにサイムやプレマーシュタインが前提としたゲルツァーのテーゼも痛烈な批判を受け、現在の共和政末期政治史研究ではクリエンテラが決定的な重要性をもつ政治的な権力基盤だったとはみなされなくなっている。こうした研究動向にあって、クリエンテラの統合としての帝政成立、そして帝国最大のパトロンとして皇帝像も再検討を迫られているといえよう。

このように、研究者のあいだで共有されている「ローマ軍の最高指揮官」と「帝国最大のパトロン」というローマ皇帝像は、どちらも再検討の余地がある。そして、公職選挙あるいは公職者選出は、これらを検討する格好の材料だと考えられる。皇帝権の要件とされる命令権および護民官職権は、共和政期には、これを有するコンスルと護民官が主宰する公職選挙で翌年度の公職者に付与されるものだった。また、公職選挙はクリエンテラ関係が確認、構築、拡大される場だったと考えられてきた。このように、研究者が共有するローマ皇帝像には、共和政から存在した「公職」という接点がある。

さらに、コンスルを頂点とする公職階梯は、帝政成立の前後を通じて、属州総督をはじめとする帝国の統治と行政に携わる元老院議員にその権限を与え、彼らを序列化する機能をはたしつづけた。広く研究者に受け入れられている皇帝像の接点にあり、かつ帝政成立前後に大きな変更をこうむらずにその機能を維持した「公職」に注目し、皇帝権力の成立にともなう公職者選出のあり方の変化、そして形成過程にある皇帝権力の公職者選出への関与を通時的に検討することで、ローマ帝政の成立とローマ皇帝の性格について、従来とは異なる視点から説明できるのではないだろうか。

では、共和政末期から帝政成立期の公職者選出のあり方はこれまでの研究ではどのように説明されてきたのだろうか。当該時期の公職選挙を通時的に検討した研究は、管見の限り、二篇の論考があるのみである。一つは、共和政末期の候補者推薦のあり方を出発点にトラヤヌス帝までの皇帝による候補者推薦の起源と発展を検討した、フライ－シュトルバ『ローマ帝政期の選挙の研究』である。[56] これは、皇帝による推薦のあり方に焦点をあてた研究であり、必ずしも公職者選出のあり方の変容を包括的に論じたものではない。

もう一つは、ギリシアのそれも含めた民会の制度と実態を論じた、ステイヴリー『ギリシア・ローマの投票と選挙』である。ステイヴリーは、前二世紀以降、公職選挙は有力家系出身者にとってクリエンテラの規模と従順さを示す場であり、多数の有力家系が存在したことで権力のバランスがとられていたが、ユリウス・カエサル家の強大化によりそのバランスは崩れ、公職選挙は意義のある働きをやめ、帝政成立以降、投票者である市民は施与者であり「パトロンの長」(patron-in-chief)である皇帝に従い、選挙結果に対してほとんど影響力を行使しなくなったと説明する。[57] この説明はクリエンテラ論に基づいた概観であり、ステイヴリーは公職者選出のあり方の変容について詳細に検討しているとはいえない。また、こうしたクリエンテラ論的な説明についても、ミラーとサラーの問題提起をへた今、批判的に再検討する余地があるといえるだろう。

このように、共和政から帝政への移行過程の公職者選出の実態を通時的かつ包括的に扱った研究はないといえる。しかし、共和政末期、カエサル独裁期と三人委員時代、アウグストゥス時代に時期を区切った場合、それぞれの時代の公職選挙の実態は、とくに共和政末期とアウグストゥス時代についてはさかんに議論されてきた。ここではこれらを逐一取り上げることはしないが、現在の研究者が共有する「ローマ軍の最高指揮官」と「帝国最大のパトロン」というローマ皇帝像の結節点にあり、共和政から帝政にかけて同じ機能をはたしつづけた公職者選出のあり方は通時的に一貫した説明がなされてこなかった。本書ではこの点に注目し、皇帝権力の成立と公職者選出の変容の関連を検討することで、ローマ皇帝の性格とローマ帝政成立について従来とは異なる視点から説明を試みたい。

公職選挙への視座

本書は、スッラの独裁からアウグストゥス治世までを射程とする。時代設定の上限をスッラの独裁とするのには二つの理由がある。第一に、すでに述べたように、「命令権」の観点からみた場合、独裁官スッラが獲得した権限の創出は帝政への移行の重要な契機だったと考えられるためである。第二に、「公職選挙」という観点からみれば、「公職就任規定」(Lex Annalis)が整備され、共和政の公職選挙制度が一応の完成をみたのがスッラの独裁期だったからである。他方、対象とする時代の下限に設定したアウグストゥスの死去とティベリウスの帝位継承は、皇帝の権限が継承され、皇帝による統治が継続的なシステムとして存続することが明確となった出来事だった。[58] さらに、ティベリウスが皇帝に即位した際のこととして、タキトゥスは公職選挙が民会から元老院へと移されたと伝えており、[59] 公職選挙という観点からみても、ローマ帝政最初の帝位継承は、ローマ市民が投票によって公職者を選出する共和政以来の選挙民会が実質的にその役割を終えた時期でもあった。

この期間を、スッラの独裁からカエサルと元老院主流派の内乱が勃発するまでの「共和政末期」、カエサルと元老院主流派、オクタウィアヌスとアントニウスが戦った「内乱の時代」、内乱平定からアウグストゥス死去までの「アウグストゥス時代」に区切り、公職者選出のあり方の実態を明らかにしていく。というのも、それぞれの時期で政治と公職選挙の状況が大きく異なっており、公職選挙に関するこれまでの研究もこれらの時期ごとに蓄積されているためである。

これまでの研究がそれぞれの時代の公職選挙をどのように説明しているかについては、それぞれの時代を考察する各部の冒頭で概観したい。

このように、時代を区切って検討を進めることとなるが、帝政成立過程の公職者選出のあり方を通時的に理解するために、本書ではとくに公職選挙の制度と運営状況をつねに念頭において考察を進めたい。公職者がどのように選出されていたか、そして、その選出には誰が、どのような影響力を発揮したかについて共和政末期から検討を始め、最終的にはアウグストゥスが公職者選出にどれほどの影響をおよぼしたかを明らかにし、皇帝権力の成立と公職者選出のあり方の変容を関連づけながらローマ帝政成立の叙述を試みたい。

ここで、本書で用いるいくつかの言葉について、その定義を明確にしておきたい。まず、選挙の「年度」である。ローマの公職選挙では、翌年に公職を務める者が選出され、当選者は翌年一月一日(護民官は同年十二月十日)に就任し、一年間の任期を務めた。例えば「前五九年度コンスル選挙」といった場合、「前六〇年に開催された、前五九年のコンスルを選出するための選挙」を意味する。

もう一つ、定義を明確にしなくてはならないのは、元老院議員の出自を示す言葉である。先にも述べたように、ゲルツァー以来長く「コンスルを輩出した家系の出身者」を意味するとされた「ノビレス」という言葉は、ブラントによってその定義の正しさに疑問が呈された。また、「新人」という語についても、研究者によってその定義が違う場合がある。本書では、「ノビレス」は「有力な政治家の家系ないしその出身者」といった曖昧な意味で用い、出身家系を明確にする場合は、「コンスル家系出身者」「元老院家系出身者」という言葉で、祖先にコンスルをもつ者なのか、元老院議員をもつ者なのかを区別する。また、「新人」は「祖先に元老院議員をもたない家系の出身者」であることを示す。

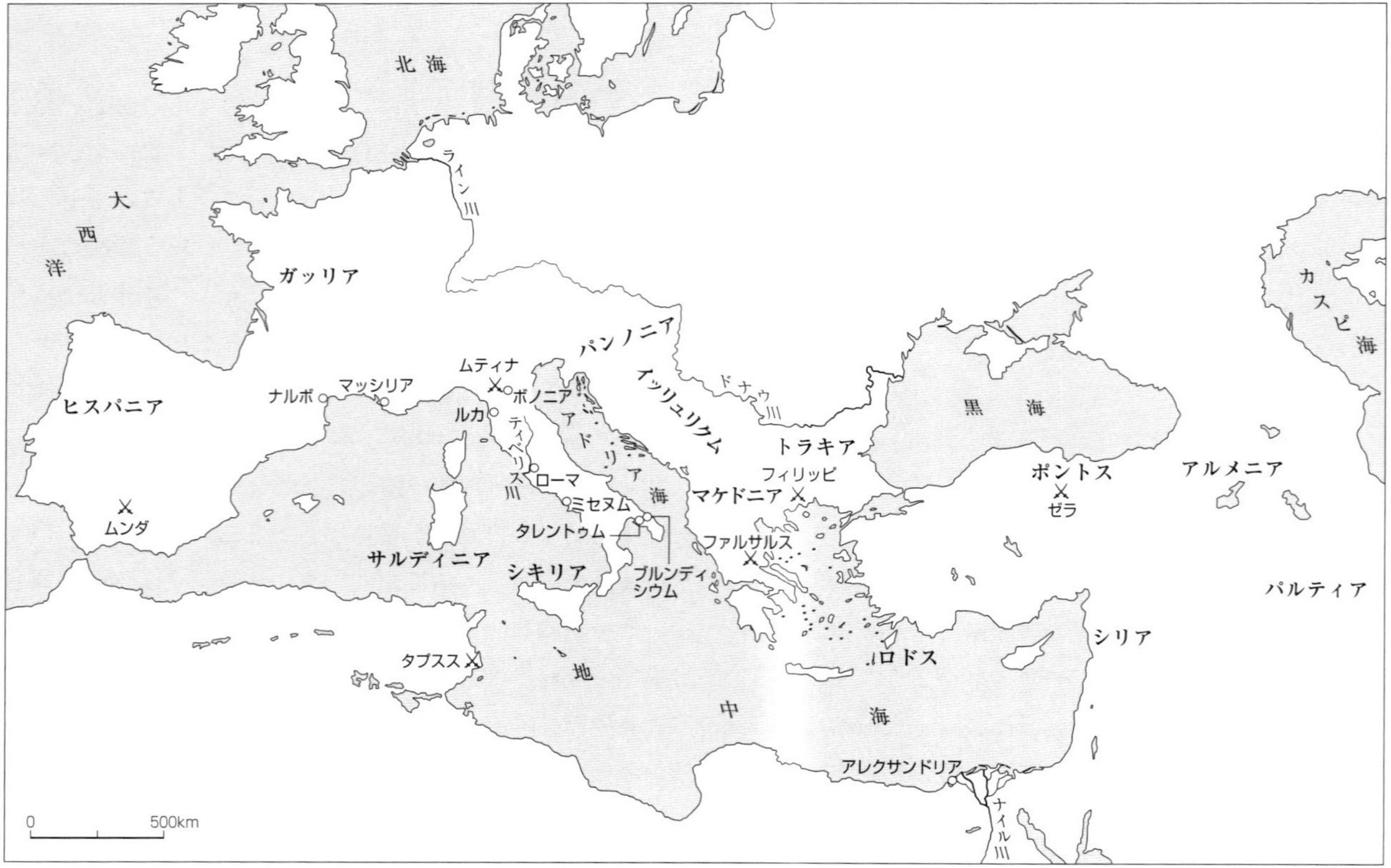
北海
ライン川
大西洋
ガッリア
パンノニア
ドナウ川
カスピ海
ヒスパニア
ナルボ
マッシリア
ムティナ
ボノニア
ルカ
ティベリス川
ローマ
アドリア海
イッリュリクム
トラキア
黒海
ポントス
ゼラ
アルメニア
フィリッピ
マケドニア
ミセヌム
タレントゥム
ブルンディシウム
ファルサルス
ムンダ
サルディニア
シキリア
パルティア
シリア
タプスス
地中海
ロドス
アレクサンドリア
ナイル川
0
500km

第I部

共和政末期

第Ⅰ部では、独裁官スッラの政界引退(前七九年)からポンペイウスとカエサルの内乱勃発(前四九年)までの公職選挙の実態を検討する。まずは、これまでの研究が当時の政治史と公職選挙をどのように説明してきたかを紐解き、何が問題とされているか、本書で何が問題となるかを明確にしたい。

共和政末期の公職選挙は、ゲルツァー以来、クリエンテラを介したノビレスによる民会の支配というテーゼのもとで説明されてきた。テイラーは、とくにコンスル選挙が開催されたケントゥリア民会での選挙について、全一九三ケントゥリア中ほぼ過半数の票を投じた騎士一八ケントゥリアと歩兵第一等級の七〇ケントゥリアに属したイタリア各地の自治都市に暮らす富裕なローマ市民が選挙結果に決定的な影響をもち、ノビレスはクリエンテラを介して彼らを動員して選挙結果を操作したため、富裕層に属さない都市ローマ在住市民の投票の比重は軽かったと主張する。[1] マイヤーは、人的紐帯以外にも政治家個人についての「評価」(existimatio)も投票の動機として一定の重要性をもったとしつつ、選挙において中心的な役割をはたしたのは「義理の人脈」だったことを強調する。[2] 一九七〇年代には、テイラーとマイヤーが示した公職選挙像がワイズマン、[3] グルーエンら[4]によって継承されていた。

一九八〇年代に「クリエンテラ論」を批判したミラーは、公職選挙を詳細に検討していないが、公職選挙への言及のなかで、選挙において候補者は「家系のもつ重要性、関係者による協力、法廷におけるクリエンテス、弁論による評価、戦場での栄光を選挙直前に再び強調する必要があった」[5]と述べ、集票のために自身の資質や業績を強調する選挙運動の重要性を指摘する。また、パターソンは、一万におよんだであろう投票者の統制は不可能であるとして、クリエンテラ論による説明を単純化された構図であると批判する。[6] ブラントも、有力家系出身者の政治支配の道具として、「パトロネジが一つの要素以上のものだったと考えるのは誤りだろう」と主張する。[7]

クリエンテラ論による公職選挙像に代わる見解を打ち出したのがヤコブソンである。ヤコブソンは、都市ローマで開催された見世物は誰よりも都市ローマ在住市民に向けられたものではないのか、と疑問を示したうえで、テイラーが示した選挙像では、選挙買収などで告発を受けるリスクを冒してまで候補者が都市ローマ在住市民の支持獲得をめざした理由が説明されていないこと、[8]また、富裕層市民の優位は騎士と第一等級の一致団結した投票を前提としていることを指摘した。[9]そして、選挙では公職の定数すべてが選出されるまで投票がおこなわれたため、公職選挙候補者を輩出していた富裕層や支配階級の投票がつねに一致したとは考えにくく、非富裕層市民が属する第四、第五等級のケントゥリアにも投票機会はあったとして、[10]従来のケントゥリア民会像とは異なる説明を提示した。そして、クリエンテラは選挙結果決定の一要因にすぎず、選挙結果の決定的要因は候補者の人気と公での印象(public image)だったと主張する。[11]

クリエンテラ論による選挙像が批判されると同時に、公職選挙における人的紐帯の重要性を伝える『選挙運動備忘録』に注目し、これを別の視点から再評価する研究もみられるようになった。ローレンスは、評判や噂の政治的重要性とその拡散メカニズムを論じるなかで、さまざまな人的紐帯が候補者の評判が拡散する経路として機能していたと主張する。[12]また、モースタイン＝マークスはこの史料を検討し、「〔史料の著者とされる〕クイントゥス・キケロは、候補者にとって、直接的であれ間接的であれ、社会的紐帯によって結びついていない無数の投票者の獲得は必要不可欠であると想定していた」として、[13]候補者は選挙運動によって人的紐帯を拡大する必要があったことを強調する。

安井萠は、パトロネジの有効性が発揮される場とされてきた地縁的な枠組みである「トリブス」や「地方共同体を通じての組織的集票」の選挙結果への影響は小さかったとしたうえで、これらは投票そのものよりも浮動票獲得のために利用されたとする。そして、浮動票を惹きつける最大の要因は、国家への貢献を評価された者が帯びる「ディグニタス」(「威厳」)であり、公職選挙はこれらの競合の場、いわば「カリスマ選挙」であった、そして、最大の国家的貢献として広範におよぶ「声望」(existimatio)は軍事的名声だったと論じる。[14]

他方、ミラーやヤコブソンのように民会における都市ローマ在住の非富裕層市民の影響力を再評価する傾向に異を唱え、支配階層、有産階層の影響力を改めて強調する研究も散見される。ムーリッツェンは、同盟市戦争後の市民権拡大によってクリエンテラの機能は低下し、選挙運動や買収による集票の必要はあったものの、民会の制度上、公職選挙でイニシアティヴをとったのは富裕層や貴族層だったと主張する。[15] ヘルケスカンプは、高位公職選挙立候補者は「輝かしい弁論、戦場での武勇……、家族の長い伝統に生み出された偉大な名とそれに付随する象徴資本といった個人的資質からほとんどの利益を得て」いたとして、[16] 政治における競争は有力家系に独占されていたとする。

このように、共和政末期の公職選挙に関する近年の研究では、公職選挙、ひいては政治のイニシアティヴを誰が握ったかがさかんに論じられている。たしかに、公職選挙をはじめとする政治の舞台に立てたのは限られた社会的上位者であり、その意味でローマの共和政は貴族政、寡頭政だった。しかし、公職選挙が民会、すなわち市民の目の前でおこなわれ、市民の投票でその結果が決定されたことは看過すべきではない。以下で詳しくみるように、候補者たちはさまざまな選挙運動を展開した。たとえ有力家系出身者の影響力が強かったとしても、最終的な選挙結果の決定は投票者に委ねられており、その結果が必ずしも有力者の意図通りにならなかったからこそ、こうした選挙運動が展開されたと考えるべきだろう。そうであるならば、社会的影響力をもち公職選挙立候補者を輩出した富裕層市民、投票者の大半を占めたであろう富裕層には属さない都市ローマ在住市民、そして候補者がどのように作用しあって選挙結果が決定されたかを検討することで、当時の選挙の実態を解明できるのではないだろうか。ここでは、共和政末期の公職選挙の制度とその運営状況、立候補者が展開した選挙運動、そして公職就任にふさわしいと判断された資質からみえる共和政末期の公職選挙の一般像（第一章）、もっとも顕著な選挙買収の事例である前五三年度コンスル選挙（第二章）に注目し、これを考えていきたい。

第一章　共和政末期の公職選挙

共和政末期の公職選挙に関する研究では、有力家系出身者（ノビレス）がクリエンテラを介してこれを支配したという見方が長らく支持されてきたが、ミラーの問題提起以降、非富裕層市民の選挙結果決定における影響力の再評価と、有力家系出身者と有産階級の選挙におけるイニシアティヴの確認と再定義という二つの傾向で研究がなされている。たしかに、公職選挙における有力家系出身者の優位と富裕層市民の影響力の相対的な強さは認められるが、非富裕層市民も選挙結果に一定の影響力をおよぼしており、富裕層市民と非富裕層市民の影響の相互作用として選挙結果が決定していたと考えるべきではないだろうか。

本章では、富裕層市民と非富裕層市民が互いにどのように影響をおよぼしあったかを明確にするために、公職選挙の制度とその特徴を確認する。そのうえで、『選挙運動備忘録』および選挙や選挙運動に関するキケロの記述を検討し、とくに都市ローマ在住市民に向けておこなわれた選挙運動の意味を問う。最後に、どのような資質を有する者が公職選挙での当選と公職階梯の上昇、そしてコンスル就任にふさわしいと考えられていたか、言い換えれば、どのような人物あるいは資質が公職選挙での集票を有利に進めることができたかを考察する。これらに注目することで、共和政末期の公職選挙では誰が、どのようなかたちで選挙結果に影響をおよぼすことができたのか、どういった人物が公職選挙で当選をはたしたか、といった、当時の公職選挙の一般的な状況を示したい。

1　公職選挙の制度と運営実態

公職選挙の制度

ローマには、ケントゥリア民会、トリブス民会、クリア民会、平民会の四種の民会が存在した。公職選挙はクリア民会以外の民会で執りおこなわれていた。

ケントゥリア民会では、コンスル、プラエトル、ケンソルが選出され、トリブス民会では、アエディリス・クルリス、クアエストルが選出された。これらの民会での選挙は、ほとんどの場合、コンスルがこれを主宰した。平民会では、平民アエディリスと護民官、前四四年以降は穀物担当アエディリスが選出された。平民会での選挙を主宰したのは、その年の護民官である［公職の職務、立候補条件、序列については次頁図解］。

民会で投票したのはローマ市民である。ローマ市民は、トリブス民会と平民会では三五の「トリブス」、ケントゥリア民会では一九三の「ケントゥリア」と呼ばれる投票ユニットのいずれかに所属し、その投票ユニットの意思を決定するために票を投じた。すなわち、それぞれの投票ユニットが民会全体における一票となった（トリブス民会と平民会では全体で三五票、ケントゥリア民会では全体で一九三票）。ローマ市民がどの投票ユニットへ所属するかは、戸口調査に際してそれぞれの市民が登録されるトリブス、財産等級、そして年齢に応じて決定された。

トリブス民会および平民会の三五トリブスは所属トリブスがそのまま投票ユニットとなった。ケントゥリア民会の一九三ケントゥリアへの所属は、判然としない点もあるが、おおむね以下のように決定された。まず、市民は、財産評価額に応じて、騎士、歩兵の五つの等級、等級以下に分類される。騎士は一八ケントゥリア、歩兵は全体で一七〇ケントゥリア、等級以下は五ケントゥリアを構成した。歩兵はさらに、財産評価額に応じて、第一等級から第五等級に分かれ

スッラの独裁以降の公職階梯

ケンソル：2人

職務：ケンスス(census：戸口調査)実施
選挙：ケントゥリア民会
立候補条件：コンスル経験者

コンスル：2人

職務：ケントゥリア民会とトリブス民会の主宰，例外的な事件を裁く法廷の主宰など。任期の翌年に属州総督
選挙：コンスル主宰のケントゥリア民会
立候補条件：就任時点(1月1日)で43歳以上のプラエトル経験者

プラエトル：8人

職務：都市ローマの法廷やいくつかの祝祭の主宰。任期の翌年に属州総督
選挙：ケントゥリア民会
立候補条件：就任時点(1月1日)で40歳以上のクアエストル経験者

アエディリス：4人

アエディリス・クルリスと平民アエディリス：各2人
職務：都市ローマの建造物の維持管理，市場の監督，祝祭の主宰
選挙：前者はトリブス民会　後者は平民会
立候補条件：就任時点(1月1日)で37歳以上のクアエストル経験者

護民官：10人(法的には公職階梯には含まれない)

職務：平民会主宰，公職者や元老院の決定への介入による平民の保護
選挙：平民会
※独裁官スッラによって，法案提出とその後の公職就任が禁じられたが，前70年に制限撤廃

クアエストル：20人

職務：都市ローマのサトゥルヌス金庫の管理，コンスルや属州総督の補佐，シチリアやオスティアで穀物供給に関する業務など
選挙：トリブス民会
立候補条件：就任時点(1月1日)で30歳以上，10年以上の軍務経験，騎士身分
※この職の任期終了後，元老院議員となる

公職階梯以下

民会で選出されるトリブヌス・ミリトゥム
二六人役(vigintasexviri)と総称される下位の公職など

出典：Lintott, 1999; Feig Vishnia, 2012をもとに作成。

た。第一等級では、そこに属する市民がトリブスごと、そして「現役」(iuniores)と「予備役」(seniores)とに分かれ、七〇のケントゥリアが構成される。歩兵の第二等級から第五等級では、全体で一〇〇ケントゥリアが構成された。各等級に属したケントゥリア数、およびこれらのケントゥリアの構成方法については不明である。ただし、アウグストゥス時代に導入された、騎士と元老院議員による「予備選挙」において、複数のトリブス所属者が合同して一ケントゥリアを構成していることから、ケントゥリア民会においても、同じ等級に属する、複数のトリブス所属者たちが一つのケントゥリアを構成していたと考えられる(予備選挙については第七章)。

ローマの公職選挙は毎年夏頃に都市ローマで開催され、そこでその翌年の公職者が選出された。公職選挙を主宰する公職者はコンティオを開き、そこで選挙開催を告示する。民会は、開催の告示から市の開催日を三度はさみ(一七〜二四日間)市民による投票日を迎える。選挙民会の場合、この期間にとくに激しい選挙戦が展開されたと考えられる。候補者は、選挙開催が告示される前後に選挙を主宰する公職者に「立候補申請」(professio / profiteri)をおこなった。

トリブス民会、平民会の場合、抽選で選ばれたトリブスが最初に投票し、その投票結果が公表されたのち、残りの三四トリブスが投票した。ケントゥリア民会の場合、第一等級現役三五ケントゥリアから選出された「第一投票ケントゥリア」が投票し、その投票結果が公表されたのち、第一等級現役の残り三四ケントゥリア、第一等級予備役、騎士、第二等級から第五等級、等級以下という順で、投票とその結果の公表が繰り返された。選挙民会においては、過半数の投票ユニットの票を獲得した候補者が当選となり、ポストと同数の当選者が決定されるまで投票が続けられた。過半数の投票ユニットの票を得た候補者は選挙主宰公職者から「当選宣言」(renuntiatio / renuntiare)を受け、選挙での当選が確定した。[1]

選挙民会の特徴

ローマの公職選挙の実態を検討するうえで看過できないこととして、選挙を主宰する公職者の選挙結果への影響力があげられる。選挙主宰者は選挙結果に介入できた。共和政期の公職選挙における選挙主宰者の影響力を考察したリリンガーはその影響力(とそれを抑止する要因)をまとめているが、[2] ここでは、そのなかでもとくに注目すべきものとして「当選宣言」について詳しくみていきたい。

選挙主宰者は特定の候補者に対する当選宣言を拒否し、過半数の投票を獲得した候補者の当選を無効にできた。例えば、前六六年度コンスル選挙において、これを主宰した前六七年コンスルのカルプルニウス・ピソは候補者のパリカヌスの当選宣言を拒否し、パリカヌスのコンスル当選を阻んだ。[3] このように、選挙主宰者は制度的には選挙結果決定に恣意的に介入することが可能だった。[4]

ただし、これはあくまでも「制度的に」可能だったにすぎず、これが容易になされたと考えるべきではない。例えば、選挙結果への介入によって選挙主宰者の身に危険がおよぶ可能性があった。前六六年度コンスル選挙では、この選挙を主宰したコンスルのピソはパリカヌスを当選させるよう群衆から圧力をかけられたが、毅然としてそれに反対した。ウァレリウス・マクシムスは、「C・ピソが国政の騒然とした状態のなかですばらしく、そして堅実にコンスルを務めたことは、以下の話から明らかとなろう」と前置きしたうえでこの出来事を伝えている。[5] このように、選挙主宰者の選挙結果への介入は、制度的に可能ではあったが、それによって反感を招く可能性もあった。ヤコブソンも指摘しているように、[6] 護民官やコンスルの任期後も政治家として活動する意思があれば、選挙主宰者が市民の強い反発を招く可能性のある行動をとることは容易ではなかっただろう。

公職選挙の特徴としてつぎに注目したいのは、ケントゥリア民会での富裕層市民の影響の強さである。第一等級現役三五ケントゥリアから抽選された「第一投票ケントゥリア」は、選挙結果に大きな影響を与えた。キケロは、第一投票ケントゥリアが投票した候補者で、その年、あるいはその翌年の選挙で選出されなかった者はいないと述べる。[7] また、前五三年度コンスル選挙で第一投票ケントゥリアを対象とした多額の買収が準備されたことは（第二章）、このケントゥリアの選挙結果への影響力の大きさを示す具体例といえよう。

富裕な市民の影響力は、ケントゥリア民会の構造からもみてとることができる。前述のとおり、富裕層市民から構成される騎士と第一等級のケントゥリアは全一九三票中、過半数にせまる八八票を占めたことから、非富裕層市民の選挙での影響力は小さいと考えられてきた。リウィウスは、セルウィウス王がケントゥリア民会を創設したとき（前六世紀中葉）のこととしてではあるが、「稀に生じたことだが、もし彼ら（騎士と第一等級の投票）が一致しなければ、第二等級が呼ばれるように決められていた」[8] と述べ、キケロも「もし、（騎士、第一等級に「都市の大工」を加えた計八九ケントゥリアを除いた）残りすべての一〇四ケントゥリアから八ケントゥリアが賛成したなら、全市民の力には結論がくだされる」[9] と、富裕層市民が構成したケントゥリアが選挙結果をほぼ決したことを示唆している。さらに、キケロはこの記述に続いて、騎士と第一等級より財産評価額が低い等級のケントゥリアについて、「これら（全ケントゥリア一九三から過半数の九七を引いた）九六ケントゥリアの一つのケントゥリアに、たしかに第一等級のほぼ全体よりも多くの者が登録されていた」と述べており、[10] ケントゥリア民会において市民一人がもつ影響力という点でも、富裕層市民が非富裕層市民よりも大きな力を発揮できたことがわかる。

こうした状況から、テイラーは、「共和政の終わりまで、（ケントゥリア民会で選出される）コンスルとプラエトルの選択は（トリブス民会、平民会で選出される）下位公職の選挙以上に貴族の支配下にあった」とし、[11] コンスル選挙が開催される七月に都市ローマで開催されたアポッロニア競技祭に参加するためにイタリア中から集まる富裕層市民がコンスル選挙で決定的な役割をはたしたと主張する。[12] こうした考え方はその後の研究者にも継承されたが、ヤコブソンがこれに異を唱えた。ヤコブソンは、ケントゥリア民会での富裕層市民の優位は、騎士と第一等級の市民が一致団結した投票が前提とされていることを指摘したうえで[13]、公職選挙立候補者を輩出した富裕層の投票が一致団結したものだったとは考えにくく、第四、第五等級といった非富裕層市民が構成するケントゥリアにも投票機会はあったと主張した[14]。

ヤコブソンのこの見解は強い説得力をもっているように思われる。ブラントが指摘するように[15]、政治的友誼関係が弛緩し、一時的なものとなった共和政末期において、富裕層市民がつねに一致団結して投票したとは考えられない。また、前二四一年の改革以降のケントゥリア民会の制度では、騎士と第一等級を合わせても八八票（キケロはそれに「都市の大工」を有産階級に加えているが、それでも八九票）と過半数近くになることはたしかであるが、それでも過半数には達しない。極端にいえば、騎士と第一等級のケントゥリアから一票も獲得できなくても、過半数の票は獲得できるのである。第二等級以下の市民にも投票の機会があった可能性は想定でき、彼らの選挙結果決定への影響は無視すべきではないだろう[16]。

ところで、民会での投票は都市ローマにおいてのみおこなわれた。ローマ市民であれば民会で執りおこなわれる公職選挙で投票できたが、すべてのローマ市民が都市ローマでの投票に参加できたわけではない。都市ローマ在住市民であれば容易に参加できただろうが、都市ローマから遠隔の地に暮らすローマ市民であれば、ローマで開催される公職選挙で投票するために、一定期間生業から離れざるをえなくなる。そうであれば、都市ローマから離れた地に暮らすローマ市民で公職選挙に参加できたのは、比較的富裕な市民に限られただろう。そのため、公職選挙での投票者の多くは都市ローマ在住市民だったと考えられる。都市ローマ在住市民とはどのような人びとだったのか。

都市ローマ在住市民

一般的に、都市ローマ在住市民の多くは被解放奴隷の子孫だったと考えられている[17]。被解放奴隷は、解放の際に四つの都市トリブスのいずれかに登録される。都市ローマ在住市民が都市トリブスのいずれかに所属したのであれば、先にみたように、ケントゥリアのほとんどがなんらかのかたちでトリブスに基づいて構成されていたと考えられることから、全一九三ケントゥリア中およそ二二ケントゥリア[18]に彼らの影響は限定されたこととなる。また、ゲルツァーが指摘したように、被解放奴隷が元主人の影響下にあり、その関係が子々孫々に引き継がれていたならば[19]、民会での彼らの投票も富裕層市民の影響下にあった可能性も想定できる。

しかし、彼らが必ずしも元主人あるいはその子孫の影響下にあったと考える必要はない。その理由の第一に、共和政末期における被解放奴隷の飛躍的な増加があげられる。ハリカルナッソスのディオニュシオスは穀物供給の拡大にともなって奴隷解放が急増したことを示唆している[20]。共和政末期には年間数千という規模で奴隷解放がなされたとする推定もある[21]。こうした大規模な奴隷解放により、元主人と被解放奴隷の子孫同士の関係は希薄化したと考えられよう。

第二に、被解放奴隷がローマ社会において「組合」や「街区」といった社会集団で活躍したことがあげられる。解放者と被解放者、保護者（パトロヌス）と被保護者（クリエンテス）といった縦のつながりに代わって、都市ローマ在住市民が形成した横のつながりが共和政末期の都市ローマでは急速な拡大をみせた。これは、とくに解放後幾世代かへた被解放奴隷の子孫にとっては、元主人の子孫との関係を忘れさせるものだっただろう。反対に、元主人の子孫との関係が希薄化したなかで、自らの生活を守るためにこのような組織に身をおいたと考えることもできよう。

また、都市ローマ在住市民が必ずしも都市トリブスに所属していたとは限らないとも考えられる。共和政末期の公職選挙において、自身が所属するトリブスの票が獲得できないことは恥ずべきこととされていた[22]。そうであるならば、元老院議員や政界進出をめざす名望家たちは自身の影響下にある被解放奴隷を自身と同じトリブスに登録させたいと考えただろう。テイラーは、解放者がケンソルに働きかけて被解放奴隷を農村トリブスに所属させることは可能だったと指摘している[23]。さらに、都市ローマに暮らしながら農村トリブスに籍をおく元老院議員がいたように、被解放奴隷であっても所有する地所が属する農村トリブスに所属しながら都市ローマで生活する者がいたと考えることは妥当であろう[24]。また、前七〇年以降戸口調査はおこなわれておらず、それ以降に都市ローマへ移住した者は農村トリブス所属のままだった可能性も指摘されている。[25]

以上の考察から、都市ローマ在住市民の投票は、元老院議員をはじめとする富裕層市民の影響下にあった、あるいは都市トリブスないしこれが構成する少数のケントゥリアに限定されていたと考える必要はないことは明らかだろう。

都市ローマ外の市民による投票

つぎに、テイラーが民会の結果に決定的な影響をおよぼしたと主張する、イタリア各地の都市から集まる富裕層市民の投票について、これが政治家たちの影響下にあったか、またそれが選挙結果にどれほど影響したかを検討したい。キケロは、コンスル選挙立候補のおよそ一年前に、ガッリア・キサルピナで選挙運動を展開することを友人アッティクスに伝えている。[26] また、『選挙運動備忘録』においても、イタリア各地の自治都市や植民市などの有力者の支持を獲得するよう助言されている。[27] こうした証言から、候補者にとって都市ローマ外の富裕層市民の投票は選挙運動によって獲得すべき対象であり、これが選挙で一定の重要性をもっていたと考えられる。

では、具体的に彼らの投票は選挙結果にどれほどの影響をおよぼしたのか。都市ローマ外に暮らす市民がどれほど投票に赴いたかは明確に伝わっていないが、彼らが選挙に動員された事例はいくつか伝わっている。その一つが前五四年度アエディリス・クルリス選挙(トリブス民会で執りおこなわれる)である。この選挙では、候補者プランキウスは出身地であるアティナおよびその近隣諸都市(アルピヌム、ソラ、カシヌム、アクィヌム、ウェナフルム、アッリファァエ)の住民の投票を得て当選した。[28] 対立候補ラテレンシスは、プランキウスがテレティナ区とウォルティニア区の二つのトリブスを買収したと主張し、[29] 彼を選挙買収の廉《かど》で告発した。キケロがあげた諸都市が所属するトリブスは、テイラーによれば、テレティナ区(アティナ、カシヌム、ウェナフルム、アッリファァエ)、ロミリア区(ソラ)、コルネリア区(アルピヌム)、オウフェンティナ区(アクィヌム)の四トリブスにおよぶ。[30] ウォルティニア区に属する都市があげられていない理由ははっきりしないが、仮に五トリブスの投票者をプランキウスが買収したとしても、過半数のトリブスの投票を得て当選するためにはあと一三トリブスを確保せねばならない。アエディリス就任は公職階梯上昇の絶対条件ではなかったこと、また見世物開催のための出費を理由にアエディリス就任を忌避する者もいたことから[31]、アエディリス選挙は高位公職、とくにコンスル選挙ほど厳しい競争ではなかったと考えられる。そうであるならば、五トリブスの投票を確実なものにすることは、トリブス民会および平民会での公職選挙では有効な手段だったといえよう。

しかし、ケントゥリア民会で開催される高位公職選挙において、遠隔地からの投票者の動員が有効に機能したとはいいがたい。都市ローマから遠隔の地に暮らす投票者は一定期間生業を離れる必要があるため、その多くは富裕層、すなわち騎士ないし第一等級に属する者だったと考えられるが、上述のプランキウスと同規模で買収を展開した場合、騎士ケントゥリアについてもなんらかのかたちでトリブスに基づいて構成されていたと仮定すれば、騎士および第一等級八八ケントゥリア中およそ一二ケントゥリア程度[32]しか確保できない計算となる。また、富裕層市民が買収によって誰に投票するかについての態度を変えたのかも疑問である[33]。さらに、トリブス民会での選挙にもいえることだが、買収で投票者を動員できるのであれば、すべての候補者にその可能性が開かれていたことも看過すべきではないだろう。

投票者の動員については、軍団兵を選挙に動員した事例も伝わっている。前五六年、ルカで会談した三頭政治の三人は、前五五年度コンスル選挙にポンペイウスとクラッススが立候補すること、カエサルがその選挙に軍団兵を送りこむこと、そのために戦闘が休戦状態となる冬まで選挙を延期させることを決定し、実行した[34]。カエサルの一二個軍団のうち、七個軍団はガッリア・キサルピナで徴集された兵からなっていたが[35]、ガッリア・キサルピナは一四トリブスに分属する大票田地帯だった[36]。この選挙で動員された兵士がガッリア・キサルピナ出身で、さらに、彼らが、富裕層に属したとは考えにくいため、第二等級から第五等級に属していたとすると、カエサルが動員した軍団兵はおよそ四〇ケントゥリア[37]の組織票となる。この推計が正しければ、ケントゥリア民会のおよそ四分の一を占めることになるため、カエサルの軍団兵の動員がポンペイウスとクラッススにとって有効な組織票となっていたといえるだろう。[38]

しかし、これは容易な手段ではなかった。公職選挙は夏に開催されたのに対して、軍団兵を都市ローマでの選挙に動員できたのは休戦となる冬に限られる。そのため、三頭政治側はC・カト（大カトの曾孫で元老院主流派の小カトとは別人）など自派護民官の拒否権を利用し、コンスル選挙を冬まで延期させなければならなかった。また、カエサルの担当属州がイタリアに隣接するガッリア・キサルピナだったことも軍団兵動員を可能にした要因であろう。そのため、こうした軍団兵の選挙への動員は例外的な事例であり、組織票動員の一般的な手法だったとは考えられない。

公職選挙の一般的状況

ローマの公職選挙において、選挙主宰者は選挙結果に対して決定的な影響力を発揮しうる権限を有したが、これを抑止する都市ローマ在住市民の圧力も同時に存在した。高位公職者が選出されるケントゥリア民会では、その構造のために富裕層市民の投票が相対的に強い影響をもったが、都市ローマ在住市民にも投票の機会はあり、彼らの影響も無視できるものではなかった。その都市ローマ在住市民についても、共和政末期においては、必ずしも富裕な市民の影響下にあったとは考えられない。また、投票者の動員は、都市ローマ在住市民、地方都市市民の両方の場合についても、これのみによって選挙結果を決定づけたとは考えにくく、選挙結果を決定づける可能性のある軍団兵の動員も稀な事例だった。

こうした状況に鑑みて、ゲルツァー以来のクリエンテラ論が前提とする、有力家系出身者がクリエンテラを動員して民会や公職選挙を支配したという構図は想定できない。それでは、候補者はどのようにして投票の獲得をめざしたのだろうか。これを検討するために、共和政末期の公職選挙の状況を伝えるとされる史料『選挙運動備忘録』を分析してみよう。

2　選挙運動の一般的状況　『選挙運動備忘録』の分析を中心に

『選挙運動備忘録』という史料

『選挙運動備忘録』（以下、『備忘録』と略記）とは、キケロの前六三年度コンスル選挙立候補に際して、その弟クイントゥスが兄に書き送った助言の書簡とされる。この史料については、なぜキケロ本人よりも政治家としてのキャリアの短い弟クイントゥスが兄に助言しなくてはならなかったのかという疑問や、キケロ本人の手による『ムレナ弁護演説』『プランキウス弁護演説』に類似した記述があることを理由に、両弁護演説をもとにして後代に書かれた偽作だとする見解もある。しかし、そこに描写される様子はキケロ時代の選挙の実態とかけ離れたものではないと判断され、検討に値する史料として一般に認められてきた。[39]

しかし近年、アレクサンダーは、『備忘録』で描写される選挙運動が当時の倫理観に反することなどを根拠に、『備忘録』はキケロ時代の選挙の実態を描いたものではなく、後代にキケロの時代の公職選挙、ないし選挙運動を軽蔑、嘲笑するために皮肉を込めてつくられた作品であり、この著作は「候補者への真剣な助言として理解されるべきではない」と評した。[40]だが、この見解は説得的ではない。アレクサンダーはプルタルコスが伝える小カトの選挙運動を引き合いに出しつつ、『備忘録』にみられる市民に迎合する選挙運動が必ずしも市民の支持を得るものではなかったと主張する。しかし、カトの選挙運動と当落の因果関係は『備忘録』の助言に基づいた説明が可能であり、『備忘録』の記述は共和政末期の選挙運動の実態を示すものであると考えている。カトの選挙については、『備忘録』の助言を検討したあと、これに基づいた説明を試みたい。

『備忘録』が共和政末期の選挙を描写したものであっても、これが当時の選挙運動一般にあてはまるかどうかという問題もある。『備忘録』には、「これは、〔コンスルという〕名誉を求めるすべての者にとってではなく、あなたにとって、そしてあなたの選挙にとって有効なことが書かれている」[41]という記述があり、これは『備忘録』にある選挙運動がキケロにとってのみ有効な手法であり、当時の公職選挙立候補者一般に適応できない可能性を示唆しているようにもみえる。しかし、キケロがコンスル選挙立候補までに築いた人間関係については彼以外に頼ることはできなかっただろうが、その他の点については、キケロ以外の候補者にもあてはまるものであり、キケロも同様の準備をするように助言されていると考えるべきだろう。こうした想定のもと、この史料から当時の選挙運動を検討する。

選挙運動の対象

まず、『備忘録』中で選挙運動の対象とされる人びとに注目したい。『備忘録』の著者は、選挙運動について具体的な助言を始める一六節で、「公職選挙は、二つの注意すべき対象にわけられる。一つは友人たちの熱意であり、もう一つは一般市民の好意におかれるべきである」と述べている。[42] さらに、四一節では「友人たちに準備されるべきことについては充分に語られたので、選挙におけるもう一方の言及されるべき部分、一般市民のやり方に話を変えよう」とあり、[43]一六節から四〇節までに言及される対象が「友人たち」であることがわかる。また、そこで言及される選挙運動の対象としての「友人たち」は私生活における友人よりも多岐にわたっているといえるだろう〔二〇二頁表1〕。

これらの「友人たち」は大きく三つに分類できる。第一に、キケロがかつて法廷で弁護した者たち、第二に、キケロの身近にいる者たち、最後に、元老院議員や騎士といった社会的地位の高い者たちである。これらの「友人たち」の分類に、四一節以下で言及される「一般市民」を加え〔二〇三頁表2〕、それぞれの対象への選挙運動の特徴を史料に即して検討していきたい。

選挙運動の方法

第一に注目したいのは「弁護した者たち」である。『備忘録』によれば、キケロの選挙運動は「訴訟での弁護から獲得した友人」に支えられており、彼らがどのような義務をキケロに負っているかを明示するよう助言される。[44] 例えば、キケロは「選挙に向けておおいに好意を集めている人びと」の結社を弁護(ないしそれを約束)することで恩恵を与えており、「彼らが負った義務をあなたが徴収するのはまさにこのときであり、恩を返す機会が他にないことを彼らが知るよう、注意し、懇願し、断言し、配慮」するよう助言されている。[45] 他にも、「あなたに弁護され、あなたによって裁判で無罪となり安全を守られた者たちがあなたと一緒にいたならば、それは大きな賞賛と最高の権威をもたらす」ので、キケロの選挙運動に随行することで義務を返すよう彼らに要求せよ、とされる。[46]

「弁護した者たち」に関する助言で共通して述べられているのは、弁護で与えた恩恵を選挙で返すよう要求し、さらに投票や選挙運動など、彼らが恩恵を返すためにはたすべき義務を明確にすることである。近年の研究では、弁護によって義務を負った者たちへのこうした要求はクリエンテラ論を批判する観点から注目される。例えば安井は、義務を負う者たちにも明確に要求せねばならなかったことから、「「友人」レヴェルにあってもパトロネジが無条件に機能したわけではない」と指摘する。[47]

つぎに、「身近にいる者たち」についてみてみよう。「身近にいる者、とくに家に関わる者」、そして「あなたのトリブス民、街区の者たち、クリエンテス、さらには被解放奴隷たち、はては奴隷たち」は、「名声」(fama)の形成に重要な役割をはたすため、彼らが候補者の地位が高まることを望むよう、候補者は配慮せねばならなかった。[48] また、「姻戚関係、結社、または他の親戚関係などの正当な理由によって知り合いとなった友人たち」からも候補者は「好ましく、また気に入られ」なければならなかった。[49]

「身近にいる者」には、家に関わる者や親戚のみならず、キケロの家を訪れる者、外出時にキケロに付き従う者など、いわば「身近に集まる者」についても言及されている。「随行」(adsectatio)は、「その多さからマルスの野〔ケントゥリア民会会場〕そのものにおいてどれほどの勢力と援助をもつことができるか推測可能となる」といわれ、候補者の選挙戦での趨勢をはかる尺度となった。こうした「身近に集まる者」は、「訪問者」(salutator)、「同伴者」(deductor)、「随行者」(adsectator)の三つに分けられている。[50]

「訪問者」は、複数の候補者のもとを訪れ、「それらの〔訪問という〕義務にもっとも気を配っているのは誰かを判断し、誰に身を捧げ、他の〔候補〕者を見捨て、ありふれた者から特別な者に、みせかけではなく確実な投票者になる」。[51]こうして、彼らは支持する候補者が選挙運動のためにフォルムへ赴いた際、候補者のもとへと集まり、彼に同伴する。「同伴者」はより重要で、「同伴者の群れは大きな期待と威厳を〔候補者に〕もたらす」。[52]さらに、「絶えず随行する」者がいる。候補者は、こうした「随行者」たちから「不断に最大の恩恵」に与っていることを彼らに示しながらも、「そして自らが同行できない者は、この義務に親族の者を用意するよう、彼らに明確に要求」するよう求められた。[53]候補者は、候補者として外出する際には可能な限り多くの人びとに随行されるよう、さまざまな配慮をする必要があった。こうした「身近にいる者たち」は、概してキケロよりも社会的地位が低かったと考えられよう。候補者は、よい評判が広まり、多くの支持者を獲得できていることを示すために、こうした社会的地位の低い者たちにも好意的な印象を与えられるように振舞わねばならなかった。

「身近にいる者たち」のなかでは「クリエンテス」が言及されている。『備忘録』では、「クリエンテス」は「家に関わる証人」の一種としてのみ(一七節)取り上げられているにすぎない。この背景として、キケロが祖先にコンスルをもたない「新人」で、大規模なクリエンテラをもたず、選挙でこれに頼ることができなかったために『備忘録』に言及がみられない可能性もある。しかし、前五三年度コンスル選挙を分析するキケロの書簡にも各候補者のクリエンテスの多寡は言及されていない。そのため、選挙においてクリエンテスが特筆すべき重要な役割をはたしたとは考えにくく、これは選挙運動において配慮すべき数ある要素の一つにすぎなかったと考えるべきだろう。

また長谷川博隆は、『備忘録』の「訪問者」「同伴者」「随行者」を新しい形態のクリエンテラとみなしている。[54] しかし、あとでみるように、彼らは他の候補者のもとを訪れ、噂し合い、ときには悪評を立てて候補者を不利な状況に陥らせることもあった。こうした存在に「クリエンテラ」や「クリエンテス」の呼称を用いるべきではないだろう。

選挙における「友人たち」の第三の分類は「社会的地位の高い者たち」である。『備忘録』では、公職者、元老院議員、騎士などが言及されているが、彼らを対象とした選挙運動の記述で特徴的なのは、先にみた「弁護した者たち」や「身近にいる者たち」に向けた働きかけ以上に積極的な姿勢が求められている点である。例えば二九節では、「元老院議員」「ローマ騎士」などに対して「あなた自身、また共通の友人を通じて知り合いの者たちを最高の配慮によってあなたを熱望する者となるように努力し、獲得できるように努め、使いの者を送り、あなたが最高の利益を準備していることを示せ」と助言されている。[55]

こうした積極的な選挙運動が推奨される理由として、一つには彼らの一票の重さがあるだろう。ケントゥリア民会では、富裕な市民が構成するケントゥリアは非富裕層市民のそれよりも少人数で構成されたため、富裕な市民の個々の投票は選挙結果により大きな影響をもった(第一節)。もう一つの理由が、彼らの影響力がより広範な支持獲得につながった可能性である。『備忘録』一八節で言及される「名誉と名前の点で卓越した人びと」「公職者、とくにコンスル、つぎに護民官」は、それぞれ「印象を与えるために」、また「正当性獲得のために」支持を獲得するよう助言されており、さらに「たとえ彼らは集票のための熱意を示さなくとも、それでも候補者としてのふさわしさをもたらす」存在とされている。[56] 彼らの支持は、先にみた「身近に集まる者たち」を惹きつける要因となり、さらなる支持者獲得の重要な誘因となっただろう。

こうした公職者や元老院議員の支持獲得は、彼らが構築していたであろうクリエンテラの動員と結びつけて論じられることがかつてはあったが、近年の研究ではこうした見方は否定されている。『備忘録』において、彼らに期待されているのは「候補者としてのふさわしさをもたらす」ことであり、投票者の動員ではない。騎士についても同様に、彼らの支持は「随行者の獲得において」重要だとされている。[57] むしろ、投票者の動員の可能性が示唆されるのは、「ケントゥリアを確保するために」友人とせよとされている「おおいに好意を集めた者たち」や、「自身のトリブス民から求めているものを得られるよう、熱心に努めている」「野心的な人びと」[58]、あるいは二九節にあらわれる「〔元老院議員、騎士以外の〕他のすべての階級に属する活動的で好意を集めている人びと」だろう。[59] このように、『備忘録』では騎士や元老院議員にクリエンテラの動員は期待されていない点は看過すべきではない。

一般市民への選挙運動と「評判」

ここからは「一般市民へのやり方」についてみていきたい。『備忘録』四一節には「それら〔一般市民へのやり方〕は、名前を呼ぶこと、お世辞、同行、寛大さ、評判、態度、国政における希望を必要とする」[60] という助言があり、四二節以下にそれぞれの内容が詳述されている。ここでは、これらのなかでもとくに重要とされる「評判」(rumor)に関する助言に注目したい。

『備忘録』において、評判については以下のように述べられている。

ここで、もっとも尽力されねばならない評判について言及すべきときにいたった。けれども、それは上述のすべてによって語られており、それら、すなわち、弁論についての賞賛、徴税請負人と騎士階級の熱意、ノビレスたちの支持、青年たちの随行、あなたに弁護された者たちの随行、あなたのために自治都市から出てきた群衆は、評判を広く賞賛されるものにする力がある。あなたが人びとをよく知っている、丁寧に話しかけている、絶え間なく注意深く選挙運動を展開している、そして寛大で気前がいい、と彼らが言ったり評価したりするように。毎夜家が満たされ、あらゆる種類の人びとがおり、彼らがたくさんの言葉、さまざまなことや世話によって満足するように。これらの人びとから一般市民に名声が届くというのではなく、市民自身がこうした熱意に従事するように、努力と手段と配慮によってなされるべきことが達成されるように。[61]

この記述では、「友人たち」の支持を獲得することで評判が広がり、その評判が人びとを候補者のもとへ集め、そうして集まった者たちが候補者の評判をさらに広めるようにせよ、と助言されている。これは「身近に集まる者」でみた訪問者、同伴者、随行者について、候補者の選挙運動を見て回っている市民を確実な支持者となるようにせよ、という助言と同じことが言い換えられていると考えられる。そうであれば、そもそも「友人たち」の支持は市民を候補者に惹きつける要因の一つであり、こうして集まる人びとを支持者、あるいは選挙における「友人」とするものが、「人々をよく知っている、丁寧に話しかけている、絶え間なく注意深く選挙運動を展開している、そして寛大で気前がいい」という評価、すなわち「名前を呼ぶこと、お世辞、随行、寛大さ」といった「一般市民へのやり方」によって得られる評価だったと読み取ることができる。

「評判」の重要性は『ムレナ弁護演説』にも言及されている。

公職候補者、とくにコンスル職の候補者は、大きな望み、おおいなる意気込みによって、フォルムや〔マルスの〕野において大勢の支持者にともなわれることが望ましいと、私は思う。……とくに最近の流行で、すべての〔候補者の〕家を回り、候補者の顔つきからそれぞれがどれほどの意気込みと、当選の見込みをもっているかを判断することが習いになっている。「おい、見たか、やる気がなく、意気消沈している彼を。落ち込み、諦め、戦いを放棄したんだ」。こうした評判が広まっていく。「おい、彼は告発を考えて、競争相手を調べ、証人を探していることを知っているか」。「彼自身が諦めているのなら、ほかの者に〔投票〕しよう」。候補者についてこうした評判が立つと、親しい友人たちは自信をなくし、熱意を放棄してしまう。勝ち目のない状況を放棄してしまうか、自分たちの勤勉や影響力を法廷と告発のために残しておこうとする。さらに候補者自身が自らのすべての意気込み、すべての勤勉さと配慮、そして注意深さを選挙運動に向けられなくなるという事態まで起こってくる。[62]

このように、市民が形成する候補者の評判は法廷にも影響をおよぼすことができるほどの社会的地位のある親しい友人の支援にも影響をおよぼす場合があった。社会的地位の高い者たちの支持は都市民を惹きつける影響力をもった可能性を先に指摘したが、反対に、都市民が形成した候補者の「評判」が社会的地位の高い者たちの態度決定に影響をおよぼすこともあったことがこの記述から読み取ることができる。[63]

さらに、こうした評判は選挙戦の趨勢を逆転することもあった。

一日が過ぎると、あるいは一晩明けると、しばしばすべてが混乱し、ときとして小さな評判の風向きがすべての意見を変えてしまう。さらに、はっきりとした原因もなく期待されていたこととは違うことが生じることもしばしばで、あたかも自分たちが実際にはしていないかのように、ときとして市民が結果を不思議に思う。[64]

「やる気がない」「当選を諦めた」といったネガティヴな評判が広まらないよう、候補者は当選の期待をもって熱心な選挙運動を展開せねばならなかった。

小カトの選挙運動

ここまで、『備忘録』にみられる助言をキケロの著作を参照しながら検討してきた。ここで、『備忘録』が共和政末期の選挙運動を皮肉ったものだと主張するアレクサンダーがその根拠とする、小カトの選挙運動と公職選挙での当落を伝える記述を取り上げ、『備忘録』の助言を踏まえながらカトの選挙での当落の説明を試みたい。

カトの公職選挙立候補については、前六七年度トリブヌス・ミリトゥム選挙、前六二年度護民官選挙、前五一年度コンスル選挙がプルタルコスによって伝えられている。トリブヌス・ミリトゥム選挙では、カトは名告げ奴隷をともなわ

ず、

挨拶したり話しかけてきたりする人びとに名前を呼びかけることに勤しんだが、お世辞を言う人びとを非難せずにはおれず、人びとは彼が追求する美徳がどれほどに偉大であるかと考え、彼の真似をすることの難しさを痛感するのであった。

とされる[65]。

護民官選挙では、カトは当時元老院主流派と対立していたポンペイウスと密接な関係にあるメテッルス・ネポスの護民官立候補を受け、これに対抗するために護民官に立候補した[66]。そのカトは、

当初、カトを支持した者はほとんどいなかった。しかし、彼の目的が明らかとなると、短期間にすべてのよき人びと、貴顕の人びとが集まり、彼を励ました[67]。

というように、結果的には多くの支援者を集め、さらにそのカトのもとに多数の市民も集まった[68]。しかし、カトが告発者の一人として名を連ねた選挙違反についての裁判で、被告のムレナを弁護したキケロは、この護民官選挙でカトは名告げ奴隷をともなって選挙運動を展開していたとして彼を非難している[69]。

コンスル選挙については、

彼〔カト〕自身、彼が積極的であることを選挙運動で示さなかった。逆に、選挙運動でなされるべき挨拶をするよりも、習慣としている彼の生活での優れた品位を保つことを望んだ。さらに、彼が大衆に気に入られたり、追従されるようにすることを友人たちにも許さなかった。そのため、彼は選挙に落選した。

とプルタルコスは伝えている[70]。

これらの記述を『備忘録』の助言を踏まえて説明すると、以下のようになるだろう。まず、トリブヌス・ミリトゥム選挙である。この役職は一個軍団につき六人、四個軍団に配属される二四人が民会で選出されるもので[71]、元老院議員を

志す若者に求められた軍務経験の場の一つだった。前六七年時点で何個軍団が編成され、何人のトリブヌス・ミリトゥムが選出されたかは定かではないが、この役職の定員は必ずしも少ないとはいえず、名の知られた元老院家系出身者であればまず落選することはなかっただろう。また、カトは「お世辞を言う人びとを非難せずにはおれず」とプルタルコスは伝えているが、同時に「挨拶したり話しかけてきたりする人びとに名前を呼びかけることに勤しん」でおり、『備忘録』の助言にあるように、積極的に市民に支持を求めて選挙運動をしていたといえよう。

護民官選挙では、カトは「すべてのよき人びと、貴顕の人びと」の支援、そして都市民の支持を得た。『備忘録』の助言を踏まえれば、カトは多数の「名誉と名声に秀でた者たち」の支持を獲得した、という評判が大勢の市民を惹きつけたといえるだろう。また、キケロによる「名告げ奴隷を侍らせていた」という非難も、「一般市民」の支持獲得のためにカトが熱心な選挙運動を展開していたことを示唆している。

そしてコンスル選挙であるが、カトが立候補した前五一年度コンスル選挙は、前五二年初頭のクロディウスとミロの衝突、そしてその後の混乱の沈静化のために元老院主流派の賛成のもとでポンペイウスが単独コンスルに選出されるという、混乱の余韻の残るなかで開催されたものだった。プルタルコス以外の関連史料をみると、ディオは、カエサルとポンペイウスの対立、そしてその勝者が単独支配者になるであろうという情勢に対抗するためにカトはコンスルに立候補したとし[72]、カエサルは、皮肉を込めてであろうが、カトがこの落選にその後も悩まされたと伝えている[73]。

グルーエンは、カトのコンスル選挙立候補の動機は「選挙運動の模範を示すため」であり、当選した二人の候補者とカトが良好な関係にあったことを示しつつ、カトが彼らの能力や政策に満足していたと述べ、明言はしていないものの、カトは彼らの勝利を確信して選挙戦から手を引いたことを示唆している[74]。しかし、前六三年度コンスル選挙でキケロが一年前に対立候補を予想していたことから[75]、選挙直前にカトが選挙から手を引いたとするグルーエンの説明に説得力はないように思われる。そうであれば、プルタルコスがいうように、『備忘録』で助言されるような熱心な選挙運動を展開しなかった結果、カトはコンスル選挙に落選したと考えるのが妥当だろう。

以上のように、プルタルコスが伝えるカトの選挙運動と公職選挙での当落の因果関係は『備忘録』の助言に基づいて説明が可能である。そのため、『備忘録』は当時の公職選挙の実態をあらわしたものであり、公職選挙立候補者はここに述べられるような熱心な選挙運動を展開せねばならなかったといえるだろう。

ここまで『備忘録』の記述の分析を通じて、選挙運動について考察を続けてきたが、とくにコンスル選挙の場合、立候補を表明して選挙運動を展開する以前に、すでに各候補者は市民に広くその名と業績を知られた人物であり、立候補までにどのような評価を獲得していたかについても支持獲得のための重要な要素だったと考えられるだろう。では、コンスル就任、ひいては公職階梯上昇のためにどのような資質が求められていたのだろうか。

3　公職階梯上昇に求められた資質

「軍隊指揮官」と「よき弁論家」

キケロは『ムレナ弁護演説』のなかで、つぎのように述べている。

人を威厳の最上位〔コンスル〕に就けることができる二つの技術がある。一つは軍隊指揮官(imperator)の、もう一つはよき弁論家(orator)の技術である。[76]

これらの資質はなぜ人をコンスルに就けることができると考えられたのだろうか。

まず、「軍隊指揮官」に注目したい。キケロは、軍隊指揮官の技術がコンスル選挙に役立つことは疑いのないことだとして、以下のように主張する。

軍事に関する威厳が市民法に関する名声よりもはるかにコンスル選挙に役立つことを、どうして疑うことができようか。……これがローマ市民にその名を、この都市に永遠の栄光を生み出し、そして世界を彼らの命令権のもとに治めさせた。都市でのすべてのこと、すなわち私たちの優れたすべての学問、フォルムの称賛と勤勉さは戦争の徳の保護と要塞のなかでこそ安全である。そして戦争の不安が高まったら、私たちのあらゆる技術はすぐに沈黙してしまうのだ。[77]

このように、軍隊指揮官の働きによりローマの名声と市民生活は保護されており、それゆえに、この資質は「最高の威厳」を備え、「最高の有益性」があると考えられた。[78] こうした説明が、軍務において一定の評価を獲得していたムレナを、法律家として名を馳せたスルピキウスの告発から弁護する演説のなかで語られたものであることは無視すべきではないが、キケロは『弁論家について』においても同様に、軍隊指揮官と弁論家を比較して、軍隊指揮官の有益性と偉大さは弁論家のそれに勝ると述べている。[79] ローマの繁栄は軍事力に支えられており、これを指揮し、その力を有効に機能させられる指揮官はコンスル就任にふさわしいと評価された。ケントゥリア民会で選出される高位公職(コンスルとプラエトル)は命令権をもつ公職であり、都市ローマでその任期を全うしたのち、属州総督として属州での反乱鎮圧、外敵侵入の阻止などを担った。そのために、「軍隊指揮官」としての資質を有する者はコンスル就任に値すると考えられたのだろう。

このことは、最高の軍事的名誉である凱旋式を挙行した人物のほとんどがコンスル経験者だったことからも裏づけられよう。しかし同時に、コンスル就任以前に凱旋式挙行という赫々たる軍事的業績をあげることは極めて困難だったことをも示している。管見の限り、前七八年から前四九年のあいだに凱旋式挙行を認められた者は一三人、略式凱旋式(ovatio)の挙行を許された者は一人確認できる。[80] そのうち、コンスル就任以前に凱旋式挙行をはたしたのは、ポンペイウス(前七〇年コンスル、前七九年凱旋式挙行)、クラッスス(前七〇年コンスル、前七一年略式凱旋式挙行)、アフラニウス(前六〇年コンスル、前七〇ないし前六九年凱旋式挙行)、プピウス・ピソ(前六一年コンスル、前六九年凱旋式挙行)、ポンプティヌス

（前六三年プラエトル、コンスルには選出されていない。前五四年凱旋式挙行）の五人となる。同様に、コンスル就任以前に、戦勝に際して軍団兵から「インペラトル」と歓呼される栄誉を受けたことが確認できるのは、凱旋式を挙行した者を除けば、カエサル（前五九年コンスル、前六〇年インペラトル歓呼）のみである。

このように、凱旋式挙行やインペラトル歓呼などの卓越した軍事的業績をあげてコンスル選挙に臨むことは極めて困難だった。しかし、軍務経験のなかで、所属する軍団の指揮官、その下でともに活動する同僚の将校たち、さらには軍団兵から、軍隊指揮官として期待できる人物であると評価されることは、選挙運動における評判の形成においても有益だった。キケロは、ムレナが軍団兵から篤い信頼を得た将校で、兵士が生み出した評判が選挙で有利に働いたと述べている。[81] 凱旋式挙行が認められるほどの赫々たる軍事的業績をあげていなくとも、軍事的資質をもつと判断されることは公職選挙における有利な評判の形成につながった。

しかし、このようなかたちでその軍事的資質を知られたムレナであっても、「気前のよさ」（liberalitas）を示す、場合によっては違法と判断される可能性もある方法で選挙運動を展開せねばならなかった。さらに、コンスル選挙立候補以前に凱旋式挙行の栄誉を得たアフラニウスもまた、選挙買収というかたちでポンペイウスの支援を受けてコンスル当選をはたしている。[82] アフラニウスは祖先に元老院議員をもたない「新人」だったことも考慮する必要はあるだろうが、軍事的資質やその業績だけで選挙結果を決定づけることはできなかった。

つぎに、「よき弁論家」について検討したい。そもそも、キケロがいうところの「弁論家」（orator）とはどのような存在なのか。キケロは、前七六年コンスルのオクタウィウスについて、「彼は弁論家ではなく演説家（dicentii）のなかに数えられていたが、今や私は弁論家として尊敬している[83]」と述べており、「弁論家」とは「演説家」のなかでも尊敬に値する一部の者であることを暗示している。

同時代の政治家の弁舌の特徴を解説するキケロの著作『ブルトゥス』のなかで、前七八年から前四九年までのコンスルは三〇人が取り上げられている。そのなかで、キケロが「弁論家」と呼ぶ人物は一〇人に限られる。[84] もちろん、一般的な評価とキケロによる評価とのあいだに相違がなかったわけではないだろうし、キケロとの関係により評価にバイアスがかけられている場合、さらにはキケロが『ブルトゥス』においてあえて取り上げなかった場合もあるだろう。しかし、いずれにせよ、キケロがいう「弁論家」とは弁舌にとくに秀でた者であり、「弁論家」と評される者は限られていた。

では、なぜキケロが「弁論家」として認める者はこのように少ないのか。この理由について、キケロは『弁論家について』のなかで、「弁論家」には技術や知識の点で「信じられないほどの領域の広さと困難さ」が求められているためであると述べたうえで、[85] その内容を以下のように例示している。

例えば、私は尋ねたい。それでは、軍事の経験や陸や海の地形についての知識がないのに軍隊指揮官に対して、また指揮官のために説明ができるだろうか。決定すべき、また拒否すべき法案を市民に説明できるだろうか。市民に関する事柄についての最高の認識と分別なしに、元老院で国政のあらゆることを議論できようか。さらに、哲学者によって解明された人の性格や特徴についての考察を詳細に研究することなく、心の感情や衝動を駆り立てたり鎮めたり(これが弁論の一つの役割であるが)、弁論によって操ることができるだろうか。[86]

「弁論家」には、その活躍の場の多様さ、そして語らなければならない内容の広範さゆえに、あらゆる知識が要求された。軍隊指揮官の告発や弁護、コンティオにおける法案への賛否の演説、元老院における国政の議論など、多種多様な場面で弁舌をふるう政治家たちのなかでも、広範な知識とたしかな弁論術を備え、「弁論家」として高く評価されることは極めて困難だった。その困難さのゆえ、「弁論家」と評価されること自体、好意を得るに値した。[87] そして、「完成された弁論家の指揮と知恵によって、弁論家自身の威厳のみならず、多くの個人、そして国政全体の安全が確保される」[88] という。キケロがいう「弁論家」の技術とは卓越した内政の資質とも読み取ることができるだろう。

ここまで、キケロが「人を威厳の最高位〔コンスル〕に就けることができる二つの技術」としてあげる「軍隊指揮官」と「よき弁論家」に関連するキケロの記述を検討してきた。これらの技術はともに、ローマの発展と安定に極めて重要な役割をはたすものであり、最高位の公職コンスルにはこうした役割が期待されており、これらの資質を有することがコンスル選挙当選におおいに有利だったことは想像に難くない。これらの資質を示す業績は重要であり、「公職階梯」が'cursus honorum'(直訳では「名誉の過程」)と呼ばれたのは、公職には国政への貢献に対する報酬としての側面があったことを示している。しかし、これらの資質について、他の候補者と比べて抜きん出た評価を獲得することは容易ではなかった。そのため、コンスル選挙当選、ひいては公職階梯上昇のために、候補者は支持や好意の獲得が期待できる、これら二つ以外のさまざまな資質を示し、競争を繰り広げねばならなかった。こうした資質は多岐にわたっただろうが、ここではとくに重要視されたと考えられる、「家柄」と「気前のよさ」を取り上げたい。

資質としての「家柄」

ゲルツァーは、前三六七年から前六三年までのコンスルのほとんどがコンスル家系出身者「ノビレス」であり、コンスルを祖先にもたない家系の出身者「新人」のコンスル就任は一五人、のべ二四回しかなかったと主張した[89]。その後、この主張は批判にさらされることとなるが、それでもほとんどのコンスルが祖先にコンスルをもったことは間違いない。共和政末期のサッルスティウスはこうした状況を「ノビリタスが彼らのあいだでコンスル職をたらい回しにしていた」と評する[90]。

前七八年から前四九年までのコンスルに注目してみても、のべ六三人のコンスルがいるなかで新人はわずかに二人、キケロとアフラニウスのみである。すでにふれたように、彼らはコンスル選挙立候補までに、キケロは「弁論家」として、アフラニウスは「軍隊指揮官」として、広く認知される存在だった。新人がコンスルに選出されるためには、コンスルにふさわしいとされる資質でとくに秀でていること、そしてそれを示す業績をあげることが必要だった。

ワイズマンは、共和政末期からアウグストゥス時代までの新人に注目した研究のなかで、「新人の選挙における不利」と題する一節を設け、キケロやサッルスティウスの記述を引用しながら新人であることがローマ政界での上昇、あるいは公職選挙にいかに不利だったかを検討し、公職選挙での当選にあたっては「名前が充分な資格だった」と述べている。[91] 有力家系出身者は、有力家系出身であるだけでもその名を広く投票者に知られる存在であった。キケロは、前五八年にコンスルを務めたピソ・カエソニヌスについて、本人の資質ではなく「ピソ・カエソニヌス家」の名によって公職階梯を登りつめたと主張する。[92] ピソ・カエソニヌス家は、前一四八年にコンスルとして第三次ポエニ戦争に参加したピソ・カエソニヌスを始祖とし、その息子は前一一二年にコンスルを務め、のちにゲルマニア系諸部族の南下により引き起こされたキンブリ・テウトニ戦争で戦死した政治家だった。前五八年コンスルのピソはその孫である。国家への多大な貢献をなした「ピソ・カエソニヌス」の名は、前一世紀半ばでも広く人びとの記憶に残っていただろう。もちろん、この演説がピソ本人に向けられた弾劾演説であり、ピソの無能ぶりを誇張していることは勘案すべきではあるが、それでもこの記述から、有力家系出身であることそれ自体が公職選挙に有利だったことを読み取ることができる。[93]

コンスル職は有力家系出身者にこそふさわしい、という認識もあった。キケロは、ムレナの対立候補で古くからの血統貴族であるパトリキィのスルピキウスがもつコンスル選挙立候補者としての資質のなかに「生まれのもつ威厳」をあげている。[94] さらに、高貴な生まれの者にこそコンスル職はふさわしいという認識と並んで、新人にコンスル職はふさわしくないという認識もあった。サッルスティウスは、有力家系出身者のなかには「新人」がコンスルに選出されることでコンスル職が汚されると考える者もいたと述べている。[95]

このように、ローマ政界入りをめざす新人は、名の知られる祖先をもつ有力家系出身者と比べ、圧倒的に不利な条件で政治生活を開始せねばならず、これを逆転することは極めて困難だった。こうした不利を覆してコンスル就任をはたすためには、「軍隊指揮官」、あるいは「よき弁論家」としての資質を示し、これまでに国政に貢献してきたこと、あるいは今後国政への貢献が期待できることを広く認めさせなければならなかった。

資質としての「気前のよさ」

「気前のよさ」は、『備忘録』においても候補者が示すべき資質とされる。『備忘録』のなかで、「気前のよさ」は'benignitas'ないし'liberalitas'の語で表現されており、候補者に求められる資質に数えられている。[96] この「気前のよさ」を指す語のうち、'liberalitas'はときに選挙買収を指して用いられる。

こうした「気前のよさ」を示す格好の機会がアエディリス職である。アエディリスは、都市ローマの建造物の維持管理、市場の監督、祝祭の主宰など、都市ローマでの生活に関する事柄の管理・監督を職務とし、祝祭に際して執りおこなわれる見世物を主宰することによって市民の人気の獲得が期待できた。[97] さらに、これによってその後の公職選挙が有利となる可能性があったとも指摘されている。[98]

キケロは、アエディリス職を務めること、そしてその在職中の見世物開催がその後の公職階梯上昇に重要な役割を演じたことを示唆する二つの逸話を伝えている。一つは、前七七年コンスルのレピドゥス・リウィアヌスは「アエディリス職の無視」が理由でかつてコンスル選挙で落選したというもので、もう一つは、前五六年コンスルのフィリップスは、アエディリスに就任することなくコンスルに選出されたことを誇っていたというものである。[99] これらの逸話から、アエディリス在職中の見世物開催により市民の人気を獲得することがその後の公職階梯上昇に有益だったことがわかる。

気前のよさを誇示し、これによって獲得した市民の人気を基盤として公職階梯をコンスルにまで登り詰めた最たる例としてあげることができるのがカエサル（前五九年コンスル）である。彼は元老院議員となって以降、盛大な見世物の開催によって市民から絶大な人気を獲得していた。前六五年アエディリス在職中に、カエサルは同僚ビブルスとともに大規模な見世物を開催した[100]。カエサルの気前のよさの誇示はこれにとどまらず、前六三年の最高神祇官選挙においても金銭を分配したことが伝わっている。この神官職は元老院でもっとも権威のある人物が務めることが慣例となっており、前七八年コンスルのカトゥルス、前七九年コンスルのイサウリクスといった元老院の重鎮たちもこの選挙に立候補していたが、カエサルは大規模な選挙買収によって当選をはたした[101]。まだプラエトルにも就任していないカエサルが最高神祇官に選出されたのは、アエディリス在職中に開催した見世物と選挙買収によって、市民の支持獲得に成功したためだったと考えてよいだろう。その後、前六二年度プラエトル選挙にも当選したカエサルは、ヒスパニアで属州総督を務めたのち、前五九年度コンスル選挙に立候補した。カエサルは、ルッケイウスと選挙協力(coitio)を結び、二人の名前で金銭を分配することを約束し[102]、コンスル当選をはたした。

このように、カエサルは「気前のよさ」を誇示しながら公職階梯を登り詰めた。のちにカエサルがローマ史上の転換点となり、現在に伝わる情報が豊富だということを勘案しても、カエサルによる見世物や選挙直前の施与行為はその規模において特異な例だと思われる。しかし、選挙買収が横行し、頻々と選挙運動規制法(lex de ambitu)が提案、可決されたこの時期、公職階梯上昇をめざす者がさまざまなかたちで気前のよさを示し、市民の人気や支持の獲得に努めたことは一般的だったと考えてよかろう。

共和政期ローマの公職選挙の制度は、選挙主宰公職者が選挙結果に対して決定的な裁量権を有しており、とくに高位公職選挙での投票方法は富裕層市民がより大きな影響力を発揮しうるものだった。しかし、公職選挙は市民の目の前でおこなわれるものであるため、選挙主宰者は市民の圧力にさらされており、選挙主宰者による恣意的な選挙結果への介入は容易ではなかった。さらに、富裕層に属さない都市ローマ在住市民は富裕層市民の投票行動にも影響をおよぼす場合もあった。というのも、彼らが形成する評判が選挙戦の趨勢を覆すこともあったためである。そのため候補者は、あらゆる社会層の市民に対して熱心な選挙運動を展開して当選への熱意を示さねばならなかった。制度的には、選挙主宰者、富裕層市民が選挙結果に大きな影響をおよぼすことができたが、都市民も彼らに影響を与えることができる存在だった。当時の公職選挙は選挙主宰者、富裕層市民、都市ローマ在住市民らの相互作用のうえで選挙結果が決定されていたのが一般的な状況だったといえよう。

コンスル就任、ひいては公職階梯上昇には「軍隊指揮官」、そして内政にも通じた「よき弁論家」としての資質を有していると判断されることがとくに重要だった。しかし、こうした資質において対立候補と比べて抜きん出た評価を獲得することは困難だった。そのため、「家柄」や「気前のよさ」など、公職就任にふさわしいと判断されるさまざまな資質を競い合うこととなり、公職をめぐる競争は激化した。

「気前のよさ」という資質が公職選挙において都市民の支持を獲得する重要な要素だったことは、共和政末期の公職選挙の実態を検討するうえでとくに注目すべきと思われる。これを示す'liberalitas'の語はときに選挙買収を意味する場合もあり、『備忘録』において推奨される選挙運動あるいは候補者に求められた資質でありながら、選挙運動規制法による告発事由ともなるアンビヴァレントな概念である。次章では、この選挙買収が大きな問題となった前五三年度コンスル選挙に注目し、選挙運動とその影響を考えてみたい。

第二章　前五三年度コンスル選挙

選挙買収の具体例として

共和政末期ローマでは、とくに高位公職選挙に際して激しい買収合戦が繰り広げられることがあった。なかでも前五三年度コンスル選挙では、激化した買収合戦が問題となり、キケロが友人アッティクスや弟クイントゥスに宛てた書簡でこれについて数多く言及しており、この選挙については選挙戦の進展が比較的詳細に伝わっている。本章は、この選挙に注目し、共和政末期の選挙買収の意味を考察する。まず、これまでの研究で選挙買収がどのようなものとして理解されているかをみてみたい。

グルーエンは、高位公職選挙が開催されるケントゥリア民会では非富裕層市民は選挙結果にあまり大きな影響を与えることができなかったので、非富裕層市民を対象とする買収が選挙結果を左右したとは考えにくいと主張する。[1]リントットは、非富裕層市民の買収は彼らのパトロン、すなわちケントゥリア民会で影響力をもつ富裕層市民の支持獲得につながったとして、選挙買収の有効性を認める。[2]両者の見解は、買収の影響力を認めるか認めないかという点では正反対の意見ではあるが、非富裕層市民の投票が選挙結果に与えた影響力は小さかったと評価する点では共通している。

クリエンテラ論によって説明される選挙像を批判し、非富裕層市民の投票の影響力を考慮する必要があると主張するヤコブソンは、なぜ候補者は選挙運動規制法によって告発される危険を冒してまで都市ローマ在住市民を買収したのか、という問いを立て、彼らに恩恵を施す者として気前よく振舞うことで獲得できる人気や社会的地位が公職選挙での当選、そして政治家としての成功に必要だったとしている。さらに、「広く仲間の市民に利益を与えることを望む者は、直接的に、選挙直前にそれをする必要はなかった」[3]、つまり、立候補までに気前のよさを誇示して人気と社会的地位を充分に確立できていれば、選挙運動規制法で告発される危険を冒す、すなわち選挙買収をする必要はなかったと主張する。イェーネは、「投票者集団の特別な利益が選挙戦の主題とならなかったため、支配階層出身の候補者と民衆の関係は、本質的には、申し合わせのうえの象徴的な次元にとどまった」としたうえで、「候補者として気配りができてそれに嫌な顔をしない保護者(パトロヌス)であることを示さねばならなかった」と述べ、クリエンテラ関係における儀礼としての選挙買収の意義を強調する。[4]

これまでの研究が示す選挙買収についての評価を概観してまず目にとまるのは、クリエンテラと関連づけてこれを把握し、選挙買収は保護者(パトロヌス)から被保護者(クリエンテス)への気前のよさの誇示と同質のものとする見方である。選挙買収と「気前のよさ」の誇示を区別することは困難だったとキケロが述べていることから、[5]選挙運動における金銭分配等の施与行為は慣行とも違法行為とも理解できるものだったことがわかる。しかし、これまでの研究は、なぜこうした選挙運動が伝統的なものとも違法行為とも理解されたかを充分に説明していない。ここでは、買収合戦が激化し、候補者が選挙買収規制法違反により告発された前五三年度コンスル選挙に注目し、この問いへの答えを探ることで、これまで説明されてこなかった選挙買収の意味を明らかにしたい。

他方、クリエンテラ論とは距離をおくヤコブソンの説明についても、疑義を呈さざるをえない。立候補までに市民に気前のよさを示していれば選挙直前に買収を展開する必要はなかった、とヤコブソンは説明しているが、この説明に対しては二つの反証をあげることができる。一つが、前五九年度コンスル選挙で当選したカエサル、もう一つが、本章で注目する前五三年度コンスル選挙立候補者のスカウルスである。彼らは、コンスル選挙立候補にいたるまでに後世に伝えられるほどの、目を見張る見世物を開催しており、コンスル選挙立候補までには「気前がよい」という市民からの評価を得ていたと考えられるが、彼らは選挙直前に選挙買収を展開した。ヤコブソンの説明は、この二人のコンスル選挙での選挙買収展開と矛盾する。ここで注目する前五三年度コンスル選挙は、ヤコブソンのこの説明を検証する好材料でもあるといえる。

1 前五三年度コンスル選挙の経過

前五三年度コンスル選挙[6]の立候補者は、カルウィヌス、メッサッラ、スカウルス、メンミウスの四人である。[7]前五四年七月の選挙戦開始時点では、カルウィヌスは「友人たち」、メンミウスはカエサルとポンペイウスからの支援を受けていた。また、カルウィヌスとスカウルスは見世物の開催によって市民から好意を集めていた。なお、スカウルスは前五五年に属州サルディニア総督として違法に徴税したとして、不法利得返還要求裁判にかけられていた。そしてキケロは、詳しい理由をあげていないが、メッサッラはコンスルにふさわしいと述べ、さらに選挙が延期される可能性も示唆している。[8]

七月十五日、借金の利率が年利四％から八％に上昇した。これは、メンミウスが現職コンスルであるアヘノバルブスとクラウディウス、さらに対立候補カルウィヌスと選挙協力を約束し、莫大な額の買収資金を準備したために生じた事態だった。スカウルスとメッサッラは、選挙協力を結んだメンミウスとカルウィヌスに対抗できずにいた。メッサッラはさらに、ポンペイウスからの妨害によって不利な状況にあった。[9]

八月初旬、すでに一部の元老院議員のあいだで選挙協力に関する噂は広まっていたようであるが、選挙協力に加わったメンミウスが両コンスルとの選挙協力の内容を元老院で暴露した。[10]コンスル選挙立候補者と現職コンスルが手を結んでいたことが明らかとなり、元老院はこの問題を討議する。[11]そこで「沈黙の裁判」によって候補者を裁く法案を民会に提出すること、そしてその裁判まで選挙も延期されることが決議された。「沈黙の裁判」の詳細は不明であるが、キケロが伝えるように、[12]候補者がそれを恐れていることから、有罪とされた場合にはなんらかの制裁が加えられたものと思われる。この法案の可否を問う民会の当日、護民官が拒否権を発動し、沈黙の裁判の実施に関する法案は廃案となる。それに対する元老院の対応は、「選挙ができる限り早い時期におこなわれるように決議する」ことを勧告する程度のもので、混乱を鎮めるにはいたらなかった。それと並行して、メンミウスとの選挙協力が解消されたカルウィヌスと、その選挙協力のために不利な状況にあったメッサラが、市民に気前のよさを示して選挙戦で優勢となった。[13]九月二日に不法利得返還要求裁判で無罪となったスカウルスは、本格的な選挙運動の開始は先の二人に遅れをとったものの、彼ら以上の気前のよさを示していた。[14]

十月にはいると、四人の立候補者全員が選挙運動規制法違反で告発された。[15]コンスル選挙は、それを主宰する現職コンスルへの不信感のため、毎日のように延期されていた。[16]選挙の混乱が続くなかで、コンスル級のパトリキィが五日交代で中間王(interrex)に就任してコンスル選挙を開催するための中間王政(interregnum)が敷かれる、あるいは独裁官が任命されるという噂もささやかれ始めた。[17]十一月になっても買収合戦は続いたようである。[18]

結局、コンスルが選出されないまま前五三年を迎えた。年が変わる前後、護民官のルキリウス・ヒッルスがポンペイウスを独裁官に選出する法案を民会に提出した。独裁官といえばスッラの恐怖政治が想起され、その提案は強い反感を招き、カトはヒッルスの免職を求めた。ポンペイウスの友人たちは彼に対する批判をかわすために、「ポンペイウスは独裁官職を望んでいない」と弁明してまわった。こうした混乱のなか、カトがポンペイウスに混乱を鎮めるように要請し、独裁官選出に関する議論はおさまった。そして、七月にようやくコンスル選挙が開催され、カルウィヌスとメッサラがコンスルに選出された。[19]

2　候補者の「無気力」

「無気力」という評判

前五三年度コンスル選挙を伝えるキケロの書簡では、候補者が選挙運動において「無気力になった」(flaccere, refrigescere)という記述が多々みられる。こうした評判が立つことは当選をめざす候補者にとって好ましいものではなかった。キケロは『ムレナ弁護演説』のなかで、都市ローマ在住市民は候補者の選挙運動の様子をみて評判を形成し、「当選を諦めた」という評判が立つと候補者はたちまち社会的影響力をもつ友人の支持や支援を失う可能性があったと述べている。[20]つぎに、この選挙戦を伝えるキケロの記述にあらわれる各候補者の選挙運動について、とくに「当選を諦めた」という不利な評判の形成につながったであろう候補者の「無気力」に注目し、この選挙で大きな問題となった選挙買収の意義を考えてみたい。

この選挙戦で最初に「無気力」と評されるのがメッサッラである。

巨額の選挙買収がおこなわれている。かつてこれほどのことはなかった。七月十五日、メンミウス、両コンスル、そしてドミティウス〔・カルウィヌス〕の選挙協力によって、〔借金の利率は〕年利四%から八%になった。スカウルス一人でこの選挙協力に打ち勝つことはほとんど不可能だろう。メッサッラは無気力である。私は誇張などしていない。とくに、第一投票ケントゥリアの宣言〔投票〕のために一〇〇〇万セステルティウスが用意されている。[21]

おそらくメッサッラは、メンミウス、カルウィヌスと両コンスルの選挙協力に対抗できないと考え、無気力になったのだろう。ほぼ同時期にアッティクス宛の書簡で、キケロは「選挙協力とポンペイウスがメッサッラを妨げている」とも伝えており、[22]ポンペイウスによるなんらかの妨害もメッサッラの無気力の原因だったことを示唆している。

しかし、メンミウスが選挙協力の内容を元老院で暴露したあと、メッサッラの選挙運動に対する評価は大きく変化する。彼は市民のあいだで「気前のよさ」を示すことで、その後の選挙戦を優位に進めることができた。[23]

つぎに「無気力」と評される候補者は、選挙協力を暴露した直後のメンミウスである。

さらにカルウィヌスの意思に反して選挙協力から手を切ったメンミウスは明らかに無気力で、それに加えて私たちは、カエサルがメンミウスのことをおおいに不愉快に思っている事実をすでに知っている。[24]

元老院で選挙協力の内容を暴露することで、メンミウスは選挙協力から手を切った。その理由ははっきりしない。[25] メンミウスはなんらかの見込みをもって選挙協力を暴露したものと考えられるが、結果的にはその目論見ははずれ、有力な支援者だったカエサルがこれを不愉快に思っていることを知り、カエサルの支援を失ったと考えたために無気力になったのだろう。

最後に「無気力」という評判がみられるのは、十月中旬のメンミウスとスカウルスである。

被告たちは、とくにメンミウスは、カエサルの到着によってコンスルになれると希望をもっているので、〔選挙の開催を〕望んでいない。しかし、彼は不思議なほどに意気消沈している。メッサッラとともにドミティウス〔・カルウィヌス〕が確実なように思われる。スカウルスは無気力になっている。[26]

メンミウスは、カエサルからの支援が得られないことが明確になったのか、八月から引き続き「不思議なほど意気消沈している」こととしかできなかった。十一月末のクイントゥス宛の書簡でも、メンミウスはカエサルの到着を待つ以外は無気力だった(friget)と伝えられている。[27] カエサルは前五八年から前五〇年まで、属州ガッリアおよびイッリュリクム総督としてガッリア戦争を展開していた。そして休戦期間となる冬には属州領域内に戻り、総督としての職務である巡回裁判を実施していた。属州総督であるためにカエサル自身はイタリアにはいることができなかったので、ここで述べられている「カエサルの到着」とは、カエサルからのなんらかの指示、あるいは、前五五年度コンスル選挙でもあったような、カエサル軍の兵士の選挙への動員を意味していると思われる。いずれにせよ、キケロの書簡からは、選挙協力の内容を暴露して以降、メンミウスは実質的には選挙運動を展開していなかったと考えられる。

つぎにスカウルスが無気力になった原因を、ここにいたるまでの彼の選挙運動の経過を追いながら考えてみたい。スカウルスは、選挙戦が本格化し始めた頃に不法利得の廉で告発された。その後、キケロはスカウルスに言及しながら、「金銭が全員の威厳を等しくしている」と伝えている。[28] そのことから、すでに七月中旬頃からスカウルスが選挙買収ないしその準備を始めていたと考えられる。しかし、彼が選挙運動を展開しているという記述があらわれるのは、九月二日に不法利得返還要求裁判で無罪になったあとである。その頃までにはメッサッラとカルウィヌスは選挙戦を優位に進めており、両者を追うかたちでスカウルスは市民に気前のよさを示す選挙運動を本格化させた。しかし、キケロが「先に始めた者のほうがより多くの好意を得ると思われる」というように、[29] スカウルスは十月になっても二人の優位を揺るがすことができなかった。つまり、一カ月間選挙運動を展開したにもかかわらず、選挙戦におけるスカウルスの状況は好転しなかったのである。そのため、スカウルスは選挙運動に無気力になったと考えられよう。

「無気力」という評判と「気前のよさ」を示す選挙運動

ローマの都市民が候補者の選挙運動を「やる気がなく、意気消沈している」と判断し、「当選を諦めた」という評判が広まると、その候補者の当選の可能性は小さくなった（第一章）。しかし、七月末のメッサッラ、十月前半のスカウルスは、選挙運動において「無気力である」と評価されてはいるものの、その後も選挙買収を展開していることからわかるとおり、彼らは必ずしも当選を諦めたわけではなかった。メッサッラは、メンミウスによる選挙協力の暴露後、「気前のよさ」の誇示によって選挙戦を優位に進めている。また、十月に「無気力」という評判が立ったスカウルスも、十一月になっても引き続き金銭による選挙戦を展開しており、[30] 当選を諦めたわけではなかったことがわかる。このように、前五三年度コンスル選挙においては、「無気力」と評価された候補者が選挙買収を展開したことが確認でき、こうした選挙運動は「当選を諦めた」という評判を覆すための手段の一つだったことを示唆しているように思われる。

そうであるならば、「気前のよさ」の誇示は選挙運動一般のなかでどのように位置づけられるものなのだろうか。メンミウスによる選挙協力暴露後の選挙戦に関するキケロの証言に注目し、選挙運動としての買収の意義をさらに考えていきたい。

メンミウスが選挙協力を暴露して以降、各候補者は「気前のよさ」を誇示する選挙運動を展開した。十月初頭、「私たちのメッサッラと、彼の対立候補のドミティウス〔・カルウィヌス〕は、市民のなかにあっておおいに気前がよい」[31]とキケロは伝えている。さらに、これを追うかたちで選挙運動を開始したスカウルスは「彼の家で、トリブスごとに市民をおおいに満足させている。けれども、彼の気前のよさ(liberalitas)がより豊かなものであったとしても、先に始めた者のほうがより多くの好意を集めるものと思われる」[32]とキケロが伝えているように、「気前のよさ」を誇示する選挙戦で出遅れていた。

十月初旬に候補者四人が告発されていることから、こうした「気前のよさ」を示す彼らの選挙運動が金銭の分配など選挙運動規制法に抵触する可能性のある手法、いわゆる買収だったと考えられる。メンミウスとカルウィヌスについては第一投票ケントゥリアの買収を計画していたことが周知のこととなっており、スカウルスも七月から金銭に頼った選挙運動を展開ないし準備していたことをキケロは示唆している。[33] メッサッラについては彼の買収を明言する記述はないが、彼もまた告発を受けている。キケロがメッサッラを弁護していることから、[34] やはりメッサッラも選挙運動規制法により有罪と判断される可能性のある選挙運動を展開していたことがうかがえる。そのため、「気前のよさ」を示す選挙運動は選挙違反とみなされる可能性もあったといえよう。

この「気前のよさ」は、元老院議員がローマ市民、とりわけ都市ローマ在住市民の支持を獲得して公職階梯を上昇するために必要とされる資質の一つだった。『備忘録』においても、「もっとも尽力されるべき評判」との関連で述べられており、さまざまな「友人たち」が候補者を「惜し気なく気前がよい」と評価すると、それが名声として都市民の耳にはいり、さらに彼らが友人たちと同じ熱意に巻き込まれ、候補者のために選挙運動をするようになるとされている。[35] また、「気前がよい」(liberalis)と併記されている「惜し気のないこと」(benignitas)についても、これが広く知れ渡るようにせよとの助言が『備忘録』にはみられ、[36]「惜し気のなさ」が候補者の評判を高めるとされている。そして、ローマの都市民が生み出す「評判」は選挙戦の趨勢を一転させる場合もあった。[37] 当選をはたすためには、「諦めている」「選挙運動に熱意がない」といったネガティヴな評判が立たぬよう、熱心な選挙運動を展開せねばならなかった。

前五三年度コンスル選挙に話を戻すと、スカウルスが本格的に選挙買収を展開する以前に、メッサッラとカルウィヌスは「市民のなかにあって気前がよい」と、キケロは証言している。評判形成についての先の考察と合わせて考えれば、この記述は、候補者の友人による証言にひきつけられて集まった市民にも気前のよさを示している、と読めるだろう。そしてここで注目したいのは、スカウルスについては「(気前のよさで)市民を満足させている」と伝えているのに対し、メッサッラとカルウィヌスについては「市民のなかにあっておおいに気前がよい」という表現で両者の選挙運動を伝えていることである。あえてこのような表現を用いているのは、メッサッラとカルウィヌスは市民に対して気前のよさを示しているだけではなく、それによってすでに市民のあいだで、選挙運動において「気前がよい」という評判が広まっていることを、キケロはアッティクスに伝えたかったからではなかろうか。

スカウルスはその二人に遅れて市民に気前のよさを示した。それについてキケロは「先に始めた者のほうがより多くの好意を集めるものと思われる」と述べているように、スカウルスはメッサッラとカルウィヌス以上の評判を得ることはできなかった。しかし、この二人が有利な情勢にあっても何もしないでいては「当選を諦めた」という評判が立ち、当選の可能性はさらに小さくなってしまう。さらに、スカウルスにとって「気前のよさ」を示す選挙運動はとくに有効な戦略だったと考えられるのである(第三節)。

一カ月間、選挙買収を展開したが当選への見込みが立たず、十月上旬、スカウルスは一時的に選挙運動に無気力になり、さらにポンペイウスの支援を失った。[38]『ムレナ弁護演説』では友人は無気力となった候補者の選挙運動をやめるといわれているが、[39]スカウルスはそうした不利の連鎖に陥っていたといえるだろう。しかし、こうした不利な状況のなか、スカウルスは十一月末までには買収を再開している。その間、選挙協力に荷担していた現職の両コンスルへの不信感は選挙の延期というかたちで根強く残っており、さらに候補者の裁判によっても選挙は混乱していた。スカウルスは、選挙がいつ開催されるかわからない状況に、劣勢を逆転できる可能性を見出したのかもしれない。その理由がどうであれ、スカウルスは当選を諦めていないという姿勢を「気前のよさ」によって示しつづけた。

だが最終的に、スカウルスは当選をはたせなかった。それに対して、選挙協力とポンペイウスのために無気力に陥っていたメッサッラは、買収によって無気力という評価を払拭し、市民の支持の獲得に成功している。もちろん、メッサッラの成功はメンミウスとカルウィヌスの選挙協力の破談がなければ達成できなかっただろう。そうではあっても、スカウルスに先手を打って「気前のよさ」を示すことで当選への意気込みや熱意を都市民に向けてアピールしたため、メッサッラはその後の選挙戦を優位に進めることができたという点を強調しておきたい。

3　スカウルス裁判　立候補までの経歴と選挙買収

スカウルス裁判

前五三年度コンスル選挙は、最終的にはメッサッラとカルウィヌスが選出されて決着する。だが、この選挙での選挙買収をめぐる裁判が翌年の前五二年におこなわれたという意味では、この選挙はこれで終わりではなかった。

前五二年は、ミロによるクロディウス殺害で幕を開けた。その混乱を鎮める役割を担うはずのコンスルはこの年のはじめになっても選出されておらず、元老院はポンペイウスを単独でコンスルに選出することを決定する。[40] 三度目のコンスル就任をはたしたポンペイウスは、政治の混乱を鎮めるために数多くの法案を民会に提出、可決させた。ポンペイウスが提案した法のなかには、コンスル選挙が買収合戦によって混乱し、コンスル不在のまま年が明ける事態が続いていたこともあったためか、選挙運動規制法も含まれていた。この法律は、選挙違反に対する罰則の強化と、前七〇年まで遡って裁判のやり直しを決めるものだった。[41] それにより、前五三年度コンスル選挙で落選したスカウルスとメンミウスの裁判がやり直されることとなり、結果的に両者ともに有罪判決を受けた。

スカウルス裁判に関して、アッピアノスはスカウルスにまつわる興味深い逸話を伝えている。

民衆はスカウルスを許してもらうように嘆願したが、ポンペイウスは法廷に委ねると表明した。そして再び市民たちが告発者たちを妨害すると、ポンペイウスの兵士たちによって何人かが犠牲となった。そうして市民たちは沈黙し、スカウルスは有罪判決を下された。[42]

このように、都市民は「スカウルスの選挙運動は許されるべきである」といわんばかりに、ポンペイウスにスカウルスの許しを求めた。ポンペイウスが兵士を動員したということから、市民たちによるスカウルス告発に対する抵抗の激しさがうかがえる。都市民のこうした行動から、スカウルスが展開した「気前のよさ」を誇示する選挙運動は許容されるべきと考える一定程度の市民が存在したことが推測できる。

さらに、この可能性を示唆する別の根拠がある。それは、この裁判でキケロがスカウルスの弁護を引き受けたことである。[43] キケロはその政治的経歴からも明らかなように、自分の立場が明確であるように装いながらも、つねに多数派や有力政治家を敵に回さないように振舞ってきた政治家である。また、前五四年に依頼されたガビニウスの弁護を引き受けなかったことについて、これを引き受けていたらガビニウスの敵対者たちから憎まれていただろうと弟クイントゥスに漏らしているように、[44] キケロは弁護する相手を間違えると政治生命を失う可能性があることをよく知っていた。そのキケロが元老院主流派によって推挙されるかたちで単独コンスルに就任したポンペイウスの意向に反してスカウルスを弁護した。このことは、市民たちと同様に、キケロもスカウルスの選挙運動は許容されるべきものと判断していたことを示唆しているといえるだろう。[45]

選挙までの経歴と選挙運動

結果的には有罪となったとはいえ、スカウルスの選挙運動を必ずしも違法だったとは判断しない者も一定程度存在した。スカウルスは選挙運動のなかで「家でトリブスごとに市民を満足させ」たといわれており、[46] 彼のこうした選挙運動は家に分配人をおくことを禁止した前六一年の元老院決議[47]に抵触していたと考えられる。なぜスカウルスの「気前のよさ」の誇示は許容されると判断した者がいたのだろうか。その理由を検討するにあたって注目したいのが、彼のコンスル選挙立候補にいたるまでの経歴である。

スカウルスのコンスル選挙立候補までの経歴でとくに目を惹くのはアエディリス在職中の見世物である。大プリニウスは『博物誌』のなかで、都市ローマで開催されたさまざまな見世物を紹介しているが、そのなかにはスカウルスがアエディリス在職中に開催した見世物についての記述も散見される。また、職務としての見世物のみならず、私生活におけるスカウルスの贅沢についても大プリニウスは伝えている。[48] スカウルスはコンスル選挙にいたる経歴のなかで、公私両面において莫大な金銭を消費し、市民に気前のよさを誇示したことが広く知られていたと考えられる。[49]

その経歴から、スカウルスはコンスル選挙立候補以前に「気前がよい」という評価を獲得していたことは容易に想像できる。ヤコブソンは、告発される機会が多かった政治家にとって、「気前がよい」という評価は法廷においても無罪を勝ちとるために有用であり、「気前のよさゆえに知られた被告人は、物惜しみすることで知られた者よりも好意的な判決を得るチャンスがあったであろうことは想像に難くない」[50]と述べている。

ヤコブソンのこうした説明を否定することはできないが、選挙運動規制法違反をめぐる裁判において、「気前のよさ」という資質は、単に「気前がよい」者への好意的な感情が期待できるだけにとどまらないと思われる。すなわち、スカウルスがコンスル選挙立候補までに獲得した「気前がよい」という評価は、コンスル選挙直前の「気前のよさ」を誇示する選挙運動を、集票目的の「選挙買収」ではなく、候補者本人の資質あるいは公職者に求められる「資質の誇示」であると判断させたため、都市民は彼の無罪を主張し、キケロは彼の弁護を引き受けたのではないだろうか。アエディリスや首都担当プラエトルといった、見世物開催が職務に含まれている公職がより高位の公職選挙での当選のために重要だったことは夙《つと》に指摘されるところであるが[51]、気前のよさと選挙違反の区別の曖昧さを考えれば[52]、これらの役職は、「気前がよい」という評価を獲得することで将来の選挙へ向けた集票準備としてだけではなく、その選挙での「気前のよさ」の誇示を選挙違反と判断されにくくしたという意味でも重要だったといえよう。

スカウルスの類似例としてあげられるのが、前五九年度コンスル選挙に立候補、当選したカエサルである。カエサルはコンスル選挙に際して、二人の対立候補のうちルッケイウスとの連名で金銭の分配を約束した。カエサルとルッケイウスがコンスルに選出されることを恐れた元老院主流派は、ビブルスに資金を提供してそれを阻止した。カトもそれに同意せざるをえなかった[53]。なぜ、元老院主流派は告発ではなく金銭によってカエサルとルッケイウスがともにコンスルに選出されることを阻止しようとしたのか。法廷でカトと対決したキケロは、彼が告発者として恐れられていたと述べているが[54]、なぜそのカトまでもがビブルスのための資金提供を認めたのだろうか。それは、カエサルがコンスル選挙までに「気前がよい」という評判を獲得していたために、カトも含めた元老院主流派はカエサルを選挙運動規制法違反で有罪とすることはできないと考えたからではないだろうか[55]。カエサルもコンスル選挙にいたるまでに、とくにアエディリス在職中に大規模な見世物を開催したことが伝わっている[56]。プルタルコスは、「それによって、市民がそれらの振舞いに報いるために〔カエサルに〕新しい公職や名声を求めるようにした」と伝えている。57 カエサルは、コンスル選挙立候補にいたるまでにすでに「気前がよい」という資質を広く認知されており、彼の選挙直前の気前のよさの誇示は、資質の誇示であって選挙違反ではない、と判断される可能性が強かったために、カトも含めた元老院主流派はカエサルの告発に踏み切れなかったのではないだろうか。

本章では、前五三年度コンスル選挙に注目して選挙買収の意義を考察し、それと関連して、立候補にいたるまでの候補者の経歴の中で「気前がよい」という評価を獲得することの意味を検討した。選挙買収は、「気前がよい」という評価を得るための手段であると同時に、当選への意気込みを示す行為でもあった。ヤコブソンは、「気前がよい」という評価をすでに得ている候補者は告発を受ける危険を冒してまで買収をおこなう必要はなかったと論じるが、当選への熱意を示す、あるいは選挙戦での不利を挽回するという目的と意味を考慮すれば、立候補にいたるまでの経歴のなかで「気前がよい」という評価を得ていたとしても、選挙直前に「気前のよさ」を示さねばならない場合もあった。また、立候補にいたるまでに「気前がよい」という評価を獲得し、その候補者の資質として広く知られることで、その候補者による「気前のよさ」の誇示は資質の誇示であって違法行為ではないと判断される場合もあった。そのため、見世物開催などの気前のよい振舞いは、将来の選挙での票集めであると同時に、選挙運動として金銭の分配など選挙違反と判断される可能性のある手法を選びやすくする機能もあった。第一章では、候補者の選挙運動についての評判を形成することで、都市ローマ在住市民が選挙結果に一定の影響をおよぼしたことを示したが、「気前のよさ」を誇示する選挙運動が違法行為と判断されるかどうかについても、都市ローマ在住市民がはたした役割は大きかったと考えられるだろう。

しかし、スカウルスはコンスル選挙に落選し、前五二年の裁判では有罪判決を受けた。本章では「気前のよさ」についてのみ検討したが、『備忘録』ではそれ以外に選挙運動としてなすべきことが数多く言及されている。そのため、スカウルスの落選、あるいはメッサッラとカルウィヌスの当選の理由は、「気前のよさ」だけでなく、他の要因についても複合的に検討する必要があるだろうが、これは買収の意義を問うことを目的とする本章の対象の外にあることである。また、スカウルスが有罪判決を受けたことについては、選挙買収、暴力の横行などが続き、それに対処するために強力な指導力を期待されたポンペイウスが単独でコンスルに就任していたという特殊な状況で裁判がおこなわれたことを無視すべきではない。こういった背景を勘案すれば、こうした特殊な状況でなければスカウルスが無罪となった可能性は否定できないだろう。

第Ⅱ部 内乱の時代

第Ⅱ部では、カエサルと元老院主流派の内乱(本書ではこの期間を「カエサル独裁期」と呼ぶ)と、アントニウス、レピドゥス、オクタウィアヌスが国家再建三人委員として覇権を争った内乱(「三人委員時代」と呼ぶ)の時代に、それ以前には選挙主宰公職者、富裕層市民、都市ローマ在住市民の相互作用のうえで決定されていた公職者選出のあり方がいかに変容したかを考察する。

カエサル独裁期、三人委員時代はともに、絶大な権限を保持した独裁官あるいは三人委員による「専制」であり、公職者選出については、彼らは公職者任命権あるいは候補者推薦権を保持し、これに基づいて公職者を意のままに選出することができたと一般的には考えられている。推薦権や任命権については、モムゼン以来議論がある。[1]第Ⅲ部で取り上げることとなるアウグストゥスの推薦権、任命権については、一九六〇年代にレーヴィックとフライ－シュトルバが[2]その存在を否定して以降論じられなくなるが、カエサルのそれについてはその後も一九八〇年代まで議論が続いた。また、三人委員の任命権は自明のものとされ、研究者の関心を惹いてこなかった。

当時の公職者選出のあり方については、カエサルあるいは三人委員によって恣意的に選出されたと考えられている。例えばサイムは、カエサルは公職を意のままに支持者に与え、これをパトロネジの強化、拡大の手段として用いており、コンスル就任は「功績による昇進」だったと評価する。[3]また、ミラーは、三人委員による公職者選出を「任命権の濫用」と評する。[4]近年では、この時期の公職者選出のあり方は言及されはするものの、これを主題として扱う論考は皆無といえる。

カエサルと三人委員による政治が専制的なものであり、彼らが公職者選出にも絶大な影響をおよぼしたことは否定できない。しかし、「専制」というイメージによって彼らの政治決定にもあったであろう正当性の主張が無視され、そのために彼らの行為や決定の意味が充分に検討されないままになっているのではないだろうか。

カエサルやユリウス＝クラウディウス朝期の皇帝とローマの都市民の関係に注目したヤヴェッツは、「個々の市民の政治的影響は大きくない一方、競技場や劇場に集まった際、彼らは集団として感情を表明した。そうした表出にあえて無関心のままでいる統治者はいなかった」と述べている。[5] 都市民の前に立ち、彼らの圧力にさらされる統治者という像は、ミラーが提示する共和政末期ないし内乱勃発以前の政治家の像、すなわち、コンティオで都市民の説得を試みる政治家という像を想起させる(序章)。統治者と都市ローマ在住市民のあいだにもこうした緊張があったのであれば、専制政治といわれるカエサルや三人委員の政治においても、都市民を説得するための正当性が用意されていたと考えるべきではなかろうか。実際に、アントニウスとオクタウィアヌスは、衝突が決定的となる直前に、自身の正当性と相手の不当性を主張し合うプロパガンダ合戦を展開した。[6] 三人委員時代のオクタウィアヌスのイデオロギーに焦点をあてたランゲは、三人委員の政治決定における正当性を重視している。[7] しかし、ランゲは公職者選出の正当性については言及しておらず、他の研究者によっても三人委員による公職者の選出や任命の正当性という問題は論じられることはなかった。こうした視座から内乱の時代の公職者選出のあり方を問うことで、これまでの研究者が提示するものとは異なる像が描けるのではないだろうか。

また、ローマ帝政を共和政からの連続としてとらえようとするのであれば、共和政末期の公職をめぐる競争が内乱によっていかに変容したかにも注目する必要があろう。第Ⅰ部で論じたように、共和政末期の公職選挙は、選挙結果に決定的な影響をおよぼしうる選挙主宰者、民会での一票に大きな影響をもった富裕層市民、候補者の「評判」を形成して選挙戦の趨勢に影響を与えた都市ローマ在住市民の相互作用のうえで結果が決定した、厳しい競争だった。内乱の勃発と強大な権限保持者・権力者の登場により、その競争のあり方は大きく変化しただろうが、公職をめぐる競争自体がなくなったとは考えにくい。では、その競争はどのように変容したのだろうか。サイムやミラーがいうように、カエサルや三人委員の意のままに公職者が選出されていたのであれば、彼らが公職とこれをめぐる競争を統制した手段がいかなるものであったか、という問いが検討されなければならないだろう。

その手段の一つの可能性として、推薦権、任命権が注目されるだろう。先にも述べたように、レーヴィックとフライ＝シュトルバがユリウス＝クラウディウス朝期にこうした権限が存在しなかったと主張して以降、アウグストゥスが推薦権や任命権を保持したと考える研究者は少ない。しかし、カエサルや三人委員が獲得したとされるこれらの権限については、レーヴィックの研究以降も論争が続いている。帝政初期の研究状況も踏まえ、内乱の時代における推薦権、任命権についても、その有無も含め、関連史料を再検討する必要がある。

こうした従来の研究の問題点に対して、ここでは、独裁官カエサル、三人委員による公職者選出における正当性や、彼らの公職者選出への関与のあり方に留意し、彼らのもとでどのように公職者が選出されていたかを考えていきたい。まず、カエサルが保持した権限のうち、公職者選出に関する権限について、いつ、どのような権限をカエサルは獲得したかを考察する。そのうえで、カエサル独裁期にコンスル就任をはたした者がなぜそれをはたすことができたかを検討するために、当該時期にコンスル就任をはたした人物と、アントニウスとドラベッラの対立に注目する。これにより、カエサル独裁期の公職者選出のあり方の特徴を明確にしたうえで、カエサル暗殺後、三人委員のもとで公職者選出がいかに運営されていたかをみていきたい。

第三章　独裁官カエサルの公職者選出に関する権限

カエサルはその独裁期を通じて、公職者選出にも絶大な影響をおよぼした。本章では、カエサルがコンスルないし独裁官として有した権限と、元老院決議やアントニウス法により付与された権限に注目し、カエサルがどのように公職者選出に影響をおよぼすことができたのかをみていきたい。

カエサル独裁期を対象とするこれまでの研究では、カエサルが意のままに公職者を選出し、自らの支持者を公職に就けたという共通認識ができているといえるが[1]、その影響力は何を根拠とするのか、なんらかの特別な権限がカエサルに付与されたのか、付与されていたとすれば、いつの時点でどのような権限が付与されたのか、その詳細について修正が繰り返されてきた。カエサルへの公職選挙に関する権限付与を想起させる前四八年のファルサルス、前四六年のタプス、前四五年のムンダでのカエサルの戦勝を顕彰する元老院決議、そして前四四年の「アントニウス法」およびその前後に決定された前四三年度、前四二年度公職者の事前選挙について、極めて不明瞭なかたちでしか伝わっていないことにその原因は帰されるだろう。それぞれの決議や立法に対するこれまでの研究者の見解をここで列挙することはしないが、モムゼン、フライ＝シュトルバ、ブルーンス、イェーネらをこの問題に取り組んだ主要な研究者としてあげることができる。[2]しかし、管見の限り、一九九〇年代以降、この問題を主題とした研究はみられない。これらの研究では、前四六年ないし前四五年の元老院決議によって、候補者を推薦、あるいは公職者を任命する権限がカエサルに付与され、前四四年のアントニウス法によってそれが強化ないし制限されたとされている。

カエサルがその独裁期に公職選挙、あるいは公職者選出に絶大な影響をおよぼし、自らの支持者を意のままに公職に就任させていたことはたしかだろう。しかし、カエサルに権限を付与したと考えられている前四六年と前四五年の元老院決議は、はたしてこれらの決議がカエサルに推薦や任命の権限を付与したものだったのだろうか。カエサルはこの時期のほとんどの公職選挙をコンスルないし独裁官として主宰した。彼が実際にそれを行使したかどうかは別にしても、選挙主宰公職者は選挙結果に決定的な影響をおよぼしうる権限を保持した。選挙主宰者として、さらに内乱の勝者として、公職者選出に絶対的な権限と影響力を有していたであろうカエサルは、候補者を推薦、あるいは公職者を任命する権限を必要としたのだろうか。こうした観点から関連史料に立ち返り、一連の元老院決議やアントニウス法が何を決定したかを検討することで、いかなる方法でカエサルは公職者選出に影響をおよぼしていたかを解明することができるだろう。

カエサルが公職者選出に関してどういった権限を保持していたかを明らかにするために、まず、カエサル独裁期を通じてカエサルはコンスルないし独裁官としてケントゥリア民会およびトリブス民会で開催される公職選挙の主宰権限を有していたこと、その権限によって両民会での公職選挙に決定的な影響をおよぼしえたことを示す。つぎに、カエサルへの公職選挙に関する権限付与を想起させる一連の元老院決議を伝える史料に注目し、これらの決議がカエサルになんらかの権限を付与したのかどうか、あるいはカエサルにどのようなことを認めた決議だったのかを明らかにする。また、前四四年のアントニウス法と、その法律の可決前後になされた前四三年、前四二年度公職者の事前選挙開催の決定を取り上げ、これによってカエサルは公職者選出にどのような影響をおよぼすことができるようになったかをみていきたい。

1　選挙主宰者としての影響力

カエサルがコンスルないし独裁官として有した選挙主宰権限は、どのようなかたちで公職選挙に影響をおよぼしたのだろうか。

まず、カエサルがどの公職の選挙を主宰する権限を有していたかをみてみたい。カエサルは、前四八年、前四六年、前四五年、前四四年のコンスルに就任し、さらに、カエサル独裁期ほぼ全期間にわたって独裁官でもあった。コンスルは、ケントゥリア民会とトリブス民会で選出される公職者、すなわちコンスル、プラエトル、アエディリス・クルリス、クアエストルの選挙を主宰した(第一章)。カエサルは、コンスルないし独裁官として、これらの選挙の主宰権限を有していたと考えられる。とくに、この時期のコンスル選挙はカエサルの都市ローマ不在時には延期され、カエサルのローマ帰還後に、彼の主宰によって開催されたことが史料上に確認できる。[3]

カエサルの選挙主宰権限

カエサルが平民会で選出される平民アエディリスと護民官の選挙主宰権限を有していたかについては、問題はより複雑である。カッシウス・ディオは、ファルサルスでの戦勝を顕彰する元老院決議(前四八年)により「終身の護民官職権」がカエサルに付与されたと伝え、[4]さらに前四四年に護民官の「神聖不可侵性」が付与されたことを示唆している。[5]前四八年に護民官職権を付与されていたのであれば、カエサルは前四七年度以降の平民会での公職選挙主宰権限を有していたと考えられる。前四四年の神聖不可侵性付与については他の史料にも言及があり、[6]事実と考えられているが、前四八年の護民官職権の付与についてはディオ以外に言及がみられず、その信憑性もあまり認められていないようである。[7]

しかし、カエサルは前四四年に神聖不可侵性とともに護民官職権も付与された可能性は充分に想定できるように思われる。ディオは、前四八年にカエサルに終身の護民官職権が付与されたとしているが、スエトニウスとディオの別の記述から、前四八年から前四五年までカエサルが平民会選挙を主宰していないことが確認できるため、[8]前四五年までカエサルは護民官職権を有していなかったと考えられる。他方、前四四年に開催された前四二年度護民官選挙を誰が主宰したかを考えると、これについて史料に言及はないが、翌々年度の公職選挙主宰という前例のない権限がカエサル以外の誰かに付与されたとは考えにくい。前四四年に開催された前四二年度コンスル選挙の主宰権限が「終身独裁官」に由来したのであれば、[9]翌々年度の護民官選挙開催のために「終身の護民官職権」がカエサルに付与された可能性を想定できるだろう。こうした理由から、カエサルは前四四年まで護民官職権を有しておらず、前四四年に開催された前四三年、前四二年度護民官の事前選挙主宰のために護民官職権を付与された可能性が高いと考えられる[10]（前四四年の事前選挙は、第三節）。

コンスルないし独裁官として、ケントゥリア民会、トリブス民会の主宰権限を保持していたカエサルは、公職選挙の主宰によりその結果に決定的な影響をおよぼすことができた。民会の解散、市民による投票を無視した恣意的な「当選宣言」など、選挙主宰者は選挙結果に対して決定的な影響をおよぼすことができた（第一章）が、カエサルによる選挙主宰を検討するにあたって、そこで取り上げなかった問題にも注目する必要がある。それは、自身で主宰した選挙での当選である。

選挙主宰公職者自身の当選

前四八年、前四六年、前四四年度コンスルの選挙において、カエサルは自身が主宰する選挙でコンスルに選出されているが、選挙主宰者自身の当選は容認されるものだったのだろうか。モムゼン、フライ‐シュトルバはこれを違法だったとしているが、[11]モムゼンも認識しているように、[12]選挙主宰者が自ら主宰した選挙で当選した前例はある。選挙主宰者自身の当選を市民がどう評価したかを考察するために、その前例を伝えるリウィウスの記述を取り上げ、検討していきたい。

その一つが、前二〇九年度コンスル選挙である。この選挙を主宰したのは、独裁官フルウィウス・フラックスである。その選挙で「第一投票ケントゥリア」は、独裁官フラックスと、すでに四度コンスルを経験し、ハンニバルとの持久戦を主張して成果をあげていたファビウス・マクシムスの二人に投票した。これを受けて、護民官C・アッレニウスとL・アッレニウスは、「公職の延長は市民を満足させない、そして選挙を主宰した者がその人自身を選出することはきわめて醜い例となると主張[13]」し、そうなった場合には拒否権を発動すると宣言した。それに対して独裁官フラックスは、選挙主宰者が自身で主宰した選挙で当選した前例を示し、前二一五年の補充コンスルとして主宰した選挙で当選した同じマクシムスが「自身のコンスル職の延長を、それが国政をよくするものでない限り、実際に決して認めなかった」ことを思い起こさせ、護民官に拒否権発動を思いとどまらせた[14]。結果的に、第一投票ケントゥリアの投票通り、この選挙を主宰した独裁官フラックスとマクシムスが前二〇九年度コンスルに選出された。

この記述では、選挙主宰者が自身で主宰した選挙で当選することに対して、二人の護民官の発言からは否定的な見方が、フラックスがあげたマクシムスの発言や投票結果からは肯定的な見方があったことがわかる。結果的に独裁官フラックスが当選したことから、選挙主宰者自身の当選に否定的な見解は少数意見に過ぎなかった、と簡単に結論を出すことはできない。というのも、こうした見解は前三四九年度コンスル選挙でもみられるからである。この選挙を伝えるリウィウスの記述もみてみたい。

この選挙では、血統貴族であるパトリキィの独裁官フリウス・カミッルスが選挙主宰者として、自身と、同じくパトリキィのクラウディウス・クラッススの当選を宣言した[15]。しかし、二人のコンスルの一方は平民(プレプス)であるべきとする前三六七年制定のリキニウス－セクスティウス法に反して二人のパトリキィがコンスルに選出されたこと、さらに選挙を主宰した独裁官自身がコンスルに選出されたことを理由に、独裁官カミッルスに対して非難の声があがった。[16] 身分闘争やリキニウス－セクスティウス法といった時代背景を考慮しても、選挙主宰者自身が選出されることは好ましくないと考えられていたことがここでも読み取れる。

リウィウスの記述は、選挙主宰者が自身で主宰した選挙で当選することにローマ人が反感をいだいていた可能性を強く示唆しているといえよう。自身が主宰した選挙で当選することに対するカエサルへの反感は直接的には伝わっていない。しかし、カエサルに対してもこのような反感が少なからずあったと考えて間違いないだろう。

「首都監督官」

ここまで、選挙主宰者としてカエサルが選挙結果に影響をおよぼす可能性をみてきたが、カエサルはコンスルないし独裁官として、選挙主宰以外にも公職者選出に影響を与えた。それが「首都監督官」[17](praefectus urbi)の任命である。

前四六年夏、カエサルはアフリカでのタプススの戦いに勝利したのちに都市ローマに戻るが、同年末、小ポンペイウスを中心とした反カエサル派の活動が活発化したヒスパニアへ向かう。カエサルはローマ滞在中に、翌年度の公職者の選挙を開催しなかった。前四五年度の公職は、カエサルの単独コンスルと、平民会で選出される護民官、平民アエディリスだけが選出され、もう一人のコンスル、プラエトル、アエディリス・クルリス、そしてクアエストルは選出されないままとなった。そこでカエサルは八人の「首都監督官」を任命し、不在となった公職の職務を代行させた。[18]

'praefectus urbi'は元来、王政期から共和政初期にかけて、王やコンスルが都市ローマを不在にする際、その代理として任命された臨時の役職である。首都担当プラエトル設置以降は、アルバヌス山で開催される「ラテン祭」に参加するために全公職者が都市ローマを不在にする際におかれる一時的な役職「ラテン祭のための首都長官」(praefectus urbi feriarum Latinarum)として共和政期を通じて存続した。[19]

カエサルが任命した首都監督官への不満があったとディオが伝えていること[20]、そして、なぜ公職選挙が開催されなかったのかという疑問から、首都監督官任命はカエサルに付与されたと考えられている公職任命権と関連づけて議論されることが多い。しかし、カエサルは前四六年時点で公職任命権などの権限は獲得していなかったため（第二節）、首都監督官任命はこれとは別の権限によってなされたと考えるべきであろう。そうであれば、共和政期に長く存続した praefectus urbi とは性格が異なるとはいえ、この名を冠した役職は共和政期を通じてコンスルの権限でおかれてきたため、カエサルもコンスルの権限に基づいて、すなわち、公職任命権とは別の法的根拠に基づいてこれを任命したと考えるのが妥当ではなかろうか[21]。公職任命権の問題は次節で検討するが、ここでは、カエサルは公職選挙を開催せずに首都監督官をおくかたちでも公職者選出に関与したことを強調したい。

2　三つの元老院決議がカエサルに認めたもの

推薦権・任命権は必要だったか

選挙主宰者は、反発を招く可能性があったとはいえ、選挙結果に決定的な影響をおよぼすことは制度的には可能であり、自身が主宰した選挙で選出されることも可能だった。さらにカエサルは、コンスルないし独裁官として、公職者を選出せず、その職務を代行する首都監督官を任命することでも公職者選出に影響をおよぼした。

コンスルないし独裁官としてこれほどの影響力を有したカエサルではあるが、そのカエサルは、ディオが伝えるファルサルス、タプスス、ムンダの戦勝を顕彰する元老院決議を根拠にこれまでの研究者が主張するような、公職候補者を推薦、あるいは公職者を任命する権限を必要としたのだろうか。そうした観点から一連の元老院決議を伝えるディオの記述を検証してみたい。

これらの元老院決議については、ディオによる証言があるものの、同時代のキケロをはじめとして他にこれらに言及する史料がない。ここでは、ディオの記述とそれに対する研究者の見解をまとめながら、それぞれの決議がカエサルに何を認めたかを検討していくこととしたい。

ファルサルス戦勝顕彰決議

ファルサルス戦勝顕彰決議（前四八年）では、元老院主流派に対する処遇をカエサルに一任すること、カエサルがこの先五年間のコンスルになること、一年間の独裁官に任命されることが認められるとともに、護民官と同様の権限、抽選なしに属州総督の任地を決定する権限などが付与され[22]、さらに「平民のそれを除いたすべての選挙が彼（カエサル）のものとなり、彼の到着まで延期された選挙は（前四七）年末に開催された[23]」。

「平民の選挙」とは平民会を指し、そこで選出される護民官と平民アエディリス以外の公職の選挙に関する権限がカエサルに付与されたと考えられる。この記述では、平民会以外の選挙が「カエサルのものとなった」とされているが、具体的にどのような権限がカエサルに付与されたのかははっきりしない。選挙の主宰、候補者の推薦、公職者の任命など、さまざまな可能性が考えられる。

しかし、この決議についてのこれまでの研究者の見解は、エジプトに滞在中だったカエサルの都市ローマへの帰還を待って平民会以外の民会で執りおこなわれる選挙を開催することが決められた、つまり、単に選挙の延期が決定されたのであり、候補者を推薦、あるいは公職者を任命する権限がカエサルに付与されたものではない、というものでおおむね一致している[24]。コンスル主宰のケントゥリア民会で選出されるコンスルとプラエトルが不在で前四七年を迎えたとディオが伝えているからである[25]。この決議についてカエサルの都市ローマ帰還まで選挙を延期することを決定したものと考えてよいだろう。

タプスス戦勝顕彰決議

タプスス戦勝顕彰決議(前四六年)では、三年間の「風紀監督官」と一〇年間の独裁官職、元老院において最初に発言する権限などがカエサルに付与されるとともに、「市民が与えていた公職やそれ以外のものをカエサルが ἀποδείκνυναι する」ことが決められた。[26]

これまでの研究では、この記述で用いられている'ἀποδείκνυναι'という語が「任命する」という意味で理解され、この決議はカエサルへの公職任命権付与を決定したものであると考えられている。モムゼンは、この決議はカエサルへの公職任命権付与を決めたが、カエサルはこれを拒否したとしている。[27] フライ＝シュトルバは、カエサルは公職任命権を受け取ってはいるが、その行使には反発が予想されたため、通常の公職の代わりに首都監督官をおいたと主張する。[28] それに対してイェーネは、この決議はクルリス級(コンスル、プラエトル、アエディリス・クルリス)公職選挙立候補者に対し、市民に投票を義務づけない推薦を与える権限をカエサルに付与したが、拘束力をもたない推薦であっても、これらの選挙を主宰したカエサルの推薦が選挙開催の前提となるため、この決議は公職者選出における決定的な影響力をカエサルに与えたと主張する。[29]

以上のように、この決議は候補者を推薦する、あるいは公職者を任命する権限をカエサルに付与したと考えられている。しかし、ディオは'ἀποδείκνυναι'の語を必ずしも「任命する」という意味で用いているわけではない。例えば、前四九年末になされた前四八年度公職者の選出について、独裁官に就任したカエサルが'ἀποδείκνυναι'したと述べている。[30] この時期すでに特別な権限がカエサルに付与されていたとは考えにくく、そのため、この記述では、'ἀποδείκνυναι'はラテン語の'renuntiare'に対応し、「(選挙主宰者として)当選宣言をする」という意味で用いられていると考えられよう。そうであるならば、前四六年の決議についても、'ἀποδείκνυναι'の語は「任命する」という意味ではなく、「選挙主宰者として当選宣言をした」という意味で用いられているのではないだろうか。というのも、コンスルないし独裁官として、公職者選出に決定的な影響力をおよぼすことができたカエサルは、候補者を推薦、あるいは公職者を任命する権限を必要としたとは考えにくいからである。

また、前四六年に翌年度の公職者が選出されず、それに代わって首都監督官を任命したことも、この決議がカエサルによる選挙主宰を確認するものだったことを裏づけているように思われる。前四六年、カエサルは七月末にアフリカから都市ローマに戻り、十一月後半にヒスパニアに向けて出発するが、その間、カエサルは前四五年度の公職選挙を開催しなかった。その理由について、ゲルツァーは公職選挙を開催する時間がなかったためとしている[31]。他方、公職選出の方法や公職の性質の変更を想定する見解もある。フライ－シュトルバは、支配を強化するために新しい官僚機構を計画していたためであると説明し[32]、砂田徹は、「これが単純に時間のなさを理由とするものではなく、カエサルの意図的な行為だったとするならば、政務官〔公職者〕指名の制度化へ向けての地ならし的性格をもっていたかもしれない」と述べている[33]。

「新しい官僚機構の構築」や「公職者指名の制度化へ向けた地ならし」といった根本的な変更が計画されたかどうかまでは明言できないにしても、前四四年に新設された「穀物担当アエディリス」の設置をカエサルは前四六年時点ですでに計画しており、前四五年からこの公職を設置する準備のために前四五年度公職選挙は延期され、結局開催されなかった可能性は想定できる。カエサルは、オスティア港の整備計画、穀物需給者数削減など、穀物供給に関する改革を進めたが、穀物担当アエディリスの設置もこうした改革の一環と位置づけられるだろう[34]。これらのうち、穀物受給者数削減は、タプススの戦勝を顕彰する元老院決議のなかで付与された、ケンソルと同等の権限をもつ風紀監督官の権限でなされたと考えられよう。そしてディオは、穀物受給者数削減を同じく前四六年の出来事として伝えている[35]。こうした状況から、カエサルは穀物担当アエディリス設置の準備のために公職選挙を延期していたが、反カエサル派の行動が活発になったヒスパニアへ出発せざるをえなくなり、公職選挙開催の時間的余裕もなかったために首都監督官を任命した、と推測できるだろう。前四六年のように、両コンスルがローマに滞在し、かつ大きな政治的混乱や妨害もなく公職選挙が延期された事態は、管見の限り、前例がない。新しい公職設置の準備のための公職選挙延期を正当化するために、カエサル自身が公職選挙を主宰することがこの元老院決議で確認されたのではないだろうか。

同様に、首都監督官任命についても正当化をはかったと考えられる行動がみられる。それが、カエサルの前四五年度単独コンスル就任である。すでに述べたように、前四八年の決議によってカエサルには五年間のコンスル職が承認されており[36]、他の選挙を開催する時間はなくとも、カエサルのコンスル就任は容易になされたと思われる。こうしてカエサルがコンスルに就任することで、コンスルが公職者不在の都市ローマの統治を praefectus urbi に委ねるという、形式的には共和政の伝統にのっとったかたちを演出することができる。独裁官の補佐役である騎兵長官のアントニウスが首都監督官を任命していることから[37]、独裁官もこれを任じることは可能だったと思われるが、伝統的に praefectus urbi はローマを不在にする公職者の代理としてコンスルによって任命されていた。カエサルの単独コンスル就任には、伝統的な形式の演出によって異例の事態への反発を回避する狙いがあったのではないだろうか。

このように、首都監督官任命にもこれを正当化しようとする形跡がみられるなかで、公職任命権あるいは候補者推薦権という異例の権限をカエサルが求めたとは考えにくい。こうした状況に鑑みれば、前四六年の元老院決議は、候補者を推薦ないし公職者を任命する権限をカエサルに付与するものではなく、新たな公職設置のための公職選挙延期を正当化するために、カエサル自身による公職選挙主宰を確認したものだったといえるだろう。

ムンダ戦勝顕彰決議

ムンダ戦勝顕彰決議(前四五年)では、「平民のものも含めて、公職を彼〔カエサル〕に提供」することが決められた[38]。しかし、前四四年度の「他〔コンスル以外〕の公職者たちは祖先に倣って、名目上は平民と市民とのもとで選出された〔というのも、カエサルはこれらのἀποδεῖξιν を ἐδέξατο しなかったからである〕が、実際には結果は彼によって決定されていた」[39]とディオは伝えている。

この決議にみられる、公職を「提供する」(ἀνέθεσαν)という語についても、先の二つの決議と同様、具体的にどのような権限がカエサルに付与されたのかは必ずしも明確ではない。しかし、「平民のそれを含めた」、そして「これらの任命権を受けとらなかった」と読める記述から、これまでの研究では、この決議は前四六年の決議よりも広範な権限をカエサルに付与したとされている。フライ－シュトルバは、前年のものよりも強い権限が付与されたがカエサルはこれを断ったと主張した。[40]ブルーンスは、その後選出された二人の補充コンスルが都市民からコンスルとして認められておらず、さらに公職の価値が低下したといわれていることから、この決議はカエサルに公職任命権を付与し、二人の補充コンスルはその任命権によって選出されたとしている。[41]イェーネは、全公職者の任命権を付与されたがカエサルはこれを拒否したと主張する。[42]

前四六年の決議と同様に、この記述でもἀποδεῖξιν を「任命」ではなく「選挙主宰者としての当選宣言」と解釈するならば、δέχομαι は「受け取る」というよりも「引き受ける」という意味で、「カエサルは選挙主宰を引き受けなかった」、つまり、カエサルは自身で選挙を主宰せず、誰か別の人物に選挙を主宰させた、と考えることができるだろう。カエサルは他人に選挙主宰を委ねるつもりはなかったとする意見が定説となっているが、[43]カエサルは公職を独占しているという非難を避けるために、自身が主宰権限をもつ公職選挙のいくつかを他の誰かに委ねたのではないだろうか。たとえ自身で選挙を主宰しなかったとしても、独裁官として有した選挙主宰権限、そして内乱の勝者としての絶大な影響力は、コンスル以外の公職選挙に対しても「実際には結果は彼によって決定されていた」といわれるような影響をおよぼすことができただろう。この決議の「公職をカエサルに提供する」という文言も、カエサルに公職任命権を付与したのではなく、カエサルによる公職選挙主宰を確認するものだったと考えられる。

そうした場合、「平民のそれを含めた」という記述は、カエサルがそれまで主宰しなかった平民会での公職選挙主宰権限を提示した可能性を示唆しているといえるだろう。しかし、結果的にカエサルはコンスル以外の公職選挙を主宰しなかったとディオが伝えていることから、カエサルは平民会での前四四年度公職者選挙も主宰しなかったと考えてよかろう。

元老院決議による選挙主宰の正当化

ここまで、これまでの研究において候補者の推薦や公職者の任命といった権限をカエサルに付与したと理解されている、ディオが伝える元老院決議を検討してきた。カエサルへの権限付与を想起させる、公職が「カエサルのものとなった」、カエサルが公職者を「任命した」、すべての公職をカエサルに「提供した」という記述は、どれも解釈可能な幅は広く、カエサルは公職者を任命できた、あるいは特定の候補者を推薦できた、カエサルに選挙主宰を委ねた、などの解釈が可能であり、さまざまな見解が示されてきた。これらの元老院決議に関するディオの記述は、どの可能性をも示唆するが、どの解釈にも決定的な説得力を与えない。

しかし、カエサルがコンスルないし独裁官として公職選出に絶大な影響をおよぼしえた選挙主宰権限を有していたのであれば(第一節)、特定の候補者を推薦する、あるいは公職者を任命する権限をカエサルが必要としていたとは考えにくい。むしろカエサルが必要としていたのは、選挙主宰者の絶大な権限を行使しつづける、すなわち選挙主宰とその選挙での当選を繰り返す正当性であり、そのためにカエサル自身による選挙主宰が元老院決議で確認されたのではないだろうか。

カエサルがこうした正当性を求めた理由として、前四八年度公職選挙を除き、カエサル以外にも選挙主宰権限保有者がいたことがあげられる。両コンスルのどちらが公職選挙を主宰するかを決定する方法は詳細にはわからないが、独裁官も兼任していたカエサルは選挙主宰の優先順位では第一位にいたはずである。しかし、内乱が進行中だったため、カエサルは都市ローマを離れることが多かった。その場合、もう一方のコンスルが選挙を主宰することもできた。テイラーとブロートンは、両コンスルのどちらが公職選挙を主宰するかについて、基本的に両コンスルが都市ローマに滞在しているスッラの独裁以降は抽選で、それ以前は、戦争などでコンスルが都市ローマ不在の場合にはローマとの距離やそれぞれのコンスルの状況によって臨機応変に決定されていたとする。[44] つまり、カエサルがローマを不在にしている場合には同僚コンスルが選挙を主宰できたにもかかわらず、前四七年、前四六年の公職選挙は延期され、カエサルが都市ローマに戻ったあと、彼の主宰のもとで開催されたのである。また、カエサルがローマにいたにもかかわらず延期された前四五年度公職選挙についても、前述のとおり、新たな公職設置の準備という理由が考えられる。なぜカエサル自身が選挙を主宰しなければならなかったのかについては、次節で前四三年、前四二年度公職者の事前選挙とあわせて検討したい。その理由がなんであれ、ディオが伝えるファルサルス、タプスス、ムンダでの戦勝を顕彰する元老院決議は、候補者を推薦、あるいは公職者を任命する権限をカエサルに付与するものではなく、カエサル自身による公職選挙主宰を確認するものだったと考えられる。

カエサルはムンダの戦いにいたるまで、選挙主宰権限を保持し、さらに行使しつづけることを元老院決議によって正当化しながら公職者選出を掌握していた。つぎに、ムンダの戦いからカエサル暗殺にいたるまでの公職者選出に関連する出来事に注目して、独裁体制樹立へ向かうカエサルが獲得した選挙に関連する権限についてみていきたい。

3　ムンダの戦いからカエサル暗殺までの公職選挙

前四五年後半の公職選挙

前四五年九月、ローマに戻ったカエサルはコンスルを辞し、その年の残り三カ月間の補充コンスルを選出した。スエトニウスは、その一人「クイントゥス・〔ファビウス・〕マクシムスが劇場にはいろうとし、リクトルが慣例に倣って注目するよう命じると、「彼はコンスルではない」、と一斉に叫び声があがった」と伝えている。[45]

これには大きく分けて二つの説明が与えられている。一つが、前四五年の顕彰決議でカエサルに公職任命権が付与され、マクシムスはそれに基づいてコンスルに選出されたから、というものである。[46]筆者は、この決議はカエサルに公職任命権を付与していないと考えているため、この説明を首肯することはできない。

もう一つの説明は、存命中のコンスルが辞任し、その補充コンスルが選ばれることは極めて異例な事態だったため、というものである。[47]マクシムスへの民衆の反応の理由はここに求められるだろう。ブロートンによれば、[48]カエサル独裁期以前に補充コンスルは三〇人選出されている。彼らが補充コンスルに就任した経緯をみると、コンスルの死去にともなって選出された者が一八人、[49]追放や選挙手続きの不備などの法的な問題で欠員のでたコンスルの補充として選出された者が一〇人、[50]残りの二人[51]については補充コンスル就任の経緯は不明である。この二人の補充コンスルが前任者の任期中の辞任にともなって選出されたのでなければ、前四五年のカエサルの辞任にともなう補充コンスル選出はローマ史上前例のないこととなる。そうでなくても、これは極めて異例な事態だといえるだろう。

異例な事態はその後も続く。同年十二月三十一日、前四四年度クアエストル選出のために選挙民会が召集された。しかし、補充コンスルのマクシムスが死去したとの知らせが伝えられると、急遽、この選挙はマクシムスの補充コンスルを選出する選挙となった。コンスルの任期は一月一日から十二月三十一日までであるため、翌日には翌年度コンスルが就任する。それにもかかわらず補充コンスルが選出された。キケロはこれを痛烈に非難している[52]。

この選挙は、わずか一日の任期のコンスルを選出する異例の選挙だったこと、カエサルが公職選挙を独占しているこに対する非難があったこと、さらにカエサルがそうした非難を回避しようとしていたことを示唆する興味深い事例である。キケロが伝えるところでは、このとき民会場にはマクシムスの椅子が用意されていた[53]。そのことからモムゼンは、「カエサルは自身でこの選挙を主宰するつもりがなかったようにもみえる」と、マクシムスによるクアエストル選挙主宰の可能性を示唆している。最終的にモムゼンは、このときカエサルはコンスルではなかったが独裁官として選挙主宰権限を有していたので、前四四年度クアエストル選挙についてもカエサルが主宰するはずだったと結論づけるが[54]、むしろ、マクシムスがクアエストル選挙を主宰する予定だったと考えるべきではないだろうか。

その理由は、当時、カエサルは公職者選出を独占しているという非難を強く受けていたと考えられるからである。スエトニウスは、「彼の他の言動は圧倒的なものだったので、支配権を濫用していたとか、殺されて当然だと評価されている」理由として、「彼は気まぐれであらゆる名誉を受け取り、与えた[55]」とし、与えた名誉の例として前四五年の補充コンスル選出に言及している。この記述と、マクシムスに対する市民の反応から、前四五年後半、カエサルは公職者選出を独占しているという非難を受けていたことが推察できる[56]。そうした非難を回避するために、カエサルはマクシムスにクアエストル選挙を主宰させるつもりだったのではないだろうか。コンスルやプラエトルに比べれば、クアエストルの政治的重要性は劣る。また、カエサルは自身が選挙に立ち会うことで間接的に投票結果に影響を与えるとともに、意に沿わない結果となった場合には独裁官として保持する選挙主宰権限によって結果を無効にすることもできた。このように考えるならば、先にムンダ戦勝顕彰決議をみた際に取り上げた、前四四年度のコンスル以外の公職選挙に関する「カエサルは選挙の主宰を引き受けなかった」というディオの記述とも整合性がとれる。

このように、ムンダの戦い以降の公職選挙に関連して一定程度のカエサルへの反感があったと考えられる。元老院議員についていえば、カエサルの支配に反感をもつ者だけでなく、アントニウスやドラベッラといったカエサル派の有力者からもそのような声があがったことはとくに注目すべきである。[57] また、選出されたコンスルに一般市民からも反発が向けられていた。このような反感がどの程度の規模で広まっていたかは定かではないが、カエサルが公職者選出をめぐってさまざまな立場の者たちから非難されていたことは間違いない。

アントニウス法

前四四年になると、民会立法であるアントニウス法と、前四三年、前四二年度公職者の事前選挙開催の決定により、前例のない権限がカエサルに付与される。この事前選挙はカエサルのパルティア遠征の準備としておこなわれたものだが、終身独裁官就任と護民官職権獲得もまた、この事前選挙開催との関連を想定することができる。しかし、これらがどういった順序で決定されたかは必ずしも明確ではない。[58] ここでは、アントニウス法の成立、事前選挙開催の決定、そして終身独裁官就任と護民官職権獲得のあと、これらが複合的に作用しながら事前選挙が開催されたものとして、カエサルがこの選挙でどういった権限を行使できたかを考えていきたい。

まずは、アントニウス法についてみていこう。この法律は、アントニウスの弟で前四四年護民官であるL・アントニウスにより提案、可決されたものである。L・アントニウスは前四五年十二月十日に護民官に就任した。その直後にこの法案を提出したとしても、提案から民会での票決までには市の開催日を三度はさむ(一七日から二四日の間隔)ため、この法律は前四四年一月に成立したと考えられる。[59]

キケロは、L・アントニウスについて、「彼は三五トリブスの保護者にして、公職をC・カエサルに分け与えた自身の法律によってそれら三五トリブスの投票を無力にした[60]」と述べている。この記述から、アントニウス法が公職選挙における市民の投票をなんらかのかたちで制限するものだったことがわかる。

スエトニウスは、「カエサルは民会を市民と分けあった。すなわち、コンスル候補者たちを除いた他の公職候補者たちについて、半数は市民が望んだ(vellet)者たちが、もう半数はカエサル自身がすでに示した(dedisset)者たちが、当選を宣言される(pronuntiarentur)」と伝えている。[61]

この記述では、「コンスル候補者たちを除いた他の公職候補者たち」がこの権限の対象とされている。カエサルは前四四年にいたるまで平民会でおこなわれる公職選挙を主宰しなかったが、アントニウス法は護民官など平民会選出の公職者の半数の決定にも影響をおよぼす権限をカエサルに付与した可能性が考えられる。

では、カエサルはどのような権限を付与されたのだろうか。これまでの研究では、この法がカエサルに付与した権限は、市民に投票を義務づける、拘束力をもつ候補者推薦権、あるいは公職者任命権だったとされている。モムゼンは、スエトニウスはこの記述に続いて、カエサルが各トリブスに候補者を推薦する文書を送ったと伝えていることから、アントニウス法をこの推薦文書と関連づけ、この法律は拘束力をもつ推薦を候補者に与える権限をカエサルに付与したと想定する。[62] ジーバーは、アントニウス法はカエサルに拘束力をもつ推薦権を付与し、さらにカエサルの推薦を受けた候補者らは歓呼によってその当選が市民に承認されたと推測する。[63] フライ－シュトルバは、ジーバーが推測する歓呼による市民の承認は史料上確認できないとし、カエサルが決定した者が民会で読み上げられ、カエサル自身が選挙主宰者として彼らの当選を宣言したとし、カエサルは事実上の任命権を有したと主張する。[64] イェーネは、アントニウス法によって拘束力をもつ推薦権がカエサルに付与されたとし、[65] カエサルによる推薦が選挙開催の前提となるため、カエサルは公職者選出に決定的な影響力をもったと主張する。

このように、これまで研究者たちはアントニウス法がカエサルに付与した権限を「推薦権」や「任命権」と呼んでいるが、筆者は、どちらの言葉もこの権限の性格を的確に表現していないと考える。どのような方法でカエサルが権限を行使したかを、史料に即して検討したい。

これを検討するうえでとくに注目すべき史料がスエトニウスの記述である。スエトニウスの記述では、「市民が望んだ」と「当選を宣言される」が未完了過去であるのに対し、「カエサル自身がすでに示した」は過去完了である。このことから、カエサルはすでに公職者の半数を市民の投票以前に決定しており、その後、市民の投票により残りの半数が選出され、「カエサルが示した者」と「市民が望んだ者」が選挙主宰者による当選宣言を受けることとなったと考えられよう。

カエサルが選挙主宰者として当選宣言をする場合、カエサルは公職者を事実上任命したということができる。しかし、アントニウス法がカエサルのパルティア遠征の準備として成立したものであるならば、仮にカエサルが暗殺されずにパルティアへ遠征し、カエサル以外の者が選挙を主宰する可能性も検討せねばならないだろう。その場合、選挙主宰者の裁量権を考慮すれば、「カエサルが示した者」への当選宣言を拒否することも制度的には可能だったと思われる。こうした可能性を考慮すれば、アントニウス法がカエサルに付与した権限を「任命権」と呼ぶことはできない。

また、「カエサルが示した者」が市民の投票を待たずに主宰者の当選宣言を受けたのであれば、カエサルの決定が市民への推薦だったということもできない。しかし、ジーバーが想定するように、カエサルの決定が歓呼による市民の承認を必要とした、あるいは形式的にこれを求めたのであれば、カエサルは最終的な決定をくだす市民に候補者を推薦したとみなすこともできる。公職を独占しているという非難を回避するために、カエサルがこれを求めた可能性は充分にありうるだろう。だが、選挙主宰者が特定の候補者への当選宣言を拒否できたのであれば、この歓呼も無視できたのではなかろうか。そうであるならば、市民への候補者の推薦が法的な意味をもったとは考えにくい。

このように、カエサル以外の誰かが選挙主宰者となる可能性を勘案すると、アントニウス法がカエサルに付与した権限は「任命権」とも「推薦権」とも呼ぶことはできない。では、それはどのようなものだったのか。先に取り上げたスエトニウスの記述から推測すれば、アントニウス法がカエサルに付与した権限は、市民が投票によって選出するのと同様に、選挙主宰者から当選宣言を受ける者を選出する権限、いわば「選出権」ともいうべきものだったのではないだろうか。カエサルは、この権限に基づいて選出した者を民会で提示することで、選挙主宰者に当選宣言を求めるのと同時に、形式的に歓呼による市民の承認を求めた。カエサルが選挙主宰者である場合には、カエサルは自身で選出した者たちに当選宣言をすることで、彼らを事実上任命できた。この法がカエサルに付与した権限は選挙主宰権限と結びつくことにより事実上の任命権となった。こうした意味で、フライ－シュトルバの説は妥当だといえるだろう。

しかし、その権限がカエサルに与えた影響力については、フライ－シュトルバが評価する以上のものだったと思われる。アントニウス法可決時点ですでにパルティア遠征とそれにともなうカエサルの都市ローマ不在が見込まれていたことを考慮すれば、カエサル以外の誰かが選挙主宰者となる可能性も想定せねばならない。仮にそうした事態になったとしても、内乱の勝利者、そしてパルティア遠征軍の指揮官として、並ぶ者のない権威と軍事力をもつカエサルが選出した候補者の当選宣言を拒否することは選挙主宰者にはできなかっただろう。そのため、カエサルが選挙主宰者であろうとなかろうと、アントニウス法に基づくカエサルの決定は事実上の任命となったと考えられる。

前四三年、前四二年の公職者の事前選挙

つぎに、前四三年、前四二年度公職者の事前選挙開催の決定について検討したい。ディオは、パルティアとの戦争の指揮権がカエサルに付与されたことと関連づけて、「さらに彼の不在の間に、都市が指導者不在の状態になったり、何かを自分のものにしようとする者のせいで再び内乱状態になったりしないように、三年間――彼らは遠征のためにこれだけの時間が必要だと考えた――の公職者が事前に任じられること〔が決定された〕。けれども、そのすべては事前に示され[66]ず、「この翌年〔前四三年〕のすべての公職者が選出され、二年目〔前四二年〕はコンスルと護民官だけが選出された」

と伝えている。[67] 何年先までの公職者が選出されたかについては証言に食い違いがみられるが[68]、キケロが前四四年四月十二日の書簡で「さらにもう二年間」カエサルが望んだコンスルと護民官がいると述べていることから[69]、ディオがいう「パルティア遠征に必要な三年間」には前四四年が含まれており、前四三年度、前四二年度の公職者の事前選挙が開催されたと考えられる。[70]

では、誰がこの事前選挙を主宰したのだろうか。前四三年度公職選挙については、平民会選出の公職選挙は護民官の一人が、それ以外の公職は前四四年の両コンスルのどちらかが、その選挙を主宰したと想定するのが妥当であろう。だが、前四二年度コンスルおよび護民官の選挙については、通常であれば、前四三年のコンスルと護民官がこれを主宰したはずだが、前四四年の時点で前四三年のコンスルや護民官はまだ就任していない。ヤーンは、カエサルの終身独裁官就任の目的は、期限を設けない独裁官の権限によって未来の公職選挙主宰権限を確保し、カエサルがこの事前選挙を合法的に主宰するためだったと説明する。[71] ケントゥリア民会とトリブス民会での公職選挙主宰という観点からみれば、この見解には説得力があるように思われる。しかし、カエサルは前四四年にいたるまで平民会での公職選挙を独裁官として主宰しておらず、前四二年度護民官選挙については終身独裁官にその主宰権限を求められないかもしれない。

そこで注目したいのが護民官職権である。前四八年に終身の護民官職権が、さらに前四四年に護民官の神聖不可侵性がカエサルに付与されたとディオは伝えているが（第一節）、この事前選挙開催のために、護民官職権も神聖不可侵性とともに前四四年にカエサルに付与されたのではないだろうか。そうであるならば、前四二年度護民官選挙のみならず、前四三年度の平民会選出の公職者の選挙についてもカエサルは主宰権限を有したこととなる。

ここで再び注目したいのが、キケロによる「さらに二年間、カエサルが望んだコンスルと護民官がいる」という証言である。すでに検討したように、アントニウス法がカエサルに付与した権限の対象にコンスルは含まれていない。そのため、「カエサルが望んだコンスル」とは、カエサルがその選挙を主宰することで選出に大きな影響をおよぼしたことを意味していると考えられる。そうであるならば、護民官についても同様に、カエサル主宰の選挙で選出されたことを、キケロのこの証言は示唆していると考えられよう。

そもそも、なぜカエサルはパルティア遠征出発前に前四三年度、前四二年度公職選挙を開催せねばならなかったのだろうか。先に引用したディオの記述から、カエサル不在の都市ローマの管理を信頼できる者に委ねるため[72]、あるいは公職をめぐる対立を回避するためといった見解がみられるが[73]、おそらくこうした見解は正しい。とくに護民官については、前四五年のアクィッラ、前四四年のフラウゥスとマルッルスのように、反カエサル的な行動によって人気獲得を目論む者もあらわれ、こうした者の登場に対抗する準備は長期の都市ローマ不在が見込まれたカエサルには不可欠だったように思われる。終身独裁官と護民官職権という前代未聞の権限を創出してまでカエサル自身が事前選挙を主宰したことは、カエサルの公職選挙に対する絶大な影響力は選挙主宰権限にもっとも強く依拠していたことを示唆している。

選挙主宰権限に由来する影響力を発揮するために事前選挙が開催されたのであれば、アントニウス法による特別な権限の創出にはどのような目的があったのか。ブルーンスは、事実上カエサルが公職者を任命するなかで、かつての反カエサル派が前四五年度公職に多数就任したことを受けて、古参のカエサル派がカエサルの公職者選出における影響力を制限するために、その半数だけの任命権を付与するアントニウス法を制定したと主張する[74]。しかし、カエサルが事前選挙を主宰したのであれば、アントニウス法がカエサルの影響力を制限できたとは考えられない。

他方イェーネは、アントニウス法が市民に投票を義務づける推薦の権限をカエサルに付与することで、カエサルは、パルティア遠征が長期化した場合に、都市ローマの外から公職選挙に影響をおよぼす可能性を確保したと主張する[75]。この主張は、アントニウス法が付与した権限の内容については首肯できないが、その目的については説得力があるように思われる。カエサルはとくに選挙主宰権限に依拠しながら公職者選出に強い影響をおよぼしつづけ、さらに予期される不在時の公職の一部を事前に選出したが、パルティア遠征が長期化した場合、カエサルは都市ローマで開催される公職選挙を主宰することはできない。アントニウス法がカエサルに付与した、自身の影響力を背景として選挙主宰者に自身が選出した者の当選宣言を求める権限は、こうした状況に備えて、選挙主宰とは異なるかたちで公職者選出に影響をおよぼすために創出されたのではないだろうか。

本章では、カエサルが公職選挙にどのように影響をおよぼしたかについて、カエサルがコンスルないし独裁官として有した権限と、元老院決議やアントニウス法によって付与された権限に注目して検討した。選挙主宰者は、非難される可能性はあったものの、自身が主宰した選挙で当選することも含め、公職者選出に決定的な影響をおよぼしうる権限を有した。カエサルは、コンスルないし独裁官として、ケントゥリア民会とトリブス民会で開催される公職選挙の主宰権限をつねに保持していた。内乱を指揮するためにカエサルが都市ローマを不在にする機会は多かったが、前四八年以降、カエサル以外にも選挙主宰権限を有するコンスルがローマには留まっていた。ディオが伝える前四八年、前四六年、前四五年の元老院決議は、これまでの研究では候補者を推薦する、あるいは公職者を任命する権限をカエサルに付与したものと考えられてきたが、カエサルのローマ帰還を待って、カエサル自身が公職選挙を主宰することを確認したものだった。これらの元老院決議は、カエサルに選挙主宰を委ねるとともに、カエサルが数年先のコンスルに就任することも同時に認めている。自身のコンスル職独占とともに、カエサルによる公職選挙主宰の独占は元老院決議による正当化をともないながら実現されていた。

公職選挙に関する新しい権限が創出されたのは、前四四年にはいり、パルティア遠征の準備がおこなわれてからだった。アントニウス法は、コンスルを除く公職者の半数について、市民が選挙で選出するのと同様に、選挙主宰者から当選宣言を受ける者を選出する権限をカエサルに付与し、カエサルは、この「選出権」と選挙主宰権限により、実質的に公職者を任命することができた。パルティア遠征のために長期間都市ローマを不在にせねばならなくなったカエサルは、終身独裁官と護民官職権によって、それまで介入しなかった平民会で選出される公職の選挙も含めた、将来の公職選挙を主宰する権限を獲得し、事前選挙を主宰した。そしてアントニウス法がカエサルに付与した権限は、パルティア遠征が長期化し、カエサル自身が公職選挙を主宰できない場合に備えて、選挙主宰とは異なるかたちで公職者選出に影響をおよぼすためのものだった。

こうした新しい権限が創出された直後にカエサルが暗殺されたため、これらが永続的な制度として成立したのか、一時的な措置だったのかは判然としない。しかし、前四四年に公職選挙と関連してカエサルに付与された権限は、ローマの共和政から帝政への移行のなかで重要な意味をもつといえよう。アントニウス法がカエサルに付与した権限は、のちの「皇帝推薦候補者」の原型となった可能性も考えられる。また、皇帝の権限の原型とみなしうる終身独裁官と護民官職権が将来の公職者選出を目的に創出されたという側面は無視すべきではないだろう。

第四章　カエサル独裁期の公職選挙

カエサルはコンスルないし独裁官として公職選挙主宰権限を保持し、さらに彼自身が公職選挙を主宰することで、公職者選出に決定的な影響をおよぼしつづけた。では、カエサルはどのような者に、どういった理由で公職就任を認めたのか、そして独裁官カエサルは公職選挙にどのような変化をもたらしたのだろうか。

当時の公職者選出のあり方について、カエサルが恣意的に公職者を選出しており、ガッリア戦争や元老院主流派との内乱でカエサルに貢献した者への報酬として、あるいは能力を示した者を支持者とする手段として、カエサルが「カエサル派」の者たちに公職を与えていた、という認識が研究者のあいだでは一般的なものとなっている。[1] サイムは、とくにコンスル選挙を「功績による昇進」と評価し、[2] テイラーは、当時の民会はカエサルが指名した候補者を是認するだけの機関だったと述べている。[3] アドコックは、当時公職者の増員を支持者への報酬、ないし支持者獲得の手段を増やすためだったとして、[4] 公職者選出と関連づけてこれを論じている。

ブルーンスは、カエサルが発揮した決定的な影響力を認めつつも、そもそも「カエサル派」がどのような集団であるかを問わなかったとしてそれまでの研究を批判し、以下のように主張する。「カエサル派」と一口にいっても、それは多様な動機や目的をもつ者たちから構成されていた。彼らはカエサルに味方し、公職や属州を要求し、カエサルもそれらを与えることで「カエサル派」をまとめていた。しかし、内乱の経過とともに、もともとカエサル派に属さなかった者も公職や属州をめぐる競争に加わり、競争は激化した。古参のカエサル派は、アントニウス法によってコンスル以外の公職者の半数だけを任命する権限をカエサルに付与することで、公職者選出におけるカエサルの影響力を制限し、自分たちの選挙の自由を回復した。[5] このようにブルーンスは、単にカエサルが「カエサル派」に公職を与えていたとはみなさず、「カエサル派」によるカエサルへの公職の要求の影響を強調した。

これに対してイェーネは、カエサルの影響力が強大だったことを強調する。イェーネは、ブルーンスのアントニウス法の理解に対して、カエサルの公職者選出の影響力を制限するものであるならば、半数の公職者選出に法的な保障を与えたとは考えにくいとして異を唱える。そして、アントニウス法はパルティア遠征を控えたカエサルがローマ外からでも公職者選出に影響をおよぼす可能性を用意し、パルティア遠征で功績をあげた者に報酬として公職を与える準備だったと主張する。[6]

以上のように、カエサル独裁期において、公職はカエサルが「カエサル派」の者たちに「与えるもの」だった、という見解が一般的となっている。たしかに、アントニウス法はカエサルの公職者選出における影響力を拡大したと考えられるため、ブルーンスが強調したように、カエサル派政治家がカエサルの影響力を制限したり、カエサルの決定を変更させるだけの影響をもったとは考えにくい。しかしながら、ブルーンスが提示した、カエサル派政治家が公職や属州総督をめぐって競争を繰り広げていたという指摘は当時の公職選挙を検討するうえで重要だと思われる。

内乱以前の公職選挙は、公職をめぐる激しい競争であり、候補者たちはその競争を勝ち抜くために、投票者である市民からの人気や評価、浮動票の獲得をめざして、軍事や内政での業績、家柄、気前のよさなどをアピールする選挙運動を展開し、激しい選挙戦を繰り広げた（第Ⅰ部）。カエサル派と元老院主流派の内乱の勃発、そして独裁官カエサルの登場は、公職をめぐる競争のあり方に大きな変化をもたらしただろうが、この競争がなくなったとは考えられない。カエサル独裁期における公職をめぐる競争の存在は、サイムの言葉にも暗に示されてはいるものの、詳細な分析の対象とはされてこなかったように思われる。カエサル独裁期に公職就任をめざす者たちはカエサルの絶大な影響力のもとでどのような競争を繰り広げたのか、そして公職就任にはどのような資質が求められたのか、カエサルはどういった功績や能力に公職を与えたのか。これを分析し、内乱勃発以前の公職選挙の状況と比較することで、カエサル独裁期の公職選挙の特徴を明らかにすることができるのではないだろうか。

ここではカエサルの影響力が公職選挙運営にもたらした変化を検討したうえで、コンスル就任者の経歴から、どのような者が公職階梯上昇をはたしたか、なぜ彼らが公職階梯上昇をはたしたかを考察し、当時の公職者選出の一般的な特徴を明らかにしたい。

1　カエサル独裁期の公職選挙の一般的状況

公職選挙実施状況

まずは、独裁官カエサルが公職選挙の運営にどのような変化をもたらしたかを検討する。カエサルはコンスルないし独裁官として、ケントゥリア民会およびトリブス民会での公職選挙主宰権限を保持し、そこでおこなわれる選挙結果に決定的な影響をおよぼした。また、カエサルのローマ不在に際しては、とくにコンスル選挙についてはカエサル自身がこれを主宰することが元老院決議によって確認され、カエサルのローマ帰還後に選挙が開催された（第三章）。通例であれば公職選挙は毎年夏頃に開催されていたが、カエサル独裁期には、カエサルの帰還を待って公職選挙が開催されたため、カエサルが主宰権限を有する公職選挙の開催時期は不定期になった。

カエサル独裁期の公職選挙では、それ以前とは違い、選挙買収を含めた候補者による選挙運動の痕跡はほとんど確認できない。これは、選挙開催時期が不定期になった結果、選挙に向けた選挙運動を展開しにくい状況となっており、とくに選挙買収については、選挙開催時期と選挙戦の趨勢が判明してからでなければ展開できなかったためだと考えられる。史料上に確認できるカエサル独裁期の選挙運動の数少ない事例として、前四四年度コンスル選挙に際して展開されたアントニウスとドラベッラの選挙運動があげられる。ただし彼らはコンスル選挙開催時期をカエサルから聞いていた、あるいはコンスル就任を約束されたあとに選挙運動を展開した可能性も考えられ、彼らの選挙運動は例外的な事例であるといえる(第二節(2)で詳述)。そして、選挙運動の形跡が確認できないことは、カエサルが選挙を主宰する公職への就任には、市民の支持よりも、カエサルからの公職就任の約束が必要だったことを示唆している。

また、とくに前四五年、前四四年の公職者に公職就任の順序や年齢に関する規定の逸脱が数多く確認できるようになる。[7] こうした現象はおそらくカエサルの絶大な影響力を背景に生じたものと思われるが、これは公職就任をめざす者にとって大きな変化だっただろう。規定通りに公職者が選出されていれば、公職選挙への立候補予定者は、誰が対立候補となるか見当をつけることができただろう。[8] しかし、規定外の選出が頻繁に起こった場合、誰が対立候補となるのか、さらに、そもそも自分が候補者となりうるのかも判然としなかったのではないだろうか。

いつ、誰と公職をめぐって争うことになるのか判然とせず、さらに当選のためにはカエサルからの公職就任の約束が不可欠だったという公職選挙の運営状況を考えると、当時の公職選挙は、公職就任をめざす者の立場からみれば、カエサルからの公職就任の約束をめぐる潜在的対立候補との競争だったといえるのではなかろうか。そうであるならば、公職就任をめざす者は、カエサルから公職就任の約束を得るために何をせねばならなかったのか。また、カエサルはどのような者たちに公職就任を認めたのか。これを検討するために、カエサル独裁期の公職者、とくにコンスルとプラエトルに焦点をあて、どういった者たちが公職階梯上昇をはたしたのか、どのような資質や能力がコンスル就任に求められていたのかに注目したい。

カエサル独裁期の高位公職就任者

当時の高位公職就任者の傾向として夙《つと》に指摘されているのは、祖先に元老院議員をもたない新人の割合が増加したことである〔二〇四~二〇五頁表3〕。前四八年から前四四年までのコンスル就任者一三人中三人（二三%）が新人である。[9] また、プラエトルについては、ブロートンの公職者のリストによれば、四六人のプラエトルが確認でき、そのうち二一人（四六%）がワイズマンの新人元老院議員リストにあがっている。[10] サムナーは、ブロートンのリストには属州総督としての活動だけを根拠にその前年のプラエトルとされている者が多数含まれているとして、当該時期にプラエトル就任が確実な者は二四人（うち新人は一二人、五〇%）だったとしている。[11] これらの数字は、同じくブロートンとワイズマンのリストにある、スッラの独裁からカエサルとポンペイウスの内乱勃発まで（前七八~前四九年）の三〇年間の新人、コンスル六三人中二人（三%）、プラエトル一八一人中三六人（二〇%）と比較すると、カエサル独裁期に新人の高位公職者が飛躍的に増加したといえるだろう。

高位公職就任者に占める新人の割合だけをみると、カエサルは新人を優遇したようにもみえるが、少なくともコンスルについては、必ずしも新人が優遇されたとはいえない。新人コンスル三人は、補充コンスル、もしくは任期が三カ月しかない状況での正規コンスルとして選出された。また、後述のアントニウスとドラベッラのように、コンスル家系出身者にはみられる公職就任規定外のコンスル就任が新人にはみられない。

では、なぜカエサル独裁期に新人コンスルが増加したのだろうか。その理由として考えられるのが、内乱勃発当初、多くの政治家が元老院主流派ないし中立の立場をとったために、コンスル就任資格を有した、すなわちプラエトルを経験した有力家系出身者がカエサル派に少なかったことである。シャクルトン－ベイリーによれば、内乱勃発当初カエサル派だったコンスル家系出身のプラエトル経験者は八人いる。[12] そのうち四人は、有罪判決を受けており、公職就任資格を喪失していた。[13] 残り四人のうち、レピドゥス、ファビウス・マクシムス、イサウリクスの三人はカエサル独裁期にコンスルに就任したが、スルピキウス・ガルバはコンスルに就任しなかった。

このように、コンスル就任資格を有するコンスル家系出身者がカエサル派に少なかったことは新人コンスル増加の一つの理由であるといえるだろう。では、なぜコンスル家系出身でコンスル就任資格も有したガルバはカエサル独裁期を通じてコンスルに就任しなかったのか、あるいは、カエサルは彼にコンスル就任を認めなかったのか。カエサルがどのような者に公職就任を認めたのかを明らかにするために、その理由を検討したい。

まず、内乱勃発以前のガルバの経歴に注目してみたい。前五七年、彼はカエサルの副官としてガッリア戦争に従軍した。その後、前五四年にプラエトルを務め、前四九年度コンスル選挙に立候補する。その選挙で、ガルバは当選した二人よりも支持を集めていたにもかかわらず、かつてカエサルの副官だったために元老院主流派の妨害にあって落選したと、ヒルティウスは伝えている。[14] ガルバはのちにカエサル暗殺者に名を連ねることとなるが、スエトニウスはその理由をこのコンスル選挙落選に帰している。[15] しかし、彼がコンスル選挙落選後にカエサルと距離をおき、コンスル当選を妨害した元老院主流派に接近したとも考えにくい。[16] ガルバが内乱勃発以降もカエサルに近い立場にあったのであれば、なぜ彼はコンスルに就任できなかったのだろうか。

その理由として考えられるのが、カエサルが『ガッリア戦記』のなかで伝えるガルバの軍事的失敗である。前五七年、ガルバは一個軍団とともにヘルウェティ族のもとへ派遣された。そこで周辺部族への攻撃に成功して冬営地を築くが、その冬営地は敵に包囲、攻撃されて大損害をこうむる。カエサルは、ガルバの冬営地について「その集落は広い平地のない谷間にあり、周りを高い山々に囲まれていた」と述べ、[17] ガッリア人が攻撃した理由にこの地形をあげている。[18] その後、ガルバのカエサルのもとでの活動は確認できない。これによりガルバは軍事的な面でカエサルの信頼を失ったため、有力家系出身でプラエトルを経験しているにもかかわらず、彼はコンスルに就任できなかったのではないだろうか。

では、コンスル就任者たちはカエサルからその能力を評価されていたといえるのだろうか。たしかにコンスル就任者の経歴をみると、ガッリア戦争、あるいはその後の内乱において軍事的業績をあげている者が多く、とくに新人コンスルには顕著な軍事的業績が確認できる。[19] フフィウス・カレヌス（前四七年コンスル）は、ファルサルスの戦いにおけるカエサル陣営の後背地となるアカエアをその戦いの直前に元老院主流派から奪うことに成功した。[20] 彼の同僚コンスルとなったウァティニウスは、ファルサルスの戦いの直後、イッリュリクムの元老院主流派勢力を撃破してアドリア海の制海権を確保した。[21] トレボニウス（前四五年）は前四九年のマッシリア攻囲戦の陸側の指揮官として活躍し、[22] 翌年には首都担当プラエトルとしてカエサルの経済政策を遂行した。[23] また、新人ではないコンスル就任者についても、カニニウス・レビルス（前四五年）、ファビウス・マクシムス（前四五年）、アントニウス（前四四年）はそれぞれガッリア戦争からカエサルの幕僚として活躍したことが確認できる。

また、軍事的な活躍が伝わっていないレピドゥス（前四六年）とドラベッラ（前四四年）については、コンスル就任以前に内政でカエサルに貢献したことが確認できる。レピドゥスは、前四九年プラエトルとしてカエサルを独裁官に指名する法案を提案、可決させている。ドラベッラについても、後述するように、カエサルから内政の能力を高く評価されていたと考えられる。

このように、ほぼすべてのコンスル就任者の経歴にはガッリア戦争やカエサル独裁期の内乱での軍事的業績や内政におけるカエサルへの貢献が確認できる。だが、イサウリクス（前四八年）だけは、コンスル就任までの経歴でカエサルへの貢献が伝わっていない。内乱勃発以前の彼は、元老院主流派の中心人物カトとの関係が深く、カトとともに、カエサルの副官メッシウスを告発し、[24] ポンプティヌスの凱旋式挙行を妨害している。[25] 内乱の帰趨がまだ不明瞭だった前四八年という時期を考慮すれば、カエサルはイサウリクスが中立の立場をとる者たちや元老院主流派とのパイプ役となることを期待し、前四八年コンスル選出を約束したと考えてよかろう。[26]

つぎに、プラエトル就任者の経歴に注目したい。プラエトルについては、全就任者が判明しているわけではなく、プラエトル就任以前の経歴が不明な者も多いため、詳細な検討は難しい。しかし、プラエトル就任までにカエサルの幕僚を経験した者は、判明しているプラエトル四六人中二五人（五四％）と半数以上を占めており、[27]プラエトル就任にも軍事的業績が重要なものだったことがわかる。前四四年に限ってみれば、一六人中四人（二五％）とその割合は低下するが、その年のプラエトルにC・カッシウスが選出されていることは、プラエトル就任においてもやはり軍事的業績が重要視されていたことを示唆している。カッシウスは反カエサル派（元老院主流派）として内乱を迎え、ファルサルスの戦い後にカエサルから赦された。彼のプラエトル就任までの経歴をみると、特筆すべき軍事的業績を確認できる。彼は、クラッススのパルティア遠征に従軍し、クラッスス戦死後に軍を率いてシリアへ戻り、パルティア軍の追撃を退けた。[28]また、ファルサルスの戦いと同時期に、彼はシキリア島に停泊していたカエサル軍艦隊を攻撃し、これにより大きな損害がでたことをカエサルは伝えている。[29]ファルサルスの戦い後は、ゼラの戦いに艦隊を率いて向かうなど、彼はカエサル軍の幕僚の一人として活躍している。[30]

高位公職と軍事的資質

このように、カエサル独裁期に高位公職への就任をはたした者は、多くの場合、その経歴のなかで軍事的業績をあげていたことを確認できる。このことから、カエサル独裁期において、高位公職就任にはとくに軍事的資質を備えていることが強く求められたと考えられる。

では、なぜ高位公職就任に軍事的資質が強く求められたのか。これは、内乱という背景から二つの理由が考えられる。一つは、カエサルが自身に貢献した者に対する報酬として公職を与える、あるいは有能な人材を自身の支持者とするために公職を与えるなど、カエサルが「カエサル派」を凝集する手段として公職を利用したという、いわば政治的理由である。ディオは、前四五年度プラエトルとクアエストルの選出について、選挙を主宰するカエサルがこれらの公職のポストを増加させた理由を、「彼〔カエサル〕はすでにたくさんの者と多くの約束をしており、彼らに応える他の方法をもたなかったので、このような方法でそれをした」と述べており、[31] カエサルが自身に貢献した者に報酬として公職を与えていたことを示唆している。もう一つは、高位公職者がその任期後に務める属州総督として有能な人材を確保するためという、いわば帝国統治のための行政上の理由である。反カエサル派は、ポンペイウスがファルサルスの戦いで敗れ、殺害されたあとも、メテッルス・スキピオと小カト、小ポンペイウス、さらにセクストゥス・ポンペイウスを中心に結集し、帝国各地でカエサルへの抵抗を続けた。内乱によって混乱した帝国の属州統治には内乱勃発以前よりも軍事的資質が強く求められただろう。[32] 高位公職をめざす者たちは、軍事的な能力を示すことができれば、カエサルからプラエトル職とその後の属州総督を委ねられることが期待できたであろう。[33] 先にみたカッシウスは、かつての反カエサル派であっても、軍事的資質の発揮を期待されてプラエトルに選出された可能性はおおいに考えられよう。[34]

しかし、プラエトル就任後、コンスル就任をはたすためにはさらに激しい競争を戦い抜かねばならなかった。ブルーンスやイェーネが指摘しているように、カエサル独裁期にプラエトルは八人から一六人に増員されたが、コンスルは、補充コンスルが連続して選出されたとはいえ、原則的に二人のままだったため、プラエトルの八分の七がコンスルに就任できない状況となった、すなわち、プラエトルまでの競争は緩和されたものの、プラエトルからコンスルへの競争は激化した。[35] こうした状況にあって、コンスル就任をめざす者にとって、プラエトルやこれを務めたのちに就く属州総督は、カエサルから与えられた責務をはたし、[36] 他の潜在的候補者以上の業績をあげ、コンスル就任の可能性を高めるための重要な機会だったといえるだろう。

高位公職就任に軍事的業績が重要性をもったことに加え、プラエトルやこれを務めたのちに就く属州総督がコンスルをめぐる競争の舞台でもあったことを示唆する好例が、前四五年プラエトル、ミヌキウス・バシルスである。彼は、父がはじめて元老院議員となった家系の出身で、ガッリア戦争後半にカエサルの副官として騎兵隊を指揮して戦果をあげ、前四五年補充コンスルとなるファビウス・マクシムスとともに宿営地の指揮を委ねられるなど、その軍事的資質についてカエサルから一定の評価を得ていたと考えられる。[37] 彼は内乱においてもカエサルの幕僚として戦い、デュッラキウム攻囲戦にも参加した。[38] その後、彼は前四五年プラエトルに選出されるが、前四四年の属州総督決定に際し、属州を割りあてられず、代わりに金銭を与えられた。これを理由にバシルスはカエサルに反抗するようになったとディオは伝えており、[39] 最終的に彼はカエサル暗殺に荷担することとなった。[40]

内乱勃発以前、属州総督への就任は高位公職に登り詰めるまでの出費を取り戻す機会であり、多くの属州総督は税の過徴収などにより私腹を肥やしていた。カエサル独裁期においても、サッルスティウスが不当利得返還要求裁判を受けたと考えられており、[41] 属州総督職のこうした性格は内乱勃発以降も残存していたと思われる。しかし、属州総督職が単に金銭的な利益を得る機会だったならば、総督職の代わりに金銭を与えられたバシルスがカエサル暗殺に荷担したのはなぜだろうか。デッテンホファーは、カエサル独裁期において、金銭がもつ政治的な役割が低下したことを指摘し、これとバシルスのカエサル暗殺荷担とを関連づけている。[42] こうした指摘を否定することはできないが、さらに、属州総督職就任を認められなかったこと自体が、軍事的業績をあげる、あるいは属州統治能力を示す機会であり、それを失ったバシルスは自身のコンスル就任の可能性がなくなったと考えたためにカエサル暗殺に荷担することになったのではないだろうか。公職就任はさらに高位の公職への競争の舞台でもあったのである。

ここまでカエサル独裁期の公職選挙の運営状況と高位公職就任者に注目し、高位公職就任のためにはとくに軍事と内政におけるカエサルへの貢献が重要な役割を演じたことを強調してきた。軍事や内政の能力は、内乱勃発以前からコンスル就任のために重要な要因だと考えられていた(第一章)。内乱勃発以前にコンスル就任のためにもっとも重要な能力としてキケロがあげた二つの資質は、内乱を背景に、その重要性をいっそう強めたといえるだろう。内乱の勃発、そして強大な権力者の出現にもかかわらず、公職者に求められたもっとも重要な資質がその前後で変化しなかったことは、カエサル独裁期の公職者選出の性格として看過すべきではないだろう。

高位公職就任と「家柄」「気前のよさ」

他方、カエサル独裁期以前と比較して、高位公職就任に求められた資質としての重要性が低下したと考えられるものもある。その一つが「家柄」である。カエサル独裁期には高位公職就任者における新人の割合が増加したことから、高位公職就任における有力家系出身者の優位は揺らいだといえよう。しかし、すでに述べたように、内乱勃発時のカエサル派コンスル家系出身者四人中三人がコンスルに就任していること、また、新人にはみられない公職就任規定外でのコンスル選出がコンスル家系出身者にのみ確認できることなど、コンスル就任におけるコンスル家系出身者への優遇という状況も確認できた。コンスル家系出身者ではあるがコンスルに選出されなかったガルバの事例も勘案すると、能力やそれを証明する業績がより重視され、家柄はそれを補強する材料として機能していたと考えるべきだろう。

また、「気前のよさ」についても高位公職就任に求められた資質としての重要性が低下したといえるだろう。カエサルやスカウルスのように、内乱勃発以前には、とくにアエディリス在職中の見世物の開催や公共建築の建造によって「気前がよい」という評価を獲得し、それを背景に高位公職に選出されたと考えられる者たちがいた(第二章)。あとで取り上げるドラベッラによる借財の帳消しと家賃の免除の提案がこうした評価を獲得するためのものだった可能性も否定はできない。しかし、選挙買収、見世物の開催、公共建築物の寄贈などにより獲得した人気を背景に高位公職就任をはたしたと考えられる政治家は、カエサル独裁期には確認できない。

公職選挙の一般的状況

カエサル独裁期に高位公職就任に求められた資質として重要性を強めたもの、弱めたものをみると、高位公職への就任には帝国統治に関わる実務的な能力が重要視されていたといえよう。その意味で、カエサル独裁期の高位公職選挙は、内乱勃発以前と比較して、実力主義的な傾向を強めたといえるのではないだろうか。公職者選出においてこうした実力、あるいはそれを証明する業績が重視されたのであれば、公職就任をめざす者たちは潜在的対立候補以上の業績をあげ、カエサルからその約束を取りつける必要があり、これをめぐる競争を繰り広げていたと考えられよう。そして、カエサルが、コンスルないし独裁官として公職者選出における決定的な影響力を有していただけでなく、内乱時代の軍事と政治の指導者として公職就任に不可欠であった業績をあげる機会をも掌握していたことを勘案すれば、公職をめぐる競争はカエサルによって管理、統制されていたといえるのではないだろうか。

2 アントニウスとドラベッラ　業績・公職をめぐる競争

⑴護民官ドラベッラ提案の借財帳消し法案をめぐって——前四七年

対立のはじまり

公職就任をめざす政治家たちは、カエサルから公職就任の約束を得るために潜在的対立候補以上の業績をあげようとして競争を繰り広げた。アントニウスとドラベッラはともにカエサル派政治家として活躍し、コンスル就任の条件であるプラエトル就任をへず、また、コンスル就任の最低年齢四十三歳(パトリキィであれば四十一歳)を待たずに前四四年コンスル就任をはたす、異例の昇進を遂げた人物である。両者がこうした人物であるため、当時の政治家としては特異な事例ではあるかもしれないが、そのために史料が比較的豊富にあり、詳細な検討が可能な数少ない事例でもある。彼らは、前四七年にドラベッラが提出した法案をめぐって対立し、つづいて前四五年末から前四四年初頭に前四四年度コンスル職をめぐって対立した。

まずは前四七年の対立からみていきたい。カエサルと元老院主流派の内乱が現実味を帯びた前五〇年頃から、借財帳消しがおこなわれるのではないかという負債者の期待と債権者の不安により、都市ローマは経済的な不安に陥っていた。前四九年末、独裁官としてローマに戻ったカエサルは、内乱勃発前の評価額での負債の支払い、利率の上限設定、六万セステルティウス以上の貨幣貯蔵の禁止など、経済の安定をはかる政策を打ち出すが[43]、それでも経済状況は安定しなかったようである。前四八年夏、ファルサルスの戦いでのカエサルの勝利がローマに伝えられると、カエサルは独裁官に任命され、さらに前四七年度公職選挙の主宰をカエサルに委ねる元老院決議がなされる[44]。しかし、ファルサルスの戦いのあと、カエサルはポンペイウスを追跡してエジプトへ向かった。そこでクレオパトラ七世とプトレマイオス十三世の王位継承問題に介入し、さらにクレオパトラのナイル巡行に同行したため、カエサルは前四八年中にローマに戻らなかった。そのため、カエサル主宰の選挙で選出されるはずの公職者が選出されないまま前四七年を迎えることとなった。こうした状況のなか、独裁官の補佐役である騎兵長官だったアントニウスが内政を取り仕切る立場にあった。

前四七年護民官に就任したドラベッラは、内乱勃発以降に生じた利息を帳消しにする法案を民会に提出する。それによって彼は都市民からの支持を獲得するが、同僚護民官トレベッリウスをはじめ、元老院からの反対を受けた。ドラベッラとトレベッリウスの対立が武力衝突にまで発展すると、「カエサルが都市ローマに帰還するまでいかなる変更もなされるべきではない。また、アントニウスは都市ローマ内に武力を持ち込んでもよい」とする元老院決議がなされるが、ドラベッラとトレベッリウスの衝突はおさまらなかった。同じ時期、ファルサルスの戦い後、カンパニアで待機していたカエサル軍が暴動を起こす。その対処のためにアントニウスが都市ローマを離れると、両護民官の衝突はいっそう激化した。

カンパニアから戻ったアントニウスは、両者の対立を鎮静化できないと判断すると、一方に荷担して事態を決着させようとした。当初、アントニウスはドラベッラを支持した。しかし、すぐにそれをやめ、兵を貸すことでトレベッリウスを支援すると、ドラベッラとトレベッリウスの衝突はさらに激化した。ドラベッラはさらに借財帳消しと家賃免除を民会に提案し、その強行採決のためにフォルムを占拠する。そこで、武力による問題解決をアントニウスに委ねる元老院最終決議がなされ、アントニウスの部隊とドラベッラの支持者は衝突し、多数の死者がでた。ドラベッラの法案可決は阻止されたが、ドラベッラ陣営と反ドラベッラ陣営の衝突はカエサルがローマに戻るまで続いた。[45]

ドラベッラとアントニウスの動機

まず、この事件でアントニウスとドラベッラが対立するにいたった、あるいは、アントニウスがドラベッラへの支持をやめてトレベッリウスを支援することとなった理由を検討したい。そもそもドラベッラが利息の帳消し、さらに借財帳消しと家賃免除を提案したのは、都市民の支持を獲得するためだったと考えられる。前年のプラエトル、カエリウス・ルフスも、ドラベッラと同様に、家賃免除と借財帳消しを提案しているが、その動機は「人びとの支持を惹きつけるため」であり、都市民の支持を得たカエリウスは都市民を煽動し、敵対するプラエトルのトレボニウスを襲撃したとカエサルが伝えている。[46]ドラベッラはカエリウスの提案を模倣して都市民の支持獲得をめざしたと考えて間違いないだろう。

また、パトリキィだったドラベッラがプレブスへ転籍し、護民官としてこれらの法案を提出した経緯が前五〇年代半ばに都市民からの絶大な人気を誇ったクロディウスを連想させることも、この法案提出の動機が都市民の支持獲得にあったことを示唆しているように思われる。また、ドラベッラはクロディウス像を建てたともいわれている。[47]デッテンホファーやウェルチは、ドラベッラはクロディウスが都市民のなかに築いたクリエンテラを自身のものとして影響力の強化をはかったと主張する。[48]ドラベッラがクロディウスの後継者として振舞ったことでクロディウスの「クリエンテラ」

を獲得できたかどうかはわからないが、こうした振舞いが、ドラベッラが都市民の支持獲得に成功した理由の一つだといえるだろう。

それに対してアントニウスは、ドラベッラとトレベッリウスの対立が生じると、都市民の支持を得たドラベッラを支援したが、都市民の支持は得られず、元老院の反発だけをドラベッラと共有したために彼を攻撃するようになった、とディオは伝えている。[49] アントニウスが都市民の支持を獲得できなかった理由は明確にはわからないが、キケロは、当時のアントニウスの行動が人びとから好ましくないと判断されていた可能性を示唆している。[50] また、元老院最終決議後の衝突で多数の死者がでたことでアントニウスは民衆から憎まれたとプルタルコスは伝えており、[51] ドラベッラとの対立の結果、アントニウスはさらに都市民の支持を失ったと考えられる。

ドラベッラを支援したにもかかわらず、都市民の支持を獲得できなかったアントニウスは、ドラベッラと対立することとなる。ウェルチは、アントニウスのドラベッラ支持から反対への方針転換の理由を、アントニウスもまたクロディウスのクリエンテラを継承しようとしたが達成できず、[52] ドラベッラがクロディウスに代わる都市クリエンテラのリーダーとなりつつあることを目の当たりにして、それを阻止するためにドラベッラと敵対するようになったと主張する。[53] この見解に関しても「クリエンテラの継承」が可能かどうかは判然としないが、いずれにせよ、アントニウスがドラベッラと対立したのは、ドラベッラが都市民の支持獲得に成功したのに対して、アントニウスはそれに失敗したためであったということができよう。[54]

ドラベッラとアントニウスへの評価

この衝突は、都市ローマに戻ったカエサルによって最終的に鎮められるが、カエサルはこの両者をどう評価したのだろうか。これについては、カエサルによる両者の処遇から読み取ることができる。まずドラベッラであるが、彼は元老院最終決議が成されるほどの混乱を引き起こした張本人であるにもかかわらず、カエサルの赦しを得る。[55]

それに対してアントニウスは、この事件の結果、カエサルからの信頼を一時的に失ったと一般的には考えられている。[56]アントニウスがこの二年間に史料上には明言されていない役割を担っていたとする見解もあるが、[57]彼はガッリア戦争後半からカエサル軍の主要な幕僚の一人として重要な任務を担ってきたにもかかわらず、前四六年、前四五年にはなんの役割も与えられていないからである。筆者は、一般的に考えられているように、アントニウスはカエサルからの信頼を一時的に失ったものと考えている。

両者に対する都市民とカエサルによる評価は、ドラベッラに対しては好意的、アントニウスに対しては否定的であることで共通しているといえるだろう。ヒューザーは、カエサルも都市民の人気を必要としていたために、それを獲得したドラベッラを赦したとしている。[58]このことを否定することはできないが、カエサルが気前のよさの誇示や弁舌によって都市民の人気を獲得することに長《た》けていたことを考えると、ドラベッラを赦したことにはそれ以上の理由があったように思われる。

そこで注目したいのが、ローマ帰還後のカエサルが内乱勃発以降に生じた利息を帳消しにし、さらに五〇〇デナリウスまでの家賃を免除したこと、[59]そして、カエサルがこの事件の直後にドラベッラにコンスル就任を約束していることである。[60]利息の帳消しと家賃の一部免除といった措置は、借財帳消しと家賃免除というドラベッラの提案の部分的実現ともいえるだろう。このことは、カエサルが都市民の人気を得るためにドラベッラを赦したことを裏づける一方、それ以上に、こうした施策が当時の経済状況の改善に有効なものであり、さらにそうすることでカエサル自身の政治的立場の安定にもつながるとカエサルが判断したことを示唆しているようにも思われる。つまり、カエサルはドラベッラの提案、そして彼の内政の能力を高く評価し、そのために彼を赦したのではないだろうか。また、自身が与えた任務の外で能力を示したドラベッラにコンスル就任を約束したことは、公職就任をめぐる競争を自身の管理下におこうとするカエサルの試みとみなすことができるだろう。

カエサル派政治家の権力基盤

さて、アントニウスとドラベッラの対立は都市民の支持獲得をきっかけに生じたが、トレベッリウスも含め、この対立のなかで彼らはカエサルから独立した基盤の構築をめざした。ドラベッラは経済状況改善のための施策を提示して政治的手腕を示すことで都市民の支持を獲得し、対するトレベッリウスは都市民を煽動する護民官の活動を抑止しようとすることで元老院の支持を得た。また、アントニウスも都市民の支持を得ようとしたがそれに失敗し、都市民を煽動するドラベッラを抑える立場に回ることで元老院の支持を得た。

カエサルから独立した権力基盤の構築とも考えられる政治家たちのこうした活動は、カエサルの意に反するものであるとも理解されている。とくに、ドラベッラによる利息と借財の帳消しの提案は、カエサルが前四九年に決定した経済政策に反するものである。そのため、前四九年のメテッルス、前四五年のアクィッラ、前四四年のフラウゥスとマルッルスらの護民官によるカエサル批判と並んで、ドラベッラによるこの施策は「カエサルに対する護民官の反発」と評されたこともあった[61]。

しかし、ドラベッラをはじめ、この事件に関わった三者の行動は、カエサルから独立した自己の権力基盤の構築をはかったものではあったが、必ずしもそれをカエサルへの反発だったとみなすことはできない。ディオによると、ドラベッラとトレベッリウスは、カエサルがエジプトで殺害されたと考えていたために衝突し、一時的にその衝突をやめたが、カエサルがポントス王ファルナケスの反乱を鎮めてからローマに戻ると伝えられると、彼らは再び激しく衝突した[62]。カエサルのローマ帰還が遅れると聞いて衝突を激化させたということから、両者が一時的に衝突をやめたのは、カエサルのローマ帰還が伝えられたからだと考えられる[63]。ここから、カエサルのローマ帰還時に政治が混乱していることは避けたかったという、両者に共通した思惑を看取できる。アントニウスについても、カエサルのローマ帰還までに両者の衝突を抑え、混乱を鎮めることでカエサルの評価を得ようとしていたと考えられよう。そうであるならば、彼らの行動をカエサルへの反発だと理解することはできない。

では、なぜ彼らはカエサルから独立した自身の基盤を築く必要があったのだろうか。それは、元老院議員はより高位の公職に就任するために、独裁官カエサルの存在の有無にかかわらず、業績をあげ、自己の権力基盤を構築する必要があったためであると考えられる。これを検討するうえで鍵となるのが、先に取り上げた、ディオが伝える「カエサルの死」の可能性である。

カエサルは、公職者選出に対して絶大な影響力をもっており、政治家たちは公職就任のために、業績をあげてカエサルに能力を認められなければならなかった。しかし、もし前四七年時点でカエサルが死去した場合、この状況はどうなっただろうか。まだカエサルへの権力集中もなかばであった当時、「共和政」はすでに崩壊し、もう回復しないと考える者はどれほどいただろうか。おそらく、多くの政治家は、カエサルという権力者が排除されれば、さらなる混乱に陥ったとしても、いずれは政治は内乱以前の状況に戻り、公職選挙も内乱勃発以前と同様に実施されると考えていたのではないだろうか[64]。そうなった場合、より高位の公職に就任するためには、自身のもつ影響力、支持基盤に頼って選挙戦を戦い抜かなければならなくなる。こうした可能性を考慮すると、政治家たちはカエサルから独立した自分自身の権力基盤を構築せねばならず、そのために、ある者は都市民の支持を、またある者は元老院の支持を獲得しようとしたのではないだろうか。

公職就任をめざす政治家たちは、カエサルの絶大な影響力のもと、業績をあげることで能力を示し、公職就任の約束をカエサルから獲得しようとする一方で、カエサルが死去した場合に備え、自身の支持基盤を構築してその後の公職選挙を戦う準備もしていた。他方でカエサルは、内乱時代の軍事と政治の指導者として、彼らに与えた任務の遂行状況を評価して公職就任を約束することにより、公職をめぐる競争を自身の管理下におこうと試みていた。

(2) 前四四年度コンスル職をめぐって――前四五年末～前四四年

コンスル選出までのアントニウスとドラベッラ

前四四年度コンスル職をめぐるアントニウスとドラベッラの対立に注目する。そのために、前四七年の事件ののち、この選挙を迎えるまでの二人の活動を追っていきたい。

ドラベッラはカエサルのもと、タプスス、ムンダの戦いに従軍した。[65] 都市ローマで身勝手な行動をさせないためにカエサルはドラベッラをこれらの戦闘に同行させたともいわれている。[66] しかし、ドラベッラにとっても両戦闘への参加は軍事的業績をあげるという重要な目的があったと考えられる。前四七年の事件のあと、華々しい軍事的業績をあげた二人の新人が前四七年の残り三カ月のコンスルに選出された(第一節)。ドラベッラは、内乱勃発当初にカエサルからアドリア海の艦隊を委ねられたが、反カエサル派のオクタウィウスによって敗走させられており、[67] この時点まで軍事的業績をあげていなかった。コンスル就任のための軍事的業績の重要性を目の当たりにし、彼は軍事的業績をあげる必要性を感じたのではないだろうか。だが、『アフリカ戦記』『ヒスパニア戦記』にドラベッラに関する言及はなく、ドラベッラはこれらの戦いで目立った活躍ができなかったようである。

両戦闘のあいだ、一時的にイタリアに戻った際、ドラベッラはキケロの娘で妻のトゥッリアと離婚する。[68] トゥッリアとの離婚後も、ドラベッラは元岳父キケロと頻繁に書簡のやりとりをしており、[69] カエサルとキケロのパイプ役となることをその双方から期待されたようである。[70]

他方、アントニウスは前四六年、前四五年には公職に就いておらず、独裁官の補佐役である騎兵長官の職もレピドゥスに譲り、さらにタプスス、ムンダの戦いにも同行せず、イタリアに残っていた。こうした状況から、彼は一時的にカエサルの信頼を失ったと一般的に考えられている。

この間のアントニウスについて、彼は競売にかけられたポンペイウスの財産を購入し、その代金を支払わなかったために カエサルと衝突したとキケロは伝えている。それによれば、アントニウスはカエサルから購入したポンペイウスの財産の代金の支払いを命じられると、自分はカエサルから報酬を受け取っていないと答えた。これを受けて、カエサルは兵士を派遣してアントニウスの財産を差し押さえようとした。[71] その後、カエサル邸でアントニウスが差し向けたといわれる刺客が捕えられると、それについてカエサルは元老院でアントニウスを非難したという。[72]

ポンペイウスの財産売却について、ラムゼイは、これはカエサル軍の兵士に支払う報酬の準備としてアントニウスに委ねられた特別な役割であり、アントニウスはカエサルの信頼を失ったわけではなかった、と主張する。[73] たしかに、ポンペイウスの財産売却にはカエサル軍の兵士への報酬の準備という側面があったことは否定できない。しかし、そうであるならば、なぜカエサルはこうした任務をアントニウスに委ねたのであろうか。カエサルには、オッピウスやバルブスをはじめとする、騎士階級に属する協力者がおり、金策であれば、アントニウス以上に彼らのほうが適任だったように思われる。このことを勘案すれば、むしろアントニウス自身がカエサルの信頼回復をはかって、ポンペイウスの財産売却による軍団兵への報酬の準備を引き受けたと考えるほうが妥当ではないだろうか。

さて、この時期のアントニウスについては、アントニアと離婚してフルウィアと再婚したことも知られている。フルウィアは、前五〇年代にローマの都市民から絶大な人気を誇ったクロディウスの未亡人で、強い権力志向をもった女性だったといわれている。[74] ウェルチは、アントニウスはフルウィアとの結婚によりクロディウスのクリエンテラや人気に頼って都市民への影響力をもったと主張するが、[75] これを史料上に確認することはできない。しかし、アントニウスはフルウィアとの結婚生活に満足しており、[76] 彼女の権力志向に感化されたのか、放蕩生活をやめ、ヒスパニアにいるカエサルのもとへ向かおうとするなど、[77] カエサルとの関係修復に向けた努力を始めたようである。[78]

前四五年秋、アントニウスはヒスパニアからの帰還途上のカエサルとナルボで合流すると、ただ一人カエサルの馬車に同乗するという特別な待遇を受けた。[79] このことからアントニウスはカエサルからの信頼を回復したと考えられる。キケロは、アントニウスが邪《よこしま》で負債をかかえているからカエサルはアントニウスを迎え入れたと皮肉を述べているが、[80] フルウィアとの結婚によって放蕩生活をやめたこと、[81] ポンペイウスの財産の購入代金を支払ったことなどが信頼回復の理由として考えられよう。さらに、翌年から計画されていたパルティア遠征のために、カエサルがアントニウスの協力を必要としていた可能性も考えられる。

この前後、アントニウスは北イタリアへ赴き、翌年度コンスル選挙立候補のために選挙運動を展開する。[82]『フィリッピカ』第二演説では、アントニウスはガッリア・キサルピナで選挙運動を展開した(七六節)のちにカエサルと合流した(七八節)とされている。デッテンホファーは、コンスル就任をめざしたアントニウスは選挙運動を展開したものの、カエサルの承認なしでコンスルに就任することは不可能だと判断し、カエサルとの和解を選んだとしている。[83] しかし、前四九年末と前四七年秋にカエサルが主宰したコンスル選挙を目の当たりにしたアントニウスが、カエサルの承認なしにコンスル選挙に当選できると判断し、カエサルの約束を得ることなしに選挙運動を展開したとは考えにくい。カエサルと合流したのちにガッリア・キサルピナで選挙運動を展開したのだとしても、その目的はやはり明確にはわからない。カエサルの承認がなくても選挙で当選できた可能性をも想起させるが、そうした状況が現実に起こったとは考えにくい。選挙運動を展開せねばならなかったということは、カエサルの承認だけではコンスルに選出されなかった、さらには、アントニウスの選挙運動がカエサルとの合流の前でも後でもその動機ははっきりしないが、おそらくアントニウスはカエサルと合流し、コンスル選出を約束されたあと、実質的な集票のためというよりもある種のパフォーマンスとして選挙運動を展開し、市民にコンスル就任への熱意を示したのだろう。

両者の対立とカエサルへの反発

こうしてアントニウスとドラベッラは前四四年度コンスル選挙を迎える。結果的に、この選挙ではカエサルとアントニウスがコンスルに選出された。コンスル職を約束されていたドラベッラは前四四年一月一日の元老院でカエサルを非難した[84]。

一月一日就任の正規コンスルに選出されなかったものの、ドラベッラにはすぐにコンスル就任の機会が与えられる。カエサルがパルティア遠征出発に際して自身はコンスルを辞し、ドラベッラをその補充コンスルに選出すると決定したからである。しかし、この決定に対してアントニウスが強く反発する。アントニウスは、鳥卜官《ちょうぼくかん》(アウグル)の権限でドラベッラの補充コンスル当選を妨害すると宣言し、それを実行した[85]。結局、ドラベッラはカエサル暗殺後にその補充コンスルに就任することとなる。

この選挙において興味深いのは、ドラベッラとアントニウスのそれぞれがコンスル選出をめぐってカエサルに反発したことである。まず、ドラベッラによるカエサル批判をみてみたい。前述のように、ドラベッラは元老院でカエサルを非難したが、キケロによれば、「彼〔カエサル〕は〔ドラベッラに〕選挙運動をさせ、約束され、認められていたもの〔コンスル職〕を奪い、自分のもとへと移した」という[86]。ディオが示唆するように[87]、このコンスル職は前四七年の業績が評価されて約束されていた可能性も考えられる。そうであるならば、ドラベッラによるカエサル批判はその約束を反故《ほご》にされたことへの反発であり、さらに業績に基づいた公職の要求だったといえるのではないだろうか。

つぎに、アントニウスによるドラベッラの補充コンスル選出に対する反発についてみてみたい。ドラベッラの補充コンスル選出はカエサルの決定によるものであるが、これを妨害することはカエサルの意思に反発することを意味する。前四五年後半にカエサルからの信頼を回復したばかりのアントニウスにとって、こうしたカエサルへの反発は信頼や重用の機会を再び失いかねない行為だったのではなかろうか。なぜアントニウスはこれほどまでにドラベッラの補充コンスル選出に反発したのか、そして、なぜこうした行動をとることができたのか。その明確な理由を史料上に確認することはできないが、前四四年初頭の状況から、アントニウスがこうした反発を示したのには以下のような動機と根拠があったことが推測できる。

まず、アントニウスがドラベッラの補充コンスル選出に反発した動機であるが、これはカエサル派内部での権力争いという側面から説明できる。アントニウスとドラベッラの生年は正確にはわかっていないが、ドラベッラはアントニウスよりも若かった[88]。そして、そのドラベッラは、前四七年の護民官在職中に都市民から支持を集め、さらにそのときに引き起こした混乱についてはカエサルの赦しを得て、その後の軍事行動にも同行した。アントニウスにとって、都市民という支持基盤の構築に成功し、カエサルの信頼を得つつあったドラベッラはカエサル派内部でのライバルの一人だった。かつて対立したそのドラベッラが補充コンスルに就任することで、カエサル派内での自身の地位が脅かされる可能性があるとアントニウスは考えたのではないだろうか。

さらに、カエサルが辞職しても補充コンスルが選出されなければ、アントニウスは単独コンスルとなり、カエサル不在の前四四年の政治において強大な権限を手中にすることとなる。また、同年に二人の弟C・アントニウスとL・アントニウスがそれぞれプラエトルと護民官に就任しており、アントニウス兄弟に多くの権限が集中していた。ドラベッラの補充コンスル選出はアントニウスが力をもちすぎることを回避するためであるとする見解もあるように[89]、カエサルのコンスル辞任とパルティア遠征出発はアントニウスにとっては強大な政治権力を掌握する好機だった。このように、アントニウスによるドラベッラの補充コンスル選出への反発の動機は、カエサルの側近としての地位の確保、そして自身の影響力拡大のためだったと考えられる。

では、アントニウスがカエサルにこれほど強く反発できた根拠はなんだったのか。これには、カエサルがパルティア遠征を目前に控えていたことから説明できると思われる。アントニウスは、前四六年のタプススの戦い、前四五年のムンダの戦いには参加しなかった。しかし、前五四年以降のガッリア戦争への従軍、前四九年護民官として内乱直前の元老院との交渉、さらに前四八年から前四七年には騎兵長官としてイタリアの管理とカエサルの後方支援を担ったアントニウスのカエサルへの貢献は、カエサル派のなかでも群を抜いている。軍事・内政両面においてカエサルに貢献してきた経歴を背景に、パルティア遠征を控えたカエサルから自身の能力を必要とされている、という自信がアントニウスにはあったのではないだろうか。そうした自信を根拠に、アントニウスはカエサルの決定に対して強い反発を示すことができたと考えられるだろう。

以上のように、コンスル職をめぐるアントニウスとドラベッラによるカエサルへの反発は、ともに彼らの業績や経歴を背景としてなされたものだったといえるだろう。彼らは業績を背景としてカエサルに公職を要求し、これをめぐる競争を繰り広げていた。

ここまで、カエサル独裁期の公職選挙の実態を明らかにするために、どのような者が、どういった理由でカエサルから公職を与えられたか、あるいは、カエサルがどのような功績や能力を評価したのか、高位公職者に求められた資質が内乱勃発以前と比較してどう変化したかを検討し、公職就任をめぐる競争の具体例としてアントニウスとドラベッラの対立に注目した。ここで当時の公職者選出のあり方の特徴を整理したい。

カエサル独裁期を通じて、カエサルがコンスルないし独裁官として、公職選挙開催時期や公職選挙の結果に決定的な影響力をもったことで、公職をめぐる競争は、公職就任をめざす者にとって、内乱勃発以前のように市民の支持獲得を争うものではなくなり、カエサルからの公職就任の約束を潜在的候補者と争うものとなった。公職就任をめざす者は、カエサルから与えられた内乱における役割をはたすことで公職就任の約束を得る、あるいは公職をカエサルに要求する材料となる業績をあげ、この競争を戦っていた。公職者選出に決定的な影響力を発揮できたカエサルは、元老院主流派との内乱で業績をあげた者に公職を与えることで「カエサル派」を凝集しようとした。これは、内乱時代の軍事と政治を指揮したカエサルが公職をめぐる競争をもその管理下においたことを意味する。そして、おそらくカエサルは意図的にこれをおこなったと考えられる。公職をめぐる競争を自身の管理下におこうとするカエサルの意図は、自身の命令の外で勢力を獲得したドラベッラに公職を与えていることからも読み取ることができる。

カエサルの絶大な影響力のもと、内乱を舞台に繰り広げられた公職をめぐる競争では、内乱での活躍、すなわち軍事的功績と、カエサル不在の都市ローマにおける内政での成果が極めて重要な要因となった。キケロがコンスル就任にもっともふさわしいものとした「軍隊指揮官」、そして内政に通じた「よき弁論家」の資質は、内乱勃発以前と変わらず、カエサル独裁期においても公職階梯上昇にあたって重要視されており、むしろその重要性を強めた。内乱勃発によって公職階梯上昇に重視された資質が変化しなかったことはこれまであまり注目されてこなかったが、ローマの共和政が帝政へと移行する過程における公職者選出のあり方の特徴として看過すべきではないだろう。他方、内乱勃発以前と比べて、「家柄」や「気前のよさ」といった資質は高位公職就任のために求められた資質としてその重要性を低下させた。カエサル独裁期の公職選挙は、内乱勃発以前と比べると、カエサルの影響力と内乱を背景として、より政治家個人の実務的な能力が強く求められる実力主義的な傾向の強いものとなったといえるだろう。

独裁官カエサルの影響力と内乱を背景に実力主義的な傾向を強めることとなった公職をめぐる競争は、カエサルの死後、どのように変化したのだろうか。

第五章

国家再建三人委員と公職選挙

カエサル暗殺後、旧カエサル派と反カエサル派の対立、また旧カエサル派内部での権力闘争をへて、カエサル暗殺者の処罰と国政の混乱の収拾のため、アントニウス、レピドゥス、オクタウィアヌスの三人は、「国家再建三人委員」(III viri rei publicae constituendae いわゆる「第二次三頭政治」、以下「三人委員」と略記)として絶大な権限を獲得した。[1] 彼らが獲得した権限には、公職者選出に関わるものも含まれていた。ここでは、三人委員のもとで公職者、とくにコンスルがどのように選出されていたかを検討し、この時期の公職者選出のあり方の特徴を明らかにしたい。

三人委員、とくに都市ローマに残ったオクタウィアヌスによる政治は「専制」という言葉で形容されることが多い。[2] アントニウスに勝利したのち、オクタウィアヌスが三人委員による決定を無効化したことは、彼自身がそれまでの政治が専制的なものだったことを認めていることの証左であるといえよう。[3] 三人委員時代の公職者、とくにコンスルの選出についても、これまでの研究は三人委員の専制のもと、彼らが恣意的にこれを選出していたという前提のもとで議論されている。サイムは、オクタウィアヌスの権力掌握過程において祖先にコンスルをもたない新人がそれに大きく寄与したこと、前三三年までのコンスル就任者は旧来の有力家系出身者(ノビレス)が減少し、新人が増加したことを指摘した。[4] そして、公職はその任命権を有した三人委員にとってパトロネジを掌握するための一つの手段であり、その点において、ローマに残ったオクタウィアヌスがローマを離れたアントニウスに対して有利な立場にあったとして、[5] コンスル選出におけるオクタウィアヌスの影響を強調する。三人委員がパトロネジ関係構築のために公職任命権を活用したとする考えは、その後の研究者にも受け入れられている。[6] 他方、フライ゠シュトルバは、三人委員が有した任命権や選出方法など、制度的にはその詳細が不明な点も多いが、三人委員やアクティウムの海戦後のオクタウィアヌスが政治的な理由に基づいて公職者を任命していたと主張する。[7] 公職者、なかでもコンスル選出に関しては、とくにオクタウィアヌスがその結果に強い影響をおよぼし、自身の支持者を増やしていたというのがサイム、フライ゠シュトルバの見解に共通している。[8] また、三人委員がその任命権によって法や前例を無視して公職者を選出した状況を、ミラーは「任命権の濫用」と評している。[9]

三人委員による公職者任命については、公職者が事前に任命されたこと、それも任命した三人委員自身の任期を大幅に越えてなされたことを伝える史料の証言がある。これについても三人委員による法と前例を無視した専制という前提で議論されている。例えばペツォルトは、三人委員の権限は目的が遂行されるまで放棄する必要のないものだったため、将来のコンスル選出にあたっても任期は配慮されなかったとしている。[10]

このように、当時の公職者選出では、三人委員による専制のもとで、法や前例といった正当性は無視されており、なかでもとくにオクタウィアヌスの影響が強かったとされている。しかし、三人委員、あるいはオクタウィアヌスの政治に対する「専制」という印象が強すぎるために、さまざまな点で見落とされているものがあるように思われる。

三人委員の権限が強大で、専制的な政治運営をおこなえたとしても、はたして彼らは正当性を主張することなく政治を運営することができたのだろうか。アントニウスの弟で、前四一年のコンスルであるL・アントニウスが三人委員によってコンスルの権限が阻害されていると主張して市民からの支持を獲得したように、[11] また、アクティウムの海戦直前のアントニウスとオクタウィアヌスによるプロパガンダ合戦にもみられるように、[12] この時代においても伝統的な公職に由来する正当性や、その絶大な権限を行使する正当性が必要とされていたと考えるべきではなかろうか。

三人委員時代のオクタウィアヌスが掲げたイデオロギーを分析したランゲは、三人委員の行為にみられる正当性を重視している。例えば、三人委員を結成した際に、その名称(triumviri rei publicae constituendae)はスッラの独裁官の名称「国家再建のための独裁官」(dictator rei publicae constituendae causa)をモデルとしつつ「独裁官」の名を帯びないこと、公告追放にはカエサルの死への復讐という目的があったことなど、それぞれの行為に正当性が準備されていたことを指摘する。[13]ランゲは公職者選出のあり方に言及していないが、公職者選出についてもなんらかの正当性が用意されていた可能性を考慮しつつ検討すべきであり、それによってこれまでの研究が見落としてきた当時の公職選挙の特徴がみえてくるのではないだろうか。

そうした正当性の一つとして注目したいのが「任命」の根拠となる権限である。三人委員は公職任命権を保持し、それに依拠して公職者を事前に任命した。しかし、公職者の事前任命、とくに三人委員の任期を越えてこれがおこなわれたことについて、先に取り上げたペツォルトの説明に説得力があるとは考えられない。何年先の公職者を事前に任命したかという問題は、ローマの伝統的な公職者選出方法、すなわち、ある年の公職者(コンスルと護民官)が翌年の公職者を選出する選挙を主宰するというやり方に鑑みるならば、三人委員の任期と関連づけて検討する必要があるのではないだろうか。

三人委員の任期については、長く絶え間ない議論が続いている。三人委員は、前四三年十一月二十七日に成立したティティウス法により設置され、その任期は前三八年末日までとされた。その後、前三七年夏のタレントゥムでの協定において三人委員の任期はさらに五年延長されたが、延長後の任期満了については前三三年末日と前三二年末日とで関連史料に混乱がある。これまでの研究では前三三年末日を任期満了とする説が通説となっているが、近年では前三二年末日とする説もさかんに提示されており、[14]三人委員の任期満了の時期をめぐる議論はまだ未決着の問題だといえる。これについて、すべての史料を整合的に説明する準備はないが、その任期についても公職者選出の方法や事前任命との関連で検討する必要があるだろう。

三人委員による公職者選出の正当性としてさらに注目したいのが、どういう者たちが、どのような理由で任命されたのか、という点である。三人委員が公職者の選出に決定的な影響をおよぼしたのであれば、彼らはどういう基準で公職者を選出したのかについても検討せねばならないだろう。サイムが論じるように、それまでコンスルや元老院議員を輩出したことのない家系の出身者がこの時期に多くコンスルに就任していることは事実だが、彼らが三人委員との紐帯を強め、コンスルに就任できた理由はなんだったのか。ここに三人委員による公職者選出における正当性を見出すことができるかもしれない。

ここでは、こうした「正当性」という視座から以下の点に注目しながら、当時のコンスル選出の実態解明を試みる。まず、三人委員が獲得した公職者選出に関連する権限の内容とその影響力の程度を明らかにする。つぎに、三人委員による公職者の事前任命について、いつの時点で、何年の公職者までが選出されたかを、三人委員の任期と関連づけながら検討する。そして、三人委員、とくにアントニウスとオクタウィアヌスの合意のもとでコンスルに選出されたと考えられる者たちの政治的立場や経歴に注目し、彼らがコンスルに選出された要因を考察する。

1　公職者選出に関する三人委員の権限

選挙主宰権限と公職者任命権

まず、三人委員が公職者選出に関連してどのような権限を獲得したのかをみていきたい。アントニウス、レピドゥス、オクタウィアヌスの三人が三人委員創出を話し合ったボノニアでの会談、そして三人委員創出を決定したティティウス法の内容をアッピアノスとディオが伝えている。アッピアノスは、ボノニア会談では、任期五年の「コンスルと同等の権限」を有する公職に就任し、「ただちに毎年の都市の公職者を五年分明示すること」(ἀποφῆναι)を決め、[15] ティティウス法によって「コンスルと同等の権限を有する新しい公職」である三人委員に就任したと伝えている。[16] 他方、ディオは、ボノニア会談では「行政や国政に関する問題の監督、再建者」として、「すべてのことを、そのどれも市民にも元老院にも諮ることなく、運営すること。彼らが望むように、公職やあらゆる名誉を与えること」を決定し、[17] 翌年初頭のこととして、「数年分の都市の公職者を事前に選出した」(προαπέδειξαν)と伝えている。[18]

まずは、三人委員の公職者任命権を検討したい。これまでの研究では、先に取り上げたアッピアノスとディオの記述を根拠に、三人委員は公職任命権を有していたとする共通認識ができている。[19] 実際に、ボノニア協定、ティティウス法の内容を伝える記述以外にも、三人委員による公職者任命を暗示する記述は散見される。その事例を列挙すれば、前四〇年にコンスルとプラエトルを「任命した」(ἀντικατέστησαν)[20]、同年末にアエディリスが「任命された」(ἀνθείλοντο)[21]、前三九年、アントニウスとオクタウィアヌスがセクストゥス・ポンペイウスと結んだミセヌム協定後に公職者を「事前に任命し」(προκατεστήσαντο)[22]、あるいは三人委員が「任命した」(ἀπέφηναν)[23]、さらに、セクストゥス派の者たちにプラエトル、護民官、神官職が「与えられること」(δοθῆναι)が決定され[24]、そして、前三八年プラエトルおよびクアエストルが「任命(選出)された」(ἀποδειχθέντες)[25] があげられる。

三人委員による公職者任命を暗示する記述に、'ἀποδείκνυναι' 以外のさまざまな語が用いられていることは、三人委員がなんらかのかたちで公職者を「任命」する権限を有したことを示唆しているように思われる。独裁官カエサルによる公職者の「任命」を暗示する記述では、ほとんどの場合 'ἀποδείκνυναι' の語が使用されており、この語はカエサルによる選挙主宰と当選宣言を示すものであると主張した。この主張が正しければ、これ以外の語で暗示される三人委員による公職者任命は選挙主宰権限以外の権限に由来する行為だったと考えられよう。

では、三人委員による公職者「任命」はどのようにおこなわれたのだろうか。ファディンガーは、三人委員は民会に諮ることなく公職者を任命する権限を有したとするが、[26] 公職者選出にあたって民会での承認が必要だった可能性を示唆する記述がある。ディオは、ミセヌム協定では八年先までのコンスルが決定され、また、毎年のコンスルとして二人以上の者が「そのとき初めて、直ちに民会で選出された」と伝えている。[27]

それでは、ἀποδεικνύναι 以外の語で示される「任命」とは、いかなる行為を示すのだろうか。三人委員が公職者任命に民会の承認を求めたことが示唆されていることから、ἀποδεικνύναι 以外の語で暗示される彼らの「任命」は、アントニウス法によってカエサルに付与されたもの（第三章）と同様に、民会の投票に代わって選挙主宰公職者から当選宣言を受ける者の選出だったのではないだろうか。カエサルは、この権限に加え、終身独裁官として、そして終身の護民官職権により民会での公職選挙主宰権限を保持しており、自ら選出した者に当選宣言をすることで、公職者を事実上任命していた。

そうであるならば、三人委員は、カエサルと同様に、公職選挙主宰権限を保持したのだろうか。そこで注目したいのが、アッピアノスが三人委員を「コンスルと同等の権限」を有する公職としていることである。三人委員が保持した命令権について、モムゼンは、属州における軍隊の指揮のみを可能としたプロコンスル命令権だったとし、[28] 彼らが政治の権限を含むコンスル命令権を保持したと考える必要はないと主張する。[29] ファディンガーやブライケンは、アントニウスとオクタウィアヌスは三人委員創設以前から軍隊指揮のために例外的な「外地命令権」(imperium militiae)を有しており、三人委員創設により都市ローマにおける政治的な権限も含む「内地命令権」(imperium domi)を獲得したと述べている。[30] アッピアノスの「コンスルと同等の権限」をもつという記述[31]は、三人委員もやはり、コンスルと同様に政治に関与する権限も含むコンスル命令権を獲得したことを示唆しているように思われる。三人委員はその命令権に基づき、ケントゥリア民会とトリブス民会の招集、そしてこれらの民会での公職選挙を主宰できたと考えてよいだろう。

このように、三人委員は、カエサルと同様、民会の投票に代わって当選宣言を受ける者を選出する権限と公職選挙主宰権限を保持し、これらの権限に基づいて公職者を任命できたと考えられる。しかし、その権限により任命できる公職の範囲については、三人委員が獲得した権限はカエサルのそれよりも広範な対象におよぶものだった。カエサルがアントニウス法により獲得した権限ではコンスルは対象から除外されており、さらに各公職のポストの半数に限られていた。他方、三人委員の任命が公職の定数の半数に限定されていたことは確認できない。また、三人委員が護民官職権を保持したことは確認できず、平民会での公職選挙を主宰し、そこで選出される公職者を「任命」できたかどうかは定かではないが[32]、少なくとも三人委員が護民官職を「与えること」(δοθῆναι)があったことは確認できる[33]。以上のことから、これまでの研究者によってすでに指摘されているように、三人委員はおそらくすべての公職者について民会での投票に代わって当選宣言を受ける者を選出できたと考えられる[34]。

しかし、三人委員による任命は必ずしも公職のすべての定員を満たさなかった。ディオによれば、前三六年、候補者不在のためアエディリスは選出されず、プラエトルとクアエストルがその職務を代行した[35]。不在の公職の定員があることから、三人委員が任命した以外の公職者は選出されなかった可能性が考えられる。

公職者任命権の意義

三人委員の公職者任命について最後に検討したいのが、なぜ三人委員がこうした事実上の公職任命権を必要としたのか、という問題である。繰り返し述べてきたように、選挙主宰権限は投票結果を無視した当選宣言すら可能な権限であり、三人委員はこれに基づいて公職選挙の結果に決定的な影響をおよぼすことができた。ではなぜ三人委員は選挙主宰権限に加え、当選宣言を受ける者を選出する事実上の公職任命権を必要としたのか。その前例であるカエサルの場合、パルティア遠征による都市ローマ不在という理由があった。それでは、三人委員にはどのような理由があったのか。

この理由を明示する史料は確認できないが、選挙主宰権限による恣意的な当選宣言によって非難される可能性を排除することが任命権獲得の主たる理由だったのではないだろうか。前六七年、コンスルとして翌年度コンスル選挙を主宰したピソは、パリカヌスへの当選宣言を拒否し、都市民から非難された(第一章)。独裁官カエサルによる恣意的・独占的な公職者選出も、明示的な史料はないが、同様の非難を受けていた可能性を指摘した(第三章)。こうした非難を回避するために、三人委員はカエサルがパルティア遠征のために創出した「選出権」を前例として、これを公職者の事実上の任命を正当化するために、カエサルと同様の権限を獲得したのではないだろうか。

2　三人委員による公職者事前任命と三人委員の任期

選挙主宰権限と公職者選出

このように、三人委員は「コンスルと同等の権限」に由来するケントゥリア民会、トリブス民会における選挙主宰権限と、その行使による事実上の公職者任命を正当化するためにすべての公職の「選出権」を保持しており、これらの権限により公職者選出に決定的な影響をおよぼすことができたと考えられる。

ところで、三人委員による公職者選出についてとくに注目すべき問題として、公職者の事前任命がある。すでにふれたように、彼らは三人委員の任期を大幅に越えて公職者を任命したといわれるが、はたしてこうしたことは可能だったのだろうか。

ローマでは、通例であれば、ある年のコンスルないし護民官が主宰する民会において、その翌年の公職者が選出された。そのため、原則的には翌年以降の公職者が選出されることはなかった。翌年以降の公職者が選出された唯一の前例は、前四四年二月にカエサルが主宰した前四二年度コンスルおよび護民官選挙のみである。そのため、公職者の事前任命は極めて異例な事態だった。しかし、極めて異例な事態であるはずの公職者の事前任命が三人委員時代には何度かなされたと伝えられている。その事例を取り上げ、三人委員による公職者事前任命について、三人委員の任期と関連づけながら検討したい。

アッピアノスは、前述の前四三年のボノニア協定において「都市の公職者を、すぐに五年分明示すること」が決められたと伝え、[36] ディオは翌年の初頭に三人委員は「数年先の公職者を事前に選出」(προαπέδειξαν)したと伝えている。[37] 前四二年から前三八年までの公職者、あるいは、ティティウス法制定直後に前四三年の補充コンスルだったオクタウィアヌスとペディウスが職を辞しているため、前四三年十二月の公職者も含めた前三九年までの公職者が決定されたと考えられる。いずれにせよ、三人委員の設置が決定された直後になされた公職者の任命は、当初の三人委員の任期である前三八年を越えるものではなかった。

それに対して、前三九年のミセヌム協定では三人委員の任期を越えてコンスルが選出されたと伝えられている。ディオは、このとき三人委員は八年分のコンスルを「事前に任命した」[38]、そしてコンスルが「民会で選出された」と伝えている。[39] これに対してアッピアノスは、アントニウスとリボ、オクタウィアヌスとポンペイウス、アヘノバルブスとソシウス、アントニウスとオクタウィアヌスを四年分のコンスルとして「任命した」(ἀπέφηναν)と伝えている。[40] アッピアノスが列挙する名は、オクタウィアヌスとポンペイウスを除くと、実際に前三四年、前三二年、前三一年の正規コンスルに就任している(前三一年のアントニウスは予定コンスルだったが、正式には就任しなかった)。すなわち、ディオ、アッピアノスの記述は、三人委員の任期が延長される前三七年以前に、延長された任期後のコンスルが事前に任命されていたことを示唆している。[41] アントニウスとオクタウィアヌスが「二度目と三度目の予定コンスル」と名乗っている数種類の硬貨が発見されていることから、[42] 事前に前三一年までのコンスルが任命され、しかも公式に当選宣言を受けていた可能性が想定できる。

この事前任命は、公職者の事前選出の唯一の前例であるカエサルによる前四二年度コンスルおよび護民官選挙と比較しても特異なものといえる。カエサルはこの事前選出の直前に終身独裁官に就任し、さらに終身の護民官職権を獲得しており、これらに基づく無期限の公職選挙主宰権限を保持していたと考えられる。それに対して三人委員は、「コンスルと同等の権限」を有する公職として選挙主宰権限を有していたとはいえ、その任期は五年間、前三八年までと設定されていた。そのため、三人委員による公職者の事前選出は、これを選出する権限をもつ三人委員の任期をも大きく越えてなされたものだった。

これまでの研究では、事前任命を検討するうえで選挙主宰権限はあまり注目されていない。例えばペツォルトは、三人委員の任期やその権限放棄の問題との関連のなかで、この権限は設定された期日を越えても目的が遂行されるまで放棄する必要がないものだったため、将来のコンスルの提示にあたっても任期への配慮がなされなかったと指摘している。[43]

しかし、前例のない、任期満了の翌年以降の公職者の事前選出には反発を招く可能性はなかったのだろうか。前四一年コンスルのＬ・アントニウスは三人委員によってコンスルの権限が阻害されているなどの理由を主張し、都市民の支持を獲得した。[44]Ｌ・アントニウスによるオクタウィアヌスへのネガティヴ・キャンペーンが一定程度の市民の支持を得た理由には、オクタウィアヌスによる都市ローマでの政治、とくに食糧供給が失敗したこと、[45]フィリッピの戦いでカエサル暗殺者への処罰が完了し、すでに三人委員が当初の目的を達成していることなど、[46]さまざまな要因が考えられる。しかし、こうした主張がなされたことは、前例を無視した権限の行使は非難される可能性があったことを強く示唆している。先にみたように、公職任命権が選挙主宰者としての当選宣言の濫用への非難を回避するための正当性として、カエサルを前例として用意されたものであり、三人委員の公職者選出にこうした正当性への配慮があったとするならば、公職者の事前選出においても過度に前例を無視したやり方が採用されたとは考えにくい。そうであるならば、選挙主宰者が翌年の公職者を選出するという制度的慣例に倣い、三人委員による公職者の事前選出は彼らの任期満了の翌年の公職者までしかなされなかった、そして、アントニウスとオクタウィアヌスが前三一年度予定コンスルを正式に名乗っていることから、前三七年に延長された三人委員の任期は前三二年末までだったと考えるのが妥当ではなかろうか。

三人委員の任期

三人委員による公職者事前任命が非難される可能性をできる限り排除しながらなされていたと考えるならば、ミセヌム協定において「八年先のコンスルまでが決定された」というディオの記述はどう解釈すべきだろうか。伝統的な公職者選出の方法に鑑みれば、当初の三人委員の任期満了の翌年(前三七年)のコンスルまではミセヌム協定直後に公式に決定され、その翌年度以降、前三一年までのコンスルについてはこの時点では非公式に約束されただけであり、公式に任命されたのはタレントゥム協定後、すなわち三人委員の任期延長決定後だったと考えるのが妥当ではないだろうか。

この仮説を裏づけるために、先に取り上げた、アントニウスとオクタウィアヌスが「二度目と三度目の予定コンスル」とされる硬貨がいつ製造されたのかを検討したい。クロフォードは、アントニウスとオクタウィアヌスが「二度目と三度目の予定コンスル」を名乗る硬貨のなかでもっとも早く製造されたものは、アントニウスのものは前三八年、オクタウィアヌスのものは前三七年と年代特定している。オクタウィアヌスがこう名乗ったのが前三七年のタレントゥム協定後であるならば、三人委員の任期延長後、その権限により正式に選出された、すなわち任期を大きく越える公職者選出はなされていなかったと考えることができる。しかし、アントニウスが前三八年時点ですでに「二度目と三度目の予定コンスル」を公式に名乗っていたのであれば、三人委員の当初の任期満了以前にその任期を越えて任命されていたこととなり、先の仮説と齟齬が生じる。

はたして、アントニウスは前三八年時点で「二度目と三度目の予定コンスル」として公式に宣言されていたのだろうか。この硬貨が前三八年に打刻されたとする根拠をクロフォードは明示していないが、同様の銘が刻まれた硬貨のなかで、アントニウスが前四〇年のブルンディシウム協定後に結婚した、オクタウィアヌスの姉オクタウィアの肖像が裏面に描かれたものがあるためだと思われる[47]。

ここで注目したいのが、同じ硬貨に打刻された「インペラトル歓呼三度」の称号である。アントニウスが三度目にインペラトルの歓呼を受けたのは、前三六年にパルティア遠征から戻り、敗戦を偽ってローマに戦果を報告した際とされる[48]。この時期、アントニウスはクレオパトラと親密な関係にあり、オクタウィアと距離をおいていたが、翌年にはオクタウィアを介してオクタウィアヌスから兵の支援を受けるなど、オクタウィアとの関係を完全に断ち切れずにいた時期でもある。アントニウスがこの紐帯を強調するために、前三六年に三度目のインペラトル歓呼を受けたあとにオクタウィアの肖像を打刻した硬貨を製造した可能性は推測できるだろう。この硬貨が打刻されたのが前三六年以降であるならば、前三七年以降のコンスルについてはタレントゥム協定後に公式に任命された、すなわち、三人委員の任期延長後に正式に決定されたという、先の仮説と矛盾しない。三人委員による公職者の事前任命は、その任期の翌年の公職者までしかなされておらず、選挙主宰者がその任期の翌年の公職者を決定するという、伝統的な公職者選出方法を逸脱しないかたちでなされていたと考えられる。

三人委員による公職者任命の時期

ここまでの検討を踏まえて、いつの時点で、何年までの公職者が事前に任命されたかをまとめたい。まず、三人委員成立直後に、前四三年の補充公職者も含めた五年間、すなわち前三九年までの公職者が任命された。その後、前三九年、ミセヌム協定において、前三一年までの公職者が約束され、同時に、前三七年までの公職者が公式に任命された。最後に、前三七年のタレントゥム協定後、三人委員の任期延長が決定されたあとに、先の約束を調整しつつ、前三一年、すなわち延長された三人委員の任期の翌年までの公職者が公式に選出された。このように考えることができるだろう。

しかし、公式に任命されたあとであっても、それが撤回されることもあった。例えば、サルウィディエヌス・ルフスは前四〇年の時点で予定コンスルとなっていたが、ブルンディシウムの和約後にオクタウィアヌス殺害を企てたとして自殺に追い込まれ[49]、別の者がコンスルに就任した。また、前三一年コンスルとして公式な任命を受けていたアントニウスは、前三二年、オクタウィアヌスがエジプトに宣戦を布告した際に、コンスル就任予定を取り消されている[50]。

このように事前に決定されていなかった公職者の場合には、都市ローマにいたオクタウィアヌスがその選出に強い影響をおよぼした可能性が考えられるが、前三一年一月一日までに就任した公職者のほとんどすべてが、三人委員、とくにアントニウスとオクタウィアヌスの合意のもとで選出されていたと考えてよいだろう。では、彼らはどういった者たちを公職者に任命したのだろうか。とくにコンスル就任者についてみていきたい。

3　三人委員時代のコンスル

コンスル就任者の政治的立場

ここで、三人委員の合意のもとで任命されたと考えられる、前四三年から前三二年までのコンスル就任者四一人の政治的立場、コンスルへの任命ないし就任までの経歴、そして彼らの家柄に注目し、三人委員による公職者選出の特徴を明らかにしたい[二〇六〜二〇九頁表4]。

まず注目したいのは、コンスル就任者の政治的立場が三人委員のうちの誰に近かったかである。これについては判然としない場合もあるが、経歴のなかで三人委員のうちの誰と行動をともにしているか、あるいはコンスル就任後に三人委員のうち誰の管轄属州で総督を務めているかなどから推測できる。ここでは、アントニウスに近い政治的立場にあった者を「アントニウス派」、オクタウィアヌスに近い政治的立場にあった者を「オクタウィアヌス派」と便宜的に呼び[51]、コンスル就任者の政治的立場を検討する。ただし、ディオも述べているように、コンスルや属州総督を約束することで彼らの支持をとりつけた可能性も考えられるため[52]、任命ないしその約束がなされたと考えられるそれぞれの協定以前からアントニウス、オクタウィアヌスと強く結びついていたのか、コンスル任命後に関係を深めたのかにも注意する必要があろう。これらに留意しながら、当時のコンスル就任者の政治的立場をみていきたい。政治的立場の観点から当時のコンスル就任者に注目すると、各協定後のコンスル選出パターンには明確な特徴がみられ、これは各協定後に公職者が公式に選出されたという先の仮説(第二節)を補強しているように思われる。

ボノニア協定で決定された、前四三年の補充コンスルから前三九年正規コンスルまでのコンスルは、三人委員のレピドゥスと、カエサルの生前にコンスルに任命されていたムナティウス・プランクスを除くと、アントニウス派とオクタウィアヌス派が対になって選出されている。プルタルコスは、前四〇年のブルンディシウム協定で、「彼ら自身〔アントニウスとオクタウィアヌス〕がそうしようと思わない場合、それぞれの友人が順に、コンスルに就任するよう手配した」と伝えているが[53]、それ以前からアントニウス派とオクタウィアヌス派のバランスに配慮した選出の仕方が採用されていたことがわかる。また、ボノニア協定以前から三人委員との密接な関係を確認できる者はアントニウス派に多い。それに対して、オクタウィアヌス派と考えられる者は、コンスル就任以降、オクタウィアヌスが管轄する属州で総督を務めたことからオクタウィアヌスに近い政治的立場にあったと考えられる者が多く[54]、ボノニア協定以前からのオクタウィアヌスとの強い紐帯を確認できる者は一人のみである。これは、三人委員成立当初、オクタウィアヌスよりもアントニウスの陣営にコンスルを担うに値する人材が豊富だったことを示しているといえよう[55]。

しかし、つぎのミセヌム協定後に任命された、前三九年補充コンスルから前三七年正規コンスルまでの八人については、アントニウス派と推測できる者はコッケイウス・バルブスのみで、多くがオクタウィアヌス派だったと考えられる。とくに、オクタウィアヌスの盟友アグリッパが三人委員の最初の任期満了後の前三七年の正規コンスルに任命されていることから、三人委員の任期満了後の不測の事態への備えとして、とくに信頼できる者をコンスルに就けたかったというオクタウィアヌスの政治的意図を読み取ることができる。また、セクストゥス・ポンペイウスと行動をともにしていたコルネリウス・レントゥルスが前三八年の補充コンスルに就任しており、ミセヌム協定で約束されたとディオが伝える、[56]ポンペイウス派への公職提供が実現されていることが確認できる。

では、なぜこの時期のコンスルにアントニウス派と考えられる者が少ないのだろうか。その理由は判然としないが、アントニウスは前三六年からパルティア遠征を予定しており、信頼できる人材を東方に呼び寄せていたために自派の者のコンスル就任を要求しなかったと考えられよう。

つぎに、前三七年のタレントゥム協定後にコンスルに任命された者たちに注目したい。前三七年補充コンスルから前三二年正規コンスルまでのアントニウスとオクタウィアヌスを除く二三人中八人がコンスル就任までの経歴がまったく不明で、そうでない者についてもアントニウスとオクタウィアヌスのどちらに近い立場で活動していたのかが判然としない者が多い。政治的立場を推測できる者一五人中、アントニウス派だったと考えられる者は七人、[57]オクタウィアヌス派だったと考えられる者は七人、前三五年度補充コンスルのペドゥカエウスについては、コンスル任命時点での政治的立場は判然としない。

この時期のコンスル就任者の政治的立場の特徴として、前三六年、前三四年、前三二年の正規コンスルは、アントニウス本人も含めて、二人ともアントニウス派だと考えられることがあげられる。ボノニア協定後はアントニウス派とオクタウィアヌス派が対となって選出されていたこと、ミセヌム協定後にアントニウス派コンスルがほぼいなかったことと対比すると、コンスル選出のパターンに明確な変化があるといえるだろう。また、ボノニア協定後のコンスル選出パターンと同様に、アントニウス派とオクタウィアヌス派の者が偏りなくコンスルに選出されていたのであれば、前三五年のポンペイウス（三人委員と対立したセクストゥス・ポンペイウスとは別人）、前三三年のウォルカキウス・トゥッルスがオクタウィアヌス派だったとも考えられるが、たしかなことはわからない。

また、補充コンスルに注目すると、コンスル就任までの経歴が伝わっている者は、アントニウス派が二人、オクタウィアヌス派が五人、どちらの可能性もある者が一人で、オクタウィアヌス派に多いことがわかる。このことは、公職者選出がなされる都市ローマに留まったオクタウィアヌスがコンスル選出に大きな影響をおよぼしたことを示唆しているようにも思われる。しかし、コンスル就任以前の経歴がはっきりしない六人がアントニウス派だった可能性も否定できず、この時期のコンスル選出においてオクタウィアヌスの影響が強かったと断言はできない。さらに、前三五年までは補充コンスルは二人だったにもかかわらず、前三四年、前三三年にはそれが増加した。このことは、補充コンスルは事前に任命されておらず、選出される際の状況などに応じて臨機応変にこれが選出されていた可能性を示唆しているように思われる。

ここまで、コンスル任命がなされたと推測される各協定間に三人委員成立から前三二年正規コンスルまでの政治的立場をみてきたが、三人委員時代全体をみると、アントニウス派が一三人、オクタウィアヌス派が一六人、両者のどちらと強く結びついていたかが判然としない者が二人、ポンペイウス派が一人、そして政治的立場が不明な者が九人となる。経歴が判明している者だけをみると、アントニウス派よりもオクタウィアヌス派がやや多く、オクタウィアヌスのコンスル選出における影響力の強さを示唆しているようにも思われる。しかし、オクタウィアヌス派コンスルが明確に多いのはミセヌム協定後の数年間だけであることを考えると、サイムが強調するほど、公職がオクタウィアヌスだけによって利用されていたとはいえないだろう。他方、コンスル任命前から関係が確認できる者の数は、アントニウス派が一〇人、オクタウィアヌス派が六人と、オクタウィアヌス派のほうが少ない。さらに、もともとアントニウスと行動を共にしていたが、コンスル就任以後、オクタウィアヌスのもとで活躍した者も二人確認できる。[58] これらのことから、アントニウス以上にオクタウィアヌスのほうが、コンスル就任の約束による支持者獲得に成功していたといえるだろう。

コンスル就任者の家柄

三人委員時代のコンスル就任者についてつぎに注目したいのは、彼らの家柄である。サイムは、三人委員時代のコンスルには新人が増加したことを指摘し、これは公職者選出における三人委員、とくにオクタウィアヌスの影響であることを強調する。サイムの主張は、当時の新人コンスルの増加はオクタウィアヌスの影響によるものだったとも読み取れるが、すでに指摘したように、コンスル選出においてオクタウィアヌスだけが強い影響をおよぼしたとは断言できない。この時期のコンスルの出自を詳細に検討するために、ブラントがアウグストゥス時代のコンスルについて試みたように、正規コンスルと補充コンスルに分けてその出自の傾向を分析したい。

まず、当時のコンスル全体の出身家系をみてみると［二一〇頁表5］、コンスル家系出身者一六人（三九％）、元老院家系出身者一一人（二七％）、新人一三人（三二％）、詳細不明の者が一人（二％）となる。[59] それ以前の時期の新人と比較すると、スッラの独裁からカエサルとポンペイウスの内乱勃発まで（前七八～前四九年）が五八人中二人（三％）、カエサル独裁期（前四八～前四四年）が一三人中三人（二三％）であり、コンスルに就任した新人の割合は増加している。こうした新人コンスルの選出は、前四〇年から前三六年に集中しているという特徴もみてとれる。[60] 新人コンスルがこの時期に集中している理由は不明である。

では、新人コンスルの政治的立場はどうだったのだろうか。これについては、アントニウス派五人、オクタウィアヌス派六人、政治的立場が不明瞭な者が二人と、判明している限りではオクタウィアヌス派に新人が多いが、決して圧倒的に多いというわけではない。このことから、オクタウィアヌスのみならず、アントニウスもまた、有能な新人にコンスル職を与えることで自派の強化に努めていたことがわかる。

つぎに、正規コンスルと補充コンスルとに分けてその家柄に注目してみたい。正規コンスルについては、全一八人のうち、コンスル家系出身者が一〇人（五六％）、元老院家系出身者が四人（二二％）、新人が四人（二二％）と、半数をコンスル家系出身者が占めている。それに対して補充コンスルは、全二三人のうち、コンスル家系出身者が六人(二六%)とその割合が大きく減り、元老院家系出身者が七人(三〇%)、新人が九人(三九%)、出身家系が判然としない者が一人(四%)と、非コンスル家系出身者がコンスル家系出身者の数よりも多い(一七人、七三%)。ブラントは、アウグストゥス時代のコンスルについて、正規コンスルに共和政以来のコンスル家系出身者が多く、補充コンスルに内乱勃発以降のコンスル家系出身者と非コンスル家系出身者が多いことを指摘しているが[61]、この分析から、こうした傾向はすでに三人委員時代にみられるといえるだろう。また、この傾向はアントニウス派とオクタウィアヌス派双方に共通している。オクタウィアヌスのみならず、アントニウスによってもアウグストゥス時代と同様の傾向のコンスル任命がなされていたことは、この時期からすでに補充コンスルの名誉と権威は正規コンスルのそれに劣るものとみなされていたことを示唆しているように思われる[62]。

コンスル就任者の資質とその変化

つぎに、三人委員時代においてコンスルに求められた資質はこれ以前と比較してどのような変化がみられるかに注目したい。まず注目したいのは、軍事的資質である。三人委員によって任命されたコンスルの経歴をみると、四一人中一九人が、凱旋式の挙行(一五人)や軍団兵からのインペラトル歓呼(四人)など、軍事的名誉を受けたことが確認できる。

コンスルに求められるもっとも重要な資質の一つだった「軍隊指揮官」としての資質は、カエサル独裁期にはカエサルと反カエサル派との内乱を背景として、内乱勃発以前よりも公職階梯上昇において重要視される要素となっていた(第四章)。こうした傾向は三人委員時代においても継続していたといえるだろう。また、カエサル独裁期と同様、三人委員時代においてもこうした資質を評価してコンスル職を与えたのは、民会で投票するローマ市民ではなく三人委員だったことは、三人委員が保持した公職者選出に関わる権限からも明らかであろう。

しかし、カエサル独裁期とは違い、公職者選出に決定的な影響をもったのは一人ではなかった。先にみたように、コンスル就任者のほとんどが内乱においてアントニウスかオクタウィアヌスのもとでの活動を確認できた。コンスル任命以前から関係を確認できる者にはそれまでの活躍に対する報酬として、コンスル任命以前には関係が確認できない者にはその後の協力を得るために、アントニウス、オクタウィアヌスが軍事的資質を認めた者にコンスル職を与えたと考えられる。このようにみた場合、内乱を背景として、軍事的業績を示すことで競われたコンスルをめぐる競争は、独裁官カエサルのもとでなされたのと同様に、コンスル選出に決定的な影響をおよぼしたアントニウス、オクタウィアヌスによって管理されていたといえるだろう。

こうした状況から、砂田徹は「政務官職〔公職〕が三頭政治家〔三人委員〕間における政治的駆引きの道具に堕していた」と、公職者選出のあり方と公職そのものの価値について否定的な評価をくだしている。[63] 三人委員のもとで公職が政治的駆引きの道具となっていたことは否定できないが、内乱勃発以前と変わらず、コンスルには「軍隊指揮官」の資質が期待されており、こうした伝統的価値観が当時の公職就任にも残存していたこともまた看過すべきではない。

三人委員時代においても軍事的資質はコンスル就任に重要視されていたのとは対照的に、「よき弁論家」としての能力を発揮する場である内政や法廷での活躍が三人委員に期待されてコンスルに任命されたと考えられる者はいない。カエサル独裁期には、借財の帳消しを提案し都市民の支持を獲得したドラベッラなど、護民官として獲得した人気を背景にカエサルから高位公職就任を認められた者がいた。三人委員時代に護民官を務めた者は、ブロートンによれば、一二年間で六人が判明している。[64] そのうち、ルフレヌス〔前四二年護民官〕は財産相続に関する法律を、ファルキディウス〔前四一年護民官〕は自治都市でのカエサル像設置を決定した法律を可決させているが、彼らがこの法律で都市民の支持を獲得したこと、また、彼らのその後の公職階梯上昇は確認できない。

三人委員時代には、法律家として後世に知られた[65]、アルフェヌス・ウェルスが前三九年のコンスルに就任している。

しかし、彼が法律家としての名声によりコンスル就任という政治的成功を勝ち得たのかどうかは定かではなく、サイムはむしろこのことに否定的である[66]。このように、三人委員時代にコンスルに任命された者たちは、内政や弁論による名声を評価されてコンスルに就任した者はいなかったといえるだろう。

そして、共和政末期にコンスル就任に重要視されていた「家柄」や「気前のよさ」についても、三人委員時代にはその重要性を低下させていたといえる。家柄については新人コンスルがカエサル独裁期以上に増加していることから、コンスル選出において以前と比べるとその重要性を失っていると考えてよいだろう。また、「気前のよさ」についても、カエサル独裁期同様、コンスル就任者の資質として確認できない。

コンスル就任者に求められた資質についての以上の考察より、三人委員時代のコンスルあるいは公職をめぐる競争では、アントニウスとオクタウィアヌス間の緊張の長期化を背景として、カエサル独裁期以上に軍事的資質が重要視されていたといえよう。

本章では、三人委員が獲得した公職選挙に関連する権限、彼らによる公職者の事前任命、そしてコンスル就任者の政治的立場と彼らが有した資質に注目し、三人委員時代にコンスルがどのように選出されていたのかをみてきた。三人委員は「コンスルと同等の権限」を有する公職であり、彼らはコンスル命令権に基づく公職選挙主宰権限を有しており、これによって公職者選出に決定的な影響をおよぼすことができた。しかし、その権限の濫用への非難を回避するために、カエサルを前例とした、民会に代わり当選宣言を受ける候補者を選出する権限を獲得し、選挙主宰権限と合わせて、三人委員は事実上公職者を任命できた。彼らが有した事実上の任命権がおよぶ公職の範囲はカエサルのそれよりも広範なもので、おそらく全公職者におよぶものだった。

三人委員、とくにアントニウスとオクタウィアヌスは、彼らへの貢献に対する報酬、あるいは有能な人材との関係強化のために、事前に彼らを公職者に任命する、あるいは彼らに公職就任を約束することで、自派の強化に努めた。そして、外敵との戦いと、両者の緊張関係の長期化を背景に、コンスル就任の約束にはとくに軍事的資質が重視され、この傾向はカエサル独裁期よりも強まった。同時に、カエサルと同様、強大な権限を保持し、それぞれの陣営を指揮するアントニウスとオクタウィアヌスが公職をめぐる競争を自身の権限の管理下においていたといえるだろう。

公職者の事前任命は、共和政期においてコンスルと護民官が翌年度の公職者を民会で選出する慣例を逸脱することなく、公式には三人委員の任期満了の翌年までの公職者についておこなわれていた。これは、各協定間に選出されたコンスルの政治的立場の特徴に明確な変化がみられることからも裏づけられる。

絶対的な権限を有した三人委員による公職者選出は、研究者のあいだでは一般的に、専制政治のもとで恣意的になされていたと評価される。だが、その恣意的な公職者選出のなかにも、選挙主宰権限の行使における伝統への配慮、公職者任命についてのカエサルという前例と民会立法による正当化、そして高位公職者に求められた資質についての伝統的価値観の残滓が見出せることは、三人委員が運営した公職選挙の特徴として看過すべきではないだろう。

第Ⅲ部

アウグストゥス時代

第Ⅲ部では、アウグストゥス時代の公職選挙の実態、とくに、アウグストゥスが公職選挙に対してどのように、また、どの程度関与したか、公職選挙において皇帝はいかなる役割をはたしたかを検討する。

アウグストゥス時代の公職選挙について、古代の著作家もそれぞれの見解を伝えている。アウグストゥス治世後半からティベリウス治世初期に活躍したパテルクルスは、アウグストゥスにより「古き良き国政の形態がよみがえ」り、公職選挙から「選挙買収が排除され」「公職者には権威が付与された」と述べる。[1]

一世紀末から二世紀初頭のタキトゥスにとって、アウグストゥスは「三人委員の名を有したのち、コンスル職を自身のもとへもたらし、平民を守るために護民官の権限を保有し、贈物により軍隊を、穀物により市民を、余暇の甘美により万人を誘し、少しずつ地位を高め、元老院、公職者、法の義務を自身の手元に集めた」専制君主だった。[2]そして、「〔ティベリウスが帝位を継承した〕その日までは、もっとも重要なものは皇帝の判断によっていたが、それでもいくつかのものはトリブス〔すなわち、市民〕の支持によって決定されていた」として、アウグストゥスがとくにケントゥリア民会で選出される高位公職者選出に介入したことを示唆している。[3]

三世紀前半のディオは、内乱終結後、「市民と平民は再び選挙民会に集まった。たしかに、彼〔アウグストゥス〕を満足させないことはなされなかった。いずれにせよ、彼は、ある時は彼自身が選出した者を公職に就任する者たちとして提示し、またある時は不適格な者が選出されないよう、また選挙協力や買収によって選出されないように配慮しつつ、古いやり方に従って、市民と群衆に委ねた」とし、[4]さまざまな方法でアウグストゥスが公職選挙の結果に介入したことを伝えている。[5]

このように、古代の著作家たちはアウグストゥス時代の公職選挙の実態について、共和政以来の選挙が復活した、アウグストゥスがとくにコンスル選挙を統制した、あるいは公職選挙に介入したなど、さまざまな伝え方をしている。では、現代の研究者はこれをどのように理解しているのだろう。

モムゼンは、先に引用したディオの記述を根拠に、候補者による立候補申請の受付と資格審査後の民会での候補者名の提示(nominatio)の権限、さらには候補者を推薦(commendatio)する権限を有したアウグストゥスは、これらに基づき公職選挙を統制したと主張する。[6] 以後、モムゼンがこの主張の根拠としたディオの記述は、アウグストゥスが公職選挙立候補者を頻々と推薦していた根拠とされ、[7] アウグストゥスは公職選挙を統制していたとする見解が一般的なものとなる。[8] サイムは、アウグストゥス時代はコンスル就任者の家柄の傾向から三つの時期に区分できるが、それぞれの時期の傾向にアウグストゥスの意図を読み取れることから、アウグストゥスは公職選挙をはじめとする政治的競争をパトロネジと恩顧主義によって統制したと主張する。[9]

以上のように、モムゼンは法的側面から、サイムはコンスル就任者の家柄から、アウグストゥスは公職選挙を統制したと論じるが、ジョーンズは、立候補申請の受付と民会への候補者提示の権限、また推薦権などの権限については論じていないが、少なくともこうした権限が行使された形跡がないことを指摘し、コンスルの経歴や家柄にみられる傾向はアウグストゥスのコンスル選出への介入を証明するものではないとして、アウグストゥス治世においても候補者たちが市民の投票をめぐって競争したと主張する。[10] ホラディは、過剰な選挙運動や選挙買収へのアウグストゥスの介入は法によって規制された行為に対するものであり、こうした介入を恣意的なものと解釈する必要はないとし、アウグストゥス時代を通じて公職選挙における都市民の選択の自由は残されていたと主張する。[11]

こうした公職選挙の運営状況とは別に、一九六〇年代後半には公職選挙に関してアウグストゥスが有したとされる'nominatio'や'commendatio'の権限が再検討される。[12] フライ＝シュトルバは、アウグストゥス、ティベリウスの時代にこれらは法的な権限ではなかったと主張し、レーヴィックも、ユリウス＝クラウディウス朝期において'nominatio'や'commendatio'、さらに'suffragatio'(この語も「推薦」を意味する)の語で示される法的権限は存在しなかったと主張する。[13] それ以降、とくに公職選挙の文脈にあらわれる'nominatio'の語を精査する研究はいくつかみられるものの、[14] 推薦や任命などの権限は議論されなくなる。

その後、アウグストゥス時代の公職選挙を主題とする研究も少なくなっている。アウグストゥス時代や帝政初期を扱う概説書や公職選挙以外の問題を対象とした研究では、「推薦」や「任命」などの権限については言及されず、アウグストゥスは自身の「権威」に基づいて公職者選出に強い影響をおよぼしたとされる。タルバートは、公職階梯上昇のために元老院議員はアウグストゥスの敷いた規則に従わざるをえず、コンスルは皇帝によって任命されたと主張する。[15] レーヴィックは、アウグストゥスの影響力を認めつつも、必ずしもその影響力行使は過度なものではなかったとする。[16] オルストンは、元老院議員間のパトロネジ関係が皇帝の公職者選出の決定に影響をおよぼしたとするとともに、市民の多くは誰が公職をめぐる競争に勝利したかに関心をもたなかったとする。[17]

以上のように、アウグストゥスは公職選挙の結果に決定的な影響をおよぼすことができ、公職者選出に積極的に介入したという見方が一般的なものとなっているが、他方で、その介入の程度は決して強いものではなかったという主張もみられる。アウグストゥス時代の公職選挙の実態、とくにアウグストゥスの公職選挙への介入の程度については改めて検討するに値する問題であるといえるだろう。

ここでは論点を以下の二点に絞り、当該時期の公職選挙の実態を問う。まず、アウグストゥスは公職者選出にどのような影響をおよぼすことができたかについて、その権限、とくに、公職選挙主宰権限と、公職者を任命ないし候補者を推薦する権限の有無を検討する。そのうえで、アウグストゥス時代におけるコンスル選出のあり方に注目し、アウグストゥスによる公職者選出への介入の程度を通時的にみていきたい。

第六章　アウグストゥスの公職選挙に関する権限

ここでは、アウグストゥスが公職選挙に関連してどのような権限を保持したかを検討する。これには大きく二つの可能性がある。第一に公職選挙主宰権限、第二に候補者を推薦、あるいは公職者を任命するなどの権限である。

共和政期において、選挙主宰公職者は選挙結果に決定的な影響をおよぼしうる権限を有した。とくに、選挙主宰者は市民の投票を無視して恣意的に当選宣言を表明することも可能であり、公職任期後の告発や非難など、政治生命が脅かされる可能性を恐れなければ、事実上、公職者を任命することもできた。

公職選挙主宰権限はコンスルと護民官が有した。アウグストゥスが、護民官がもつ護民官職権となんらかの命令権を有したことは、研究者のあいだでは一般的な見解となっている。例えばサイムは、「護民官職権」と「上級プロコンスル命令権」(imperium proconsulare maius)をもって「アウグストゥス体制の二本の柱」と呼んでいる。[1] 護民官職権については研究者の見解は一致しているが、命令権については、いつ、どのような性格の命令権がアウグストゥスに付与されたのかという点で研究者の見解は一致していない。この議論の詳細はあとで取り上げるが、簡潔にまとめれば、アウグストゥスが有した命令権は「コンスル命令権」(imperium consulare)なのか「上級プロコンスル命令権」なのかという点で、議論が分かれている。そして、公職選挙を検討するうえで、アウグストゥスの命令権がコンスルと同等のものだったのかどうかという問題は、アウグストゥスが公職選挙主宰権限を有したのかどうかという問題となる。

アウグストゥスの公職選挙に関する権限でもう一つ検討しなくてはならないのが、候補者を推薦ないし公職者を任命するといった権限である。これらについても、カエサルと国家再建三人委員は、市民の投票に代わって選挙主宰者に当選宣言を受ける者を選出する権限を有した（第三章、第五章）。内乱終結後、オクタウィアヌスは三人委員として保持した権限を放棄したとされるが、アウグストゥスはこうした権限を改めて獲得したのだろうか。

これまでの研究では、候補者を推薦、あるいは公職者を任命する権限については、モムゼン以来さまざまな可能性が提示されてきた。しかし、少なくともユリウス＝クラウディウス朝期にこうした権限が法的なものとして存在したことは確認できないとレーヴィックが主張して以降、[2] アウグストゥスが公職者を任命あるいは候補者を推薦したことは認めつつ、それが法的権限に基づく行為だったか否かは論じられなくなっている。アウグストゥスの公職選挙への関与を検討するうえで、彼を含めた帝政初期の皇帝による候補者推薦ないし公職者任命に関する史料を取り上げ、これがいかになされたかを検討し、これらが法的権限に基づく行為ではないとするレーヴィック以降の研究を検証する必要があるだろう。また、レーヴィックは注目していないが、独裁官カエサルの権限に関連する研究において任命権を指すと考えられていたἀποδείκνυμι についても関連史料を検討することで、アウグストゥスによる公職選挙への介入がどのような権限に基づくものだったかを考えていきたい。

1　選挙主宰権限

アウグストゥスの選挙主宰権限

ローマの公職選挙は、コンスル、プラエトルを選出するケントゥリア民会と、アエディリス・クルリス、クアエストルを選出するトリブス民会はコンスルが主宰し、護民官、平民アエディリス、穀物担当アエディリスを選出する平民会は護民官が主宰した。アウグストゥスはコンスルと護民官に代わる権限を保持し、公職選挙を主宰できたのだろうか。

護民官に代わる権限として考えられるのが「護民官職権」である。これについては、前二三年以降、アウグストゥスの公式の称号に含まれており、研究者の見解も一致しているように、アウグストゥスはこの年に護民官職権を獲得したと考えられる。

一方で、コンスルに代わる権限として考えられるのが「コンスル命令権」である。以下で詳しくみていくが、ディオは、前一九年にアウグストゥスは終身の「コンスルの権限」を獲得したと伝えている。しかし、アウグストゥス自身は『神アウグストゥスの業績録』（以下、『業績録』と略記）のなかで、「コンスル命令権を受けとらなかった」と述べ、また、護民官職権とは異なり、自身の正式な称号でもコンスル命令権保持に言及していない。

ここでは、アウグストゥスへの命令権付与を伝える史料と、これに関するこれまでの研究者の見解を整理し、アウグストゥスがいつ、どのような命令権を獲得したかを考えていきたい。

アウグストゥスの権限獲得を伝える史料

前三二年十二月三十一日、国家再建三人委員の任期が満了を迎えた。その翌日、前三一年一月一日にコンスルに就任して以降、オクタウィアヌス（アウグストゥス）は前二三年まで八年以上ものあいだ、コンスルの地位を占めた。また、任期満了後の三人委員の権限についても、これを保持し、行使しつづけたとする見解が一般的な学説となっている。[3] この時期、とくにアントニウスとの内乱終結直後のオクタウィアヌスのコンスル職が特殊なものだったことを示唆する証言も伝えられている。コンスルは、高位公職者の権限の象徴であるファスケスを担ぐリクトル一二人によって、ひと月ごとに交代で先導されることが慣例となっていたが、ディオによれば、前二八年、オクタウィアヌスが独占してきた公職者の権限を象徴するファスケスがアグリッパに引き渡された。[4]

そしてオクタウィアヌスは、前二七年一月十三日の元老院において、彼自身の言葉をそのまま引用すれば、「内乱が終結したあと、万人の同意により万事を司っていた私は、国家を私の権限からローマの元老院および市民の判断に委ねた」[5]。この結果、軍団の駐屯が必要な属州の統治とその軍団の指揮がオクタウィアヌスに委ねられ[6]、それ以外の属州の統治を元老院が担うこととなった[7]。

前二三年、アウグストゥスによるコンスル職独占により生じた問題解決のため、アウグストゥスはコンスルを辞する。このとき、アウグストゥスは護民官職権を獲得し、「都市境界内にはいる際にも放棄されない、また、更新もされないプロコンスル職をこれ以降つねに保持し、属州においてそれぞれの指揮官以上の権限を保持」することを元老院が決議したとディオは伝えている[8]。前二三年末から翌年初めに生じたカエピオとムレナによる陰謀事件のあと、アウグストゥスは東方属州視察のため、前一九年までローマを不在にする。その間、たびたびコンスル選出をめぐって混乱が生じ、前一九年のエグナティウス・ルフスのコンスル選挙立候補の混乱をへて、アウグストゥスは「風紀監督官」などの役職とともに「終身のコンスル権限」を獲得し、元老院でコンスルのあいだに座ること、ファスケスをもつリクトルをコンスルと同数帯同することが認められた[9]。

アウグストゥスが獲得した命令権をめぐる学説史

アウグストゥスの命令権獲得に関してとくに問題となるのは、アウグストゥスはコンスル命令権を獲得したのかどうかということである。この問題は本書が対象とする公職選挙の文脈においては、アウグストゥスはコンスルに就任することなくケントゥリア民会とトリブス民会での公職選挙主宰権限を保持したのかどうか、という問題となる。この問題については、現在でも研究者の意見は一致していない。

ここでも、まずはモムゼンの見解を取り上げたい。モムゼンの見解を要約すれば、以下のようになる。アウグストゥスは前二七年にプロコンスル命令権（コンスル級属州総督に相当する権限）を付与された。[10] 皇帝の地位を規定するのはこの権限であり、[11] 皇帝は内政に関しては護民官職権を拠り所とし、[12] コンスル命令権を保持したのは特別な場合だけだった。[13] 皇帝の称号に「プロコンスル命令権」は含まれないが、「インペラトル」の名がこれを暗示している。[14] つまり、前二七年以降、アウグストゥスはプロコンスル命令権を有し、コンスル職とは別にコンスル命令権を保持することはなかった、とモムゼンは主張した。これに対してサイムは、アウグストゥスは前二三年に上級プロコンスル命令権（プロコンスルに優越する権限）を獲得したとする。[15]

ジョーンズは、前二三年までコンスルとして有した命令権が属州を統治するプロコンスルに対する優位をアウグストゥスに保証しており、コンスル辞職の際、その地位を維持するために上級プロコンスル命令権を獲得し、前一九年、この命令権がローマとイタリアにもおよぶ、コンスルと同等の命令権に拡大されたと主張する。[16]

他方、ブラントとムーアは、アウグストゥスのコンスル命令権に断絶はなかったとする。彼らは、皇帝護衛隊（praetoriani）が都市ローマの都市境界内に駐屯したことに注目し、前二三年以降「都市境界内にはいる際にも放棄されない命令権」をもって都市ローマの境界内での命令権行使が可能となり、前一九年にはコンスルと同数のファスケスだけが付与された、つまり、前二三年のコンスル辞職時にコンスル命令権を獲得したと主張する。[17] さらに、フェラリーは、前二三年のコンスル辞職に際して、アウグストゥスは軍隊指揮権としてのコンスル命令権（「外地命令権」）を放棄することはなかったが、都市境界内での政治や司法を司る「内地命令権」を喪失した、[18] そして、前一九年の措置でもこれを回復することはなかったとして、[19] 前二三年以降、アウグストゥスは都市ローマ内においてコンスル命令権を保持しなかったと主張する。

このように学説史を振り返ると、研究者たちの見解は、アウグストゥスが有した命令権はプロコンスルないしそれ以上の命令権ではあるがコンスル命令権は保持しなかったとする説、[20] アウグストゥスは前一九年にコンスル命令権を獲得したとする説[21]、そして、アウグストゥスのコンスル命令権行使に断絶はなかったとする説[22]の三つに大きく意見が分かれている。公職選挙に関する研究では、アウグストゥスは前一九年にコンスルと同等の権限を獲得し、それ以降公職選挙の主宰、あるいはコンスル主宰の公職選挙に介入できたとされることが多い[23]。ここでは、公職選挙主宰権限としてのコンスル命令権という性格を度外視し、アウグストゥスが獲得した命令権について検討したい。

アウグストゥスの命令権

コンスルとプロコンスルの命令権のちがいは行使可能な領域のちがいであった。すなわち、コンスル命令権は都市ローマとイタリアにおいて行使可能なものだったのに対して、プロコンスル命令権は任地となる属州(およびイタリアを含むその途上)で行使できた。本来的に、これらの命令権に権能の差はなかった。公職選挙は都市ローマおよびその近傍(マルスの野)でのみ実施されたので、必然的にコンスルがこれを主宰した。前二三年まで、アウグストゥスはコンスルとして「コンスル命令権」を、さらに、前二七年からは担当属州統治のための「プロコンスル命令権」を保持していた。前二三年のコンスル辞職に際して、「都市境界内にはいる際にも放棄されない、また、更新もされないプロコンスル職」を獲得したことにより、アウグストゥスが前二七年に獲得したプロコンスル命令権の行使可能領域は都市ローマ内にも拡大された。そして、前一九年の都市内でのファスケスをもつリクトルの帯同と元老院での席次の決定は、都市境界の外側から内側への命令権拡大という前例がなかったため、この命令権に基づく都市境界内でのアウグストゥスの地位を確認する必要からなされたものだった。すなわち、前二三年のコンスル辞任の直後、アウグストゥスは実質的にコンスル命令権を獲得しており、前一九年以降それを明示することが可能となった。このように考える理由には以下の根拠がある。

第一に、先述のブラントとムーアが指摘するように、都市ローマに駐屯した皇帝護衛隊の存在である。護衛隊は、三人委員時代にオクタウィアヌスが率いた護衛隊に由来する。[24] これを指揮する護衛隊長が騎士階級から任命されたのは前二年、[25] 合同の兵舎が造られたのはティベリウス治世に護衛隊長セイアヌスが権力を握り始めた後二〇年頃であるが、[26] アウグストゥス治世にすでに三箇大隊が都市ローマ内に駐屯していた。[27] 都市ローマにおいて武力を行使する兵力を組織するうえで、アウグストゥスが都市ローマにおける命令権、すなわちコンスル命令権を保持していなかったとは考えにくく、また、アウグストゥスのコンスル辞任にともなってこれが解体されたとも考えにくい。

第二に、コンスル辞任後もアウグストゥスが都市ローマで職務をはたす「プラエフェクトゥス」を任命していることである。例えば、前一六年には「首都長官」(praefectus urbi)を任命したことが確認できる。[28] 首都長官とは元来、アルバ山で開催されるラテン祭参加の為に全公職者が都市ローマを不在にする際、コンスルが公職者の代理として任命する役職者だった(第三章)。こうした都市ローマでの任務を負った役職者の任命は、コンスル命令権に基づいてなされたと考えるのが妥当であろう。

首都長官以外にも、コンスル命令権保持者によるものと考えられる役職者の任命は前二九年以降なされているが、[29] なかでもとくに注目したいのは、前二二年に「穀物分配監督官」(praefectus frumenti dandi)が設置されていることである。[30] ディオによれば、前二二年にアウグストゥスが「食糧供給への配慮」を引き受けた際、五年以上前にプラエトルを務めた者から二人を穀物分配のために選出するように命じた。[31] 前一八年になると、この役職者は四人に増員され、さらに現職者が後任を指名して選出されるようになった。[32] アウグストゥスがこの役職を務める者を任命したことを直接に伝える史料はないが、この役職の設置時期が前二二年であることから、アウグストゥスがこの役職の設置と役職者の任命に強く関与した可能性は充分に考えられよう。そして、アウグストゥスがコンスルを辞した翌年に都市ローマで職務を遂行する役職者が任命されたことは、前二二年時点でのアウグストゥスのコンスル命令権保持を強く示唆しているといえよう。

以上のことから、アウグストゥスは前二三年のコンスル辞任後もコンスル命令権を保持していたと考えられる。だが、こうした説明への批判の根拠となりうる史料証言もある。それらについてもここで取り上げておきたい。

まず、前二二年と前二一年に生じた、アウグストゥスへのコンスル就任要請である。[33] 前二三年のコンスル辞任以降もアウグストゥスがコンスル命令権を保持していたのであれば、なぜ都市ローマ在住市民はこうした要求をしたのだろうか。

ブラントとムーアは、アウグストゥスがコンスルのファスケスとリクトルを帯同しておらず、アウグストゥスがコンスルと同等の立場にあることを都市民が認識していなかったためにこうした要請があったと説明する。[34] こうした要請に加えて、ディオが伝えるように、アウグストゥスが二つのコンスルの地位の一つを占めていないこと自体が不吉とされたため、また、護民官職権についてもそうであるが、コンスル職自体から分離したコンスル権限がどのように機能するかが判然としなかったために都市民のあいだに不安が広まった結果、こうした要求があったのではないだろうか。

つぎに、アウグストゥス自身が『業績録』のなかで、提示された特別な権限を受け取らなかったと述べていることとの整合性の問題がある。『業績録』五節において、前二二年に独裁官、一年間のコンスル職、終身のコンスル職を提示されたが受けとらなかった、[35] また六節で、前一九年、前一八年、そして前一一年に、「最高の権限を備えた法と道徳の監督官」に選出されたが、「父祖の遺風に反して付与されるいかなる公職をも受けとらなかった」と、アウグストゥス自身が特別な権限を提示されても受け取らなかったと主張している。[36]

しかし、これらの記述はいずれも命令権が都市ローマ内に拡張されたとディオが伝える前二三年以降の出来事であり、こうした諸権限を提示された時点でのコンスル命令権保持を否定するものではない。[37] そのため、『業績録』にみられる特別な権限の拒否を根拠にアウグストゥスがコンスル命令権を保持しなかったと主張することはできない。

さらに、これらの権限を受け取らなかったというアウグストゥスの主張は、他の史料と矛盾する。前一九年にアウグストゥスは風紀監督官に任じられたとディオは述べている。[38] また、スエトニウスも同様に、アウグストゥスは「風紀と法の管理」を引き受けたと伝えている。[39]

こうした共和政の伝統から逸脱した権限獲得について、アウグストゥスは自ら進んでこれを獲得したのではないことを強調するために、実際にその権限の受け取りをいったん拒否するが、再度提示された際にはこれを獲得し、このことを『業績録』で取り上げなかったのではないだろうか。提示された特別な権限の受領をいったんは拒否し、改めて提示された際に受け取るというやり方は、ティベリウスが元老院からの帝位継承要請に対してこれを快諾しなかった姿勢にもみることができる。[40]『業績録』において、アウグストゥスが受け取らなかったと主張する権限についても、実際にいったんは拒否したが、再度提示された際に受け取った可能性は否定できない。

さらに注目したいのが、『業績録』におけるコンスル命令権行使についての言及である。『業績録』八節はアウグストゥスによる戸口調査実施を伝えているが、アウグストゥスは前二八年の戸口調査はコンスルとしてこれを実施したが、二度目と三度目の戸口調査(それぞれ前八年と後一四年)は「コンスル命令権でもって」(consulari cum imperio)これを実施したと述べている。[41] もちろん、戸口調査実施のために一時的にコンスル命令権がアウグストゥスに付与された可能性も否定できない。しかし、前二三年にコンスルと同等の命令権を付与された可能性がある以上、ここで言及される「コンスル命令権」はアウグストゥスが恒常的に保持したものだったと考えるほうが妥当ではないだろうか。

また、アウグストゥスがコンスル命令権を保持していたのであれば、護民官職権保持は明言しながら、なぜコンスル命令権保持には言及しないのか、という疑問も生じる。これについて、コンスルに就かずその命令権を保持する「ローマ市民の第一人者」という存在が専制君主と判断される可能性があるため、コンスル命令権については明示する必要のない限りそうすることを避けていたのではないかと考える。アウグストゥスは『業績録』三四節において、前二七年の元老院と市民への国政の返還と、それに対する顕彰として与えられた権利を列挙したあと、「これ以降、権威の点で私は万人に勝ったが、権限の点では公職において私の同僚となった他の者たち以上のものは何一つ保持しなかった」と述べる。[42] これをコンスル命令権にあてはめれば、アウグストゥスがコンスル命令権を有していたとしても、毎年コンスルが選出されていたため、たしかにそれはコンスル以上の権限ではなかっただろう。しかし、同じ権限をもつ複数の者が主張を異にした場合、より大きな権威をもつ者の主張が尊重されたことは想像に難くない。こうした事実上の専制君主である「皇帝」という地位の実態を可能な限り人びとの目から遠ざけるために、アウグストゥスは、『業績録』のみならず、その称号においてもコンスル命令権を明示しなかったのではないだろうか。

アウグストゥスが「コンスル命令権」を保持したことを明示する史料は存在しない一方、スエトニウスやディオによる記述など、その保持を暗示する史料は極めて多い。アウグストゥスが獲得した命令権を指すために「コンスル命令権」という名称が存在したかどうかは不明だが、前二三年のコンスル辞職以降も、アウグストゥスはコンスルと同等の命令権(以下、便宜的に「コンスル命令権」とする)を行使できたと考えてよかろう。

ここまでの検討から、アウグストゥスが公職選挙主宰権限を有したか否かという問題については以下のような結論が導き出される。アウグストゥスは、ケントゥリア民会とトリブス民会については、前二三年まではコンスルとして、前二三年以降はコンスル辞任後に獲得したコンスル命令権により、その主宰権限を有しており、これらの民会で実施される公職選挙への介入が可能だった。また、平民会については、前二三年に獲得した護民官職権に基づく主宰権限を有し、これ以降、平民会選出の公職選挙に介入できた。

それでは、彼が公職選挙に際しておこなった任命や推薦はなんらかの権限に基づくものだったのだろうか。つぎに、こうした権限の存在を示唆する史料を取り上げていきたい。

2　推薦権と任命権

「ノミナティオ」

まずは、公職選挙の文脈で用いられる「ノミナティオ」についてみていきたい。この語は、「名前をあげること」といった意味をもつ一般名詞で、その動詞形'nominare'とともに、史料上、公職選挙の文脈でしばしば用いられる言葉である。この言葉は公職選挙の経過のなかで、どの時点で、誰が誰に「名前をあげる」のかについて、さまざまな可能性が想定されるものであり、特定の訳語を与えることがむずかしい。そのため、煩雑ではあるが、訳語を付さずカタカナ表記にして検討を進める。

モムゼンは、アウグストゥスはコンスル命令権を保持しなかったとするが、元来この権限に付随した、候補者の立候補申請を受け付け、候補者の資格を審査し、適格な候補者を民会へ提示するノミナティオの権限を有し、[43] さらに、コンスル選挙の候補者を除く立候補者に法的拘束力をもつ推薦を与える権限を前二七年に獲得したとする。[44] ジョーンズは、権限の有無については論じていないが、アウグストゥスが立候補申請を拒否した事例、すなわち、モムゼンが「ノミナティオ」の語で提起した権限が行使された形跡はみられないと指摘する。[45] レイシーは、'nominare'は「推薦」('suffragatio'あるいは'commendatio')のあと、民会あるいは後五年に導入された予備選挙への候補者名簿の提示を指す術語であり、この権限をもつ皇帝は候補者名簿を統制したと主張する。[46] これに対してレーヴィックは、「ノミナティオ」の語が選挙のさまざまな場面で用いられることから選挙主宰者の特定の行為を示す術語であることを否定し、[48]「皇帝は、ノミナティオとして知られるいかなる権限も保持しなかった」と結論づける。[47] これ以降、オースティンやホラディら[49]の研究によっても、ノミナティオは皇帝の権限や公職選挙の過程の一つを指す術語ではないとされる。

公職選挙におけるノミナティオは、タキトゥスと小プリニウスによる公職選挙の記述に基づいて議論されている。これらの記述はアウグストゥスの死後、公職選挙が元老院でおこなわれるようになったあとの状況を伝えるものであるため、アウグストゥスの権限を検討する本節で扱うことは適切ではないと思われるかもしれない。しかし、ノミナティオがなんらかの権限であり、かつティベリウスがこれを保持したのであれば、アウグストゥスも同じ権限を有していた可能性も否定できない。そのため、タキトゥス、プリニウスの記述にみられる「ノミナティオ」についてもここで検討する。

まずは、後一四年のプラエトル選挙を伝えるタキトゥスの記述をみていきたい。アウグストゥスの死去直後のプラエトル選挙に関して、「彼〔ティベリウス〕は、アウグストゥスより引き継がれた一群の、一二人のプラエトル候補者を‘nominavit’した。元老院は増員を促したが、〔この数を〕超えるつもりはないと、彼は誓って自らを制限した[50]」。

ここで用いられる‘nominare’は、ティベリウスが選挙主宰者としてプラエトルの定数と同数の一二人の立候補申請を認め、これを元老院に提示したことを示すと考えられる。タキトゥスは直後に、「選挙が〔マルスの〕野から元老院へと移された」、そして「落選も買収もなしに選出されるべきであるとして四人以上の候補者を推薦しないとティベリウスが自制した」と伝えており[51]、この文脈上、‘nominare’が民会ではなく元老院に向けてなされたこと、さらに、推薦とは別の行為だったことがわかる[52]。

定数一二のプラエトルに対して一二人の候補者を‘nominare’し、さらに元老院による増員要請をティベリウスが拒否したのであれば、これを事実上の任命とみなすこともできるだろう。しかし、この選挙がアウグストゥスの死の直後という特殊な状況下で開催されたことも勘案せねばならない。この選挙で「皇帝推薦候補者」としてプラエトルに選出されたウェッレイウス・パテルクルスは、アウグストゥスがティベリウスに対して選挙の実施に関するなんらかの指示を書き残したと伝えている[53]。さらに、この記述には「神アウグストゥスは我々のあとには誰も、そしてティベリウス・

カエサルは我々の前には誰も推薦したことがない」[54]と続くことから、アウグストゥスが候補者についてもティベリウスに指示していたと推測できる。ティベリウスはこれを元老院に「提示した」(nominare)のであり、この選挙では他の候補者に当選の余地はなかったと考えられる。

つぎに、タキトゥスが伝えるアシニウス・ガッルスによる公職選挙に関する提案(後一六年)を取り上げたい。ガッルスは、「五年分の公職選挙が開催されるべきであり、また、プラエトル就任以前に軍役を終えた軍団の副官がプラエトルに選出され、皇帝が各年一二人の候補者を'nominaret'するよう主張し」、タキトゥスによればこの主張は「帝権の秘密」(arcana imperii)を攻撃するものだった[55]。

この記述については、公職選挙全体の文脈から切り離されて単に「一二人のプラエトル候補者を'nominare'する」とだけあるため、候補者を'nominare'した相手が元老院なのか民会なのか判然としない。どちらの可能性も否定できないが、ここでも定数一二のプラエトルに対して一二人の候補者を「'nominare'する」とされ、皇帝による事実上の任命が示唆されている。しかし、この記述がティベリウスへの非難の具体例の一つとして記述されていることから、必ずしもティベリウスがつねに定数と同数の候補者を'nominare'していたと考える必要はないだろう。また、少なくとも治世の初期には、ティベリウスは元老院を尊重する姿勢を示しており[56]、ティベリウスが頻繁にすべての当選者を事実上任命していたとは考えにくい。

最後に取り上げるのは、プリニウスの記述である。プリニウスは、トラヤヌスに捧げた『頌詩』のなかで、この皇帝の公職選挙への配慮を賞賛し、その選挙の方法に言及している。そこではまず、「ある者は歓喜とともに、またある者は希望とともに、その場を離れます」と述べている[57]。ここでは、立候補申請の受付の状況が言及されており、「歓喜とともに」その場を立ち去ったのは、トラヤヌスが立候補申請を受け付けた者、「希望とともに」その場を立ち去ったのは、トラヤヌス自身は立候補申請を受け付けなかったがコンスルへの立候補申請を促された者を示していると考えられる。

この後、別の話題に言及したのち、「それから、どれほどの同意、どれほどの喜びにより元老院は歓迎したことでしょう、あなたご自身が、まるで祝福する者の一人として壇から降り、あなたが各人を口づけで‘nominaveras’するかのように、候補者へ歩み寄られた際に」と述べる[58]。これに続いて、トラヤヌスも含めた推薦者による候補者推薦[59]と選挙の完了の描写が続く[60]。この記述では、立候補申請を承認された候補者をその推薦者や支持者が祝福している状況が描かれており、トラヤヌスによる‘nominare’は、立候補申請を承認された候補者を元老院での選挙に提示することを示していると考えられる[61]。

以上のように、公職選挙の文脈で用いられる‘nominare’は、皇帝が立候補申請を受け、立候補を承認した候補者を元老院に報告する、という意味で用いられている可能性が高いと考えられる。アウグストゥス時代においては、これが元老院ではなく民会に向けてなされた可能性も否定できない。しかし、これによって皇帝が必ずしも選挙結果に強く介入したと考えることもできない。プリニウスの用例では、皇帝による‘nominare’は公職定数と同数ではなく、皇帝が立候補申請を受け付けた以外の者にもコンスルへの立候補申請が認められている。タキトゥスの二つの用例では、定員と同数の候補者を‘nominare’するとされるが、アウグストゥスの死後という特殊な状況や、皇帝への非難の文脈にみられる記述であることを考慮すれば、必ずしも皇帝が公職の定数と同数の候補者を‘nominare’した、すなわち、公職者を事実上任命したと理解する必要はないだろう。

では、こうした皇帝の‘nominare’は、なんらかの特別な権限によるものだったのだろうか。立候補申請は選挙主宰者がこれを受け付けたが、アウグストゥスはコンスル命令権および護民官職権に基づく選挙主宰権限を有した(第一節)。そうであるならば、立候補申請の受付とその承認は選挙主宰者の行為であるため、選挙主宰権限を保持したアウグストゥスが選挙主宰権限とは別にノミナティオの権限を獲得したと考える必要はないだろう。

「推　薦」

つぎに、皇帝による推薦について検討したい。「推薦」といっても、原語では'suffragatio' または'suffragium'(動詞では'suffragare' 'suffragari')と'commendatio'(commendare)の二つの語がある。これらの行為は、ウェスパシアヌスの皇帝即位の際に元老院決議が確認した権限のなかで、公職者を元老院議員とローマ市民に推薦(commendare)すること、そして候補者に推薦(suffragatio)を与えることが規定されていることから、[62]ウェスパシアヌス時代までには皇帝権の構成要素の一つとして確立していたと考えられる。では、これはすでにアウグストゥス時代に権限として成立していたのだろうか。皇帝による「推薦権」についても、これを示唆する語が二種類あるため、やはり訳語をあてることが困難である。煩雑になってしまうが、これらについても原語のまま考察を進めることとしたい。

まずは、アウグストゥスの推薦権に関するこれまでの研究者の見解を概観したい。モムゼンは、先にみた皇帝によるノミナティオのいくつかは commendatio であり、これを「選挙団体に対して法的拘束力をもつ元首の推薦権」と定義する。そしてアウグストゥスはこの権限を前二七年に獲得し、アントニウス法がカエサルに与えた推薦権同様、コンスルは除外されていたが、ネロ時代までに皇帝の推薦(commendatio)はコンスルにもおよぶようになったと主張する。[63]ジーバーは、「権威に基づく、法的拘束力のない口頭での推薦」である suffragatio と、「権限に基づく、法的拘束力のある文書での推薦」である commendatio の定義を明確にし、アウグストゥスはもともと候補者の選挙運動に同行することで推薦(suffragatio)を与えていたが、後八年以降、推薦候補者名簿の掲示を開始した際に、カエサルのそれを雛形として、コンスルを除く公職候補者に法的拘束力のある推薦(commendatio)を与える権限を獲得したと主張する。[64]レーヴィックは、「'commendatio' は文字として書かれた'suffragatio' 以上のものではなく、これもまた法的拘束力をもったとは考えにくい」として、アウグストゥスによる候補者の推薦は、権限によるものではなく権威に基づく行為だったとする。[65] フライ-シュトルバも、アウグストゥスの推薦には法的拘束力はなかったが、投票者がアウグストゥスの権威とそれに基づいてなされた推薦に逆らうことはなかったと主張する。[66] その後、アウグストゥスの推薦は法的権限によるものではないとした見解が一般的なものとなっている。[67] ここでは、アウグストゥスによる推薦の具体例を伝える史料に注目し、これが法的権限に基づいてなされたものだったのかどうかを考えていきたい。

はじめに、アウグストゥスによるsuffragiumをみていきたい。スエトニウスは、アウグストゥスが「選挙民会に立ち会う際、彼〔アウグストゥス〕は、慣例的におこなわれているように、自身の候補者たちとともにトリブスを回って嘆願した。そして彼自身、市民の一人として、トリブスで‘ferebat suffragium’した」と伝えている。[68] ‘suffragium’とは元来「投票」を意味する語で、「投票する」「支援する」といった意味の動詞‘suffragare(suffragari)’から派生したものである。この動詞から派生した他の言葉には、‘suffragatio’という語もあり、やはり「推薦」や「支援」といった意味で用いられる。[69] スエトニウスの同時代人タキトゥスやプリニウスの用例をみると、「投票」と「推薦」のどちらかの意味で用いられているかが明白な場合と不明瞭な場合とがある。ここで取り上げたスエトニウスの記述では、‘ferre’(「もたらす」「示す」)とともに用いられており、またその文脈からも「投票」の意味で用いられていると考えられるが、[70] これが「推薦」の意味であったとしても、「市民の一人として」の振舞いに特別な権限が必要だったとは考えにくい。[71]

他方、スエトニウスはcommendareの語を用いて、アウグストゥスは「以下の言葉、すなわち「もし彼らが値するのであれば」という言葉を添えることなしに、自分の息子たちを市民に推薦する(commendavit)ことはなかった」と伝える。[72] この記述は、息子が公職選挙に立候補した際のアウグストゥスによる推薦を暗示していると考えられる。

commendatioについて、ジーバーはこれを法的な権限に由来する文書での推薦であると主張したことはすでに取り上げた。この見解はアントニウス法について、カエサルはこの法律に基づきトリブスへ候補者を推薦する(commendare）文書を送ったとするモムゼンの説を、後八年度公職選挙以降、アウグストゥスが名簿を掲示することで候補者を市民に「推薦する」(συνίστη)ようになったとするディオの記述[73]にも適用した理解である。

ディオは、推薦候補者名簿は「平民と市民に」向けて掲示されたとしている。この文言は、ディオの他の用例からも、[74]選挙民会に向けてこの名簿が掲示された可能性を強く示唆している。コンスル命令権と護民官職権に由来する選挙主宰権限を有したアウグストゥスが、公職選挙に先立って意見を表明することになんらかの特別な権限が必要だったとは考えにくい。そのため、後八年度公職選挙以降の推薦候補者名簿掲示についても、アウグストゥスの推薦が法的行為となった根拠と理解することはできない。

‘commendare’の語で示される皇帝の推薦は、アウグストゥスの死の直後のプラエトル選挙を伝えるタキトゥスの記述にもみられる。この選挙でティベリウスは、「落選も買収もなしに選出されるべきとして四人以上の候補者を推薦しない」と表明した[75]。

ティビレッティは、一四年、ティベリウスの帝位継承に際して皇帝の推薦が法的権限になったと主張する[76]。しかし、アウグストゥスによる後八年以降の推薦候補者名簿の掲示と同様に、コンスル命令権とこれに付随する選挙主宰権限をもったティベリウスによる推薦候補者明示もなんらかの権限に基づく行為と理解する必要はないだろう。

以上のように、‘suffragium（suffragatio）’‘commendatio’の語であらわされるアウグストゥスによる推薦は、法的権限に基づく行為だったとは考えにくく、共和政期の公職選挙でもみられた有力政治家による推薦と同様のもの、あるいは選挙主宰者としての意見表明にすぎなかったのではないだろうか。ウェスパシアヌスの権限についての元老院決議に明記された二種類の推薦は、権威に基づく皇帝の推薦が徐々に慣習化し、ウェスパシアヌスの皇帝就任にいたるまでに明文化されることで、皇帝の権限として確立したものと推測されるだろう。

アウグストゥスによる公職者任命

ここまで、アウグストゥスが「ノミナティオ」、‘suffragatio’ ‘commendatio’ の語で示される権限を保持したことは確認できないことを史料に即して考察してきた。最後に、アウグストゥスが公職者を「任命した」と伝えられる事例を取り上げ、これがなんらかの特別な権限に基づく行為だったか否かを検討したい。

アウグストゥスによる公職者任命を暗示する史料は、管見の限り、八例ある。[77] その多くはディオの記述にみられるのであるが、一例を除き、ディオは ‘ἀποδείκνυμι’ の語でアウグストゥスによる公職者任命を叙述する。

‘ἀποδείκνυμι’ という語は、カエサルによる公職者任命を検討した際に注目した言葉だが(第三章)、この言葉は選挙主宰者としての「当選宣言」を示しており、カエサルの公職任命権保持を示すものではないと主張した。アウグストゥスによる公職者任命を想起させる叙述にみられる ‘ἀποδείκνυμι’ についても、選挙主宰者としての当選宣言を示しており、アウグストゥスが公職者任命権を保持したことを示すものではないと考えることができないだろうか。ディオは、前二四年にマルケッルスのアエディリス選出とティベリウスのクアエストル選出を伝える記述でも ‘ἀποδείκνυμι’ を用い、これを「選挙民会で選出する(される)」という意味で使用している。[78]

アウグストゥスによる公職者任命を想起させる記述のうち、ディオが ‘ἀποδείκνυμι’ を使用しない唯一の例は、この語が示唆する行為が公職選挙主宰権限に基づく行為だったことを強く示唆している。この唯一の例が、前二三年のアウグストゥスがコンスル辞職に際してセスティウスを補充コンスルに「任命した」(ἀνθαιρέομαι)というものである。[79] ディオはこれを、アウグストゥスのコンスル辞職と命令権の都市ローマの境界内への拡大、すなわちコンスル職から独立したコンスル命令権獲得のあいだの出来事として叙述している。つまり、アウグストゥスはセスティウスをコンスルに「任命した」際にはコンスル命令権を保持しておらず、選挙主宰者として当選宣言をすることはできなかった。このことを明確にするために、ディオはここで ‘ἀποδείκνυμι’ ではなく ‘ἀνθαιρέομαι’ を用いたのではなかろうか。

しかし、ディオの ἀποδείκνυμι の用例のうち、アウグストゥス自身が選挙を主宰したとは考えられない事例も一例ある。それが、前一九年度コンスル選挙におけるルクレティウスの「任命」に関する記述である。ここでは、コンスル選挙に際して都市ローマで生じた混乱の沈静化をアウグストゥスに要請するために使節が派遣され、アウグストゥスは使節の一人ルクレティウスをコンスルに任命し（ἀπέδειξε）、それから都市ローマへ向かったとされている[80]。前二三年にアウグストゥスは都市ローマの境界に制限されないコンスル命令権を獲得したと主張したが、これが正しければ、アウグストゥスは都市ローマ外にあっても立候補申請の受理の表明、あるいは当選宣言をくだすことができた可能性もある。そうであるならば、この記述の ἀπέδειξε についても選挙主宰権限に基づく行為だったと考えることができるだろう[81]。

アウグストゥスが公職者を「任命した」と伝える記述で特徴的なのは、こうした事態が生じたのはアウグストゥスの政治的意図を読み取ることができる場合に限られることである。アウグストゥスによる公職者任命の具体例は、公職選挙をめぐる混乱が生じた際になされたもの、政敵の懐柔のためになされたもの、アウグストゥスの後継候補者の選挙でなされたもの、そしてプラエトルの一部になされたものの四つに分類できる。

第一の公職選挙をめぐる混乱に際しての任命には、前一九年度コンスル選挙でのルクレティウスの任命[82]、後八年度公職選挙での全公職者の任命があてはまる[83]。これらの選挙が混乱した原因は次章で検討するが、公職選挙が混乱した場合、アウグストゥスは公職者を任命することで即座に混乱の沈静化をはかった。

第二に、政敵の懐柔である。前二三年のカルプルニウス・ピソ[84]とセスティウス[85]、後五年のコルネリウス・キンナのコンスルへの任命がこれにあてはまる。ピソは内乱に際して反カエサル、反オクタウィアヌスの立場をとっており、セスティウスも同様に、カエサル暗殺者の一人であるブルトゥスのもとでクアエストルを務めた反カエサル派だった。キンナは、大ポンペイウスの孫で、やはり内乱において反オクタウィアヌス陣営にいただけでなく、内乱の平定後もアウグストゥス暗殺を企てた。ディオは、キンナのコンスル任命はアウグストゥスの妻リウィアの提案だったとして、その目的は陰謀を企てた者たちを懐柔するためだったとしている。[86]

第三に、アウグストゥスの後継候補の公職選挙である。前九年のティベリウスのコンスルへの任命がこれにあてはまる。[87]ガイウス・カエサルとルキウス・カエサルが成人服(toga virilis)着用を開始した前五年、前二年に、アウグストゥスは彼らを市民に紹介するためにコンスルに就任していたことが示すように、[88]後継者の公職就任はアウグストゥスにとって重要な問題だった。

最後に、プラエトル選挙への介入である。前二七年度プラエトル選挙において、アウグストゥスは首都担当プラエトルを任命し、こうした任命はしばしばなされたとディオは伝えている。[89]プラエトル選挙への介入には、プラエトル級元老院議員の行政上の重要性が増大したという背景があり、これを務める有能な人材の確保というアウグストゥスの意図を読み取ることができる。アウグストゥスはプラエトル級ないしコンスル級の元老院議員が務める役職を多数新設した。[90]また、共和政期にはアエディリスが主宰した、祝祭に際して催される見世物の開催もプラエトルの職務となった。さらに、皇帝管轄、元老院管轄を問わず、また共和政期以来変わらず、属州総督はプラエトル級以上の元老院議員から選出された。このようにプラエトル級元老院議員の行政上の重要性は高まっており、ここに有能な人材を確保するために、アウグストゥスがプラエトル選出に断続的に介入した可能性は充分に考えられる。

アウグストゥスは公職者任命権を有したか

アウグストゥスが公職者を「任命した」とされる事例には以上のような特徴がみられるが、アウグストゥスはコンスル命令権に由来する選挙主宰権限とは別に、カエサルや三人委員と同様、事実上の公職任命権を獲得したのだろうか。そもそもアウグストゥス(オクタウィアヌス)は、国家再建三人委員の一人として、投票者である市民に代わって選挙主宰者の当選宣言を受ける者を選出する「選出権」を保持していた(第五章)。国家再建三人委員は、前三二年十二月三十一日に任期満了を迎えたが、任期満了後もこの権限は失効しなかった、あるいはなんらかのかたちで失効した権限を補いつつ任期満了以前と同様の権限を行使していた、というのが一般的な見解となっている[91]。例えばベナリオは、セクストゥス・ポンペイウスの撃破、イッリュリクム制圧により獲得した権威が権限の欠如を補い、任期満了後もそれ以前と同じ権限を行使したと説明する[92]。また、ランゲも、三人委員は特定の目的のために創設されたものであるため、その目的達成までその権限も消滅しなかったとしている[93]。

内乱終結後、前二七年にアウグストゥスは、彼自身の言葉によれば「国政を私の権限から元老院とローマ市民の判断のもとへと返還した[94]」。クーリーは、アントニウスへの勝利の後、オクタウィアヌスは徐々に権限を手放し、前二七年一月十三日に三人委員として有した権限を放棄したと主張する[95]。しかし、アウグストゥスは「国政を元老院と市民の判断に返還した」と述べてはいるが、自身が保持した権限を放棄したとは述べていない。この表現は、国政に問題が生じたとアウグストゥスが判断した場合には、国政を再び彼が三人委員として保持していた権限のもとにおく可能性を残していたことを示唆しているようにも読み取れる。公職選挙に関していえば、アウグストゥスは三人委員として有した「選出権」を「放棄した」のではなく、「行使を控える」と宣言しただけであり、その後もこの権限行使の可能性を完全に排除しなかったと考えることもできる[96]。

しかし、アウグストゥスによる公職者任命が公職選挙主宰権限以外のなんらかの権限に基づいてなされたと考える必要もないと思われる。先に検討した推薦についてもそうであるが、約二〇年におよぶ内乱を終結させた功績により「ローマ市民の第一人者」とされ、全帝国のほぼすべての軍事力を掌握し、コンスル命令権を保持するアウグストゥスの意思が、どのようなかたちで示されたのかにかかわらず、そして法的根拠の有無にかかわらず、聞き入れられないことはなかっただろう。これほどの軍事力と権威、そして選挙結果に対して決定的な影響をおよぼしえた選挙主宰権限を保持したアウグストゥスが選挙結果に介入し、事実上、公職者を任命したことに、選挙主宰権限以外の権限を想定する必要はない。

ここまで、アウグストゥスが公職選挙主宰権限、候補者を推薦ないし公職者を任命するといった権限を保持したか否かを考察してきた。アウグストゥスは、前二三年まではコンスルとしてケントゥリア民会、トリブス民会を主宰できた。コンスル辞任後、コンスル命令権と護民官職を獲得したことで、すべての公職選挙の主宰権限を保持し、選挙主宰者あるいはその同僚として選挙結果への介入が可能だった。また、アウグストゥスは候補者を推薦、あるいは公職者を任命したことが史料上確認できるが、これらの行為は特別な法的権限を必要とするものだったとは考えられない。推薦にせよ任命にせよ、アウグストゥスは内乱を終結させた「ローマ市民の第一人者」として、そして、ローマ帝国のほぼ全軍団を掌握する軍隊指揮官として帯びていた威厳、そしてコンスル命令権と護民官職権に基づく選挙主宰権限に基づき公職選挙に介入した。

第七章　アウグストゥス時代のコンスル選挙

アウグストゥスは「コンスル命令権」および「護民官職権」に由来する選挙主宰権限に基づき、選挙主宰公職者として公職選挙に介入できた。また、アウグストゥスが公職者を「任命した」ことを伝えるディオの記述にみられる'ἀποδείκνυμι'の語は公職選挙主宰権限に基づく当選宣言を暗示しており、アウグストゥスによる公職者任命にはなんらかの政治的意図を読み取ることができた。その治世を通じて選挙結果に決定的な影響をおよぼすことができる権限を保持していたのであれば、アウグストゥスはどの程度公職選挙に介入したのか、という問題が生じる。第Ⅲ部冒頭で取り上げたとおり、これまでの研究では、アウグストゥスは公職選挙を完全に統制したとも、公職選挙への介入を控えていたともいわれている。本章ではコンスル選挙に注目し、アウグストゥスの公職選挙へのあり方を検討する。

そのうえで注目すべき事象として、前五年以降の補充コンスル選出の常態化と、後五年の予備選挙導入があげられる。これらはアウグストゥスがコンスル選挙に介入するための手段だったのだろうか。また、コンスル選出にどのような変化をもたらしたのだろうか。アウグストゥスによるコンスル選挙への介入の程度を明らかにするうえで、これらについても検討する必要があるだろう。

本章では、アウグストゥス時代のコンスル選挙を通時的に考察するにあたって、アウグストゥスの地位や公職選挙の方法の変化などに応じて、その治世を以下のように区切って検討してみたい。まずは、アクティウムの海戦での勝利からコンスル命令権保有者としての地位の確立まで（前三一～前一九年）の治世初期、つぎに、そこから予備選挙導入の前年まで（前一八～後四年）の治世中期、そして予備選挙導入からアウグストゥスの死まで（後五～一四年）の治世後期である。

1　治世初期　前三一～前一九年

コンスル辞任までのコンスル選出

まずは、アウグストゥスの権限が確立するまでのコンスル選挙をみてみたい。前三一年から前一九年を治世初期と設定したが、公職選挙という観点からみれば、アウグストゥスがコンスルを辞職した前二三年を契機に、そのあり方が変化したと考えられている。サイムやフライ‐シュトルバは、アウグストゥスはコンスル辞職まではコンスル選挙を厳に統制していたが、コンスル辞職後にその統制をゆるめたとする。[1] 他方ジョーンズは、前二三年以前にアウグストゥスが内乱で彼に貢献した人物とともにコンスルに選出されているのは、アウグストゥスによる恣意的な選出ではなく、ローマの都市民が共和政の回復をはたした偉大な指導者とその仲間のコンスル就任を熱望したためであると主張する。[2] ここでは、当時のコンスル選出にはアウグストゥスの意図が反映されていたのかどうか、反映されていたのであればどのような意図があったのかを検討したい。

前三一年九月のアクティウムの海戦でのアントニウスとクレオパトラへの勝利、翌年八月のアレクサンドリア陥落とアントニウスの自殺により、オクタウィアヌスはローマの事実上の単独支配者となった。内乱終結後しばらくのあいだ、コンスル選出、ひいては公職選挙に目立った混乱は確認できない。この時期のコンスル就任者に注目すると、内乱でオクタウィアヌスに協力した者が多い。さらに、彼らとアウグストゥスとの関係性や彼らの経歴をみると、アウグストゥスの政治的意図が強く反映されたコンスル選出だったと考えられる。

前三一年、前三〇年のコンスルには、内乱において一時アントニウスやセクストゥス・ポンペイウスのもとにいたが、アクティウムの海戦までにオクタウィアヌスに協力するようになった人物が多い。[3] オクタウィアヌスを除く七人のコンスルのうち、五人までがかつて反オクタウィアヌス陣営にいたことが確認でき、反オクタウィアヌス陣営にいたことが確認できないのは前三〇年補充コンスルの一人であるアンティスティウス・ウェトゥスのみである。[4] 前三一年補充コンスルの一人ポンペイウスについてはコンスル就任までの経歴は伝わっていない。

そのなかでもとくに注目すべきは、前三〇年の正規コンスルのクラッススと同年の補充コンスルのキケロである。前者は三頭政治の一人クラッススの息子、後者は弁論家キケロの息子である。クラッススは、カエサル暗殺直後はセクストゥス・ポンペイウスに近い政治的立場にあったが、前三九年以降はアントニウスのもとにおり、その後アクティウムの海戦の前にオクタウィアヌスに協力するようになった。その後、クラッススはプラエトル就任をへずにコンスル就任をはたした。[5] プラエトル就任を免除されていることから、クラッススのコンスル就任はオクタウィアヌスの意図が強く反映されたものであると考えられるだろう。

他方のキケロは、カエサル暗殺直後はブルトゥスらカエサル暗殺者たちに、フィリッピの戦いの後はセクストゥス・ポンペイウスに協力していたが、前三九年のミセヌム協定後にローマに戻った。その後、神祇官、コンスル、属州シリア総督に任じられるが、アッピアノスによれば、オクタウィアヌスは「〔父〕キケロを〔公告追放の対象として〕引き渡してしまった弁解として」キケロにこれらの職を与えた。[6] このように、クラッススとキケロのコンスル選出にはオクタウィアヌスの意図を読み取ることができる。

その後、前二八年と前二七年にアグリッパを、前二六年にスタティリウス・タウルスを同僚とし、オクタウィアヌスはコンスルに就任する。彼らはともにオクタウィアヌスの政界登場以来の協力者であり、とくにアグリッパはオクタウィアヌスの腹心ともいえる人物である。前二八年と前二七年はオクタウィアヌスが「国家をローマの元老院および市民の判断に委ねた」年であり[7]、その前後にこうした人物がオクタウィアヌス〈アウグストゥス〉の同僚コンスルを務めていることも、不安定な時期に信頼できる人物を同僚コンスルに就けておきたいという彼の政治的意図を見出すことができるだろう。

この時期のコンスル選出のあり方についてもう一点注目したいのが、前二八年以降補充コンスルが選出されなくなることである。ディオによれば、同年、オクタウィアヌスはコンスルの権限を象徴するファスケスの同僚コンスルとの共有と職務遂行報告宣誓を再開した[8]。このことから、オクタウィアヌスはこれらが示すコンスルの権限と職務の正常化、いわば、公職権限における共和政の復活を強調するために補充コンスル選出を停止したと考えられる。

しかし、アウグストゥスは二つあるコンスルのポストのうち、一つを独占しつづけた。共和政末期の公職就任規定では、コンスルの再選は一〇年の間隔をおかねばならなかった。前二世紀末に五年連続でコンスルに選出されたマリウス、内乱勃発から暗殺までの五年間に四度コンスルに就任したカエサルをはじめ、連続してコンスルに就任する前例はあるものの、アウグストゥスのコンスル就任は前二六年時点ですでに連続六年目だった。これは伝統を逸脱するものだったといわざるをえない。

補充コンスルが選出されず、アウグストゥスがコンスル職を独占したため事実上一人しかコンスルが選出されない状況は、二つの問題を生じさせたと考えられる。一つは、コンスル級政治家の減少と、それにともなうコンスル級元老院議員が務める役職の人材不足[9]、もう一つは、コンスルをめざす元老院議員の不満の蓄積である[10]。

こうした状況で、アウグストゥスがコンスル選出に恣意的な影響をおよぼしていたのであれば、コンスル就任をめざす元老院議員の不満がさらに増大したことは想像に難くない。また、上述のように、前二八年から前二六年までは、内乱でオクタウィアヌスのもとで活躍した者がアウグストゥスとともにもう一つのコンスルの地位を占めていた。前二五年コンスルのシラヌス、前二四年コンスルのフラックスについては、内乱でのオクタウィアヌスへの貢献や、アウグストゥスとの密接な関係は史料上に確認することはできない。そのため、この二年間はアウグストゥスが同僚コンスル選出に直接的に介入しなかった可能性も考えられる。それでもアウグストゥスがコンスル職を独占していたため、先にあげた二つの問題の解決にはならなかった。

この問題の解決のために、前二三年、アウグストゥスは行動を起こす。その一つがカルプルニウス・ピソのコンスル就任である。カルプルニウス・ピソは、内乱において反カエサル、反オクタウィアヌス派の一人だった。アウグストゥスが彼にコンスル就任を要請したとタキトゥスが伝えていることから[11]、ピソをコンスルに選出することで、アウグストゥスは元老院議員、とくにかつての反オクタウィアヌス派にもコンスル就任の可能性があることを示し、コンスル就任をめざす元老院議員の不満の解消をはかったと考えられる。さらに、事実上コンスルが一人しか選出されていないという状況の根本的解決のため、アウグストゥスは連続九年目のコンスルを辞職した。

コンスル辞任以降のコンスル選挙の混乱

翌前二二年、ティベリス川の氾濫と飢饉が生じた際、都市ローマの市民は、アウグストゥスがコンスルに就任していないために災難に見舞われたと考え、アウグストゥスにコンスル就任を要請する。アウグストゥスがこれを拒否すると、さらに終身の独裁官職、終身のコンスル職などがアウグストゥスに提示されたが、彼は「食糧供給への配慮」のみを引き受けたと、ディオは伝えている[12]。

アウグストゥスのコンスル就任を望む声は依然として強く、前二一年度コンスルのポストの一つがアウグストゥスのために空位のまま残されていた。アウグストゥスは東方属州の視察のためにローマを離れたため、コンスルが一人しか選出されていないまま前二一年を迎えることとなった。残り一つのコンスルのポストをめぐって二人の候補者が激しく対立し、混乱が生じた。アウグストゥスのもとを訪れた二人の候補者は、アウグストゥスに叱責されたものの立候補を認められ、アウグストゥスは両者の不在中に投票を実施するよう指示した。結局、混乱はさらに激化し、最終的にレピドゥスが選出されるまで混乱は続いた。[13]

こうしたコンスル選挙に関連した混乱は前一九年に頂点に達する。それが、エグナティウス・ルフスのコンスル選挙立候補とそれに端を発したアウグストゥスへの陰謀事件である。彼は前二一年のアエディリス在職中に奴隷によって構成される消防団を個人の支出で組織し、ローマ都市民の絶大な人気を獲得する。そして、彼はアエディリスを務めた翌年のプラエトルに選出され、さらにその翌年、このときもアウグストゥスのために空位とされていたコンスルを選出する選挙への立候補を企てた。[14] しかし、前一九年のコンスルとしてこの選挙を主宰したセンティウス・サトゥルニヌスは、エグナティウス・ルフスに対して「立候補申請を禁じ、それを守れないとき、もし市民の投票によってコンスルに選出されたとしても、彼の当選を宣言しないつもりだ」と表明した。[15] コンスル選出への望みを絶たれたエグナティウス・ルフスはアウグストゥス殺害を企てるが、まもなくその陰謀は発覚し、彼は処刑された。[16]

ディオは、前一九年のコンスル選挙をめぐる混乱では殺戮が生じ、元老院はアウグストゥスへ使者を送って事態の解決を要請し、アウグストゥスはその使者のなかからルクレティウスをコンスルに任命してローマに向かったと伝えている。[17] ディオはこうした混乱が生じた経緯を伝えていないが、エグナティウス・ルフスが引き起こしたものと考えて間違いないだろう。おそらく、エグナティウス・ルフスは都市民の人気を背景にコンスル選挙に立候補したが、選挙主宰者から当選宣言を拒否されたことに対抗して自身が組織した消防団や支持者を動員して選挙を妨害した結果、これが発展して大規模な混乱が生じたのであろう。アウグストゥスが都市ローマに戻り、都市境界内でコンスルと同じように振舞えること、すなわち、元老院において両コンスルのあいだに座ることと、コンスルと同数のファスケスをもつリクトルを帯同することが確認されたのは、この事件の後のことだった(第六章)。

コンスル選挙混乱の原因

以上のように、前二三年のアウグストゥスのコンスル辞任以降、コンスル選挙では混乱が続いた。では、なぜこうした事態が続いたのだろうか。アウグストゥスのコンスル辞任以降、公職選挙への統制が緩んだとするサイム、フライ－シュトルバの見解をすでに取り上げたが、コンスル辞任以降、アウグストゥスは公職選挙への積極的な介入を避けており、候補者たちは、共和政末期同様、都市民の支持獲得のために選挙戦を繰り広げていたために選挙をめぐる混乱が頻々と生じたといえるだろう。[18] エグナティウス・ルフスの公職階梯上昇は、これを象徴的に物語っている。パテルクルスは、エグナティウス・ルフスがアエディリス就任の翌年にプラエトルに選出された理由を、アエディリス在職中の消防団設置により獲得した都市ローマ在住市民からの人気に求めている。[19] ジーバーは、サトゥルニヌスの同僚コンスル選出にあたって、アウグストゥスが特定の者をコンスルに任命、あるいは推薦していなかったためにこうした混乱が生じたと主張しているが、[20] アウグストゥスがコンスル選挙において候補者を任命ないし推薦しなかったため、候補者同士の支持獲得競争が激化し、大きな混乱が引き起こされたと考えてよいだろう。最終的にエグナティウス・ルフスはコンスルに選出されなかったが、その原因は選挙主宰コンスルだったサトゥルニヌスの裁量に帰されるべきである。

そうであるならば、前二二年、前二一年に生じたコンスル選挙の混乱も、選挙開催にあたってアウグストゥスが任命や推薦によって選挙結果に干渉せず、候補者同士の支持獲得競争が激化したために生じたものと考えられるだろう。そして、前二二年以降のコンスル選挙で支持獲得競争が激化したことは、前二三年までのアウグストゥスによるコンスル職独占がプラエトル級元老院議員のコンスル就任への欲求を抑圧していたことを示しているように思われる。

治世初期におけるコンスル選出への介入

ここまで、アウグストゥス治世初期のコンスル選挙について、アウグストゥスの介入の程度を検討してきた。前三一年から前二六年まで、そして前二三年のコンスル選出については、同僚コンスルの選出にアウグストゥスの政治的意図を読み取ることができ、コンスル選出がアウグストゥスによる事実上の任命によるものだったと考えられる。他方、前二三年以降のコンスル選挙で生じた混乱は、アウグストゥスが選挙結果を事前に決定していなかったことを示唆している。しかし、公職選挙に関連して混乱が生じた場合、アウグストゥスは公職者を任命し、その混乱を収束させることができた。また、アウグストゥス自身がコンスル就任要請を拒否したことは、彼自身がコンスルに就任しないこと、すなわち、毎年の候補者が競うコンスルのポストが一つではなく二つあること、それによって元老院議員のコンスル就任への欲求を蓄積しないことの重要性を示している。

もう一点強調したいのは、前一九年にコンスルのサトゥルニヌスがエグナティウス・ルフスへの当選宣言を拒否したことである。選挙を主宰する現職コンスルが特定の候補者への当選宣言を拒否できたということは、コンスルと同等の権限を獲得したアウグストゥスも同様に公職選挙に介入できたと考えられる。

2 治世中期　前一八〜後四年

補充コンスル選出の常態化以前

つぎに、前一八年から予備選挙導入の前年である後四年までのコンスル選挙をみていきたい。フライ–シュトルバは、前一九年にコンスル命令権を獲得したアウグストゥスは、権威に基づく推薦のみならず、現職コンスルと並んで立候補申請を受け付けることでも公職選挙に介入できたと述べる[21]。アウグストゥスはすでに前二三年にコンスル命令権とそれに付随する選挙主宰権限を獲得していた（第六章）。前一九年に元老院における席次とファスケスをもつリクトルの帯同によってコンスル命令権保持を明確にできるようになったアウグストゥスは、その選挙主宰権限によって公職選挙に介入するようになったのだろうか。

前一八年、アウグストゥスは選挙運動規制に関するユリウス法を可決させる。この法律については、「公職のために買収した者を五年間それ〔公職〕から排除した」[22]というディオの記述しか残されておらず、具体的にどのような行為が処罰対象となったか定かではない。[23]ジョーンズが指摘するように、この法律の成立はそれまで公職選挙において候補者が都市民の支持獲得をめざす競争を繰り広げていたことを証左するものといえるだろう。[24]

では、アウグストゥスは公職選挙への介入を強めるためにこの法を制定したのだろうか。ホラディが指摘しているように、エグナティウス・ルフスによるコンスル選挙の混乱に際して、アウグストゥスは代理人を通じて空位を埋めたものの、選挙方法そのものに変更を加えておらず、[25]その直後に公職選挙への関与のあり方に変更が加えられたとは考えにくい。処罰の内容にしても、共和政末期の選挙運動規制法のそれと大きな違いはない。そのため、この法律は、アウグストゥスが選挙への統制を強めるために制定されたものではなく、選挙をめぐって混乱が続く状況において、選挙戦の激化を抑制するためにかつての法律を確認する目的で制定されたものだったと考えてよいだろう。

前一八年以降もアウグストゥスが公職選挙への介入を極力回避しようとしていたことを示すのが、前八年の選挙買収発覚とこれに対するアウグストゥスの対応である。ディオによれば、予定コンスルをはじめとする当選者の一部による選挙買収が発覚した際、「アウグストゥスは彼らを罰するつもりもなく、また有罪となった者たちを許すつもりもなかった」ためにこれを調査しなかったが、選挙買収を抑止する目的で候補者から供託金を預かることとした。[26]

前八年の選挙買収の発覚は、すでに指摘している研究者もいるように、前一八年の選挙運動規制法制定以降も候補者による市民の支持獲得競争が繰り広げられていたことを示唆しているといえるだろう。[27]また、発覚した選挙買収に対するアウグストゥスの対応は極めて消極的である。供託金拠出、また違反発覚に際しての供託金没収にしても、前一八年の選挙運動規制法の罰則、すなわち、五年間の公職への立候補禁止と比べて、これが候補者に選挙買収を思いとどまらせたとは考えにくい。スエトニウスは、時期は不明ながら、アウグストゥスも自身のトリブスに金銭を分配したことを伝えており[28]、アウグストゥスがあらゆる選挙運動を抑制しようとしていなかったことを示唆している。前八年の選挙買収への対応から、前一九年のような大規模な混乱が生じない限り、公職選挙への介入を避けようとするアウグストゥスの姿勢をみることができる。

補充コンスル選出の常態化

アウグストゥス治世中期のコンスル選挙をめぐる大きな変化として、前五年以降、補充コンスルがほぼ毎年選出されるようになったことは無視できない。補充コンスルとは、共和政期においては、在職中のコンスルが死去した場合、あるいは法的な不備でコンスルに欠員がでた場合にしか選出されなかった。前四六年のカエサルのコンスル辞任に際して補充コンスルが選出されて以降、これは頻繁に選出されるようになっていたが、前述のとおり、前二八年からは選出されることは稀になっていた。

では、なぜ前五年以降、補充コンスル選出が常態化したのか。サイムは、補充コンスルが頻繁に選出されていた内乱期にコンスルを務めた者の子の世代が成長してコンスルを要求するようになり、さらに属州の増加によりコンスル級元老院議員をより多く確保する必要が生じたためであると主張する[29]。ブラントは、アグリッパとドルススの死、さらにティベリウスのロドス島隠棲により行政の担い手が不足したことに加え、共和政以来の有力家系出身者と内乱期の協力者の子の世代との関係維持のために、コンスルのポストを増やす必要があったとする[30]。他にもさまざまな説明がなされているが、おおむね、帝国統治の担い手の確保[31]と、共和政以来の有力家系出身者と内乱以降のコンスル家系出身者双方との良好な関係維持のために、アウグストゥスは補充コンスル選出の常態化によるコンスル級元老院議員の増員に踏み切ったとされている。

補充コンスル選出の常態化について、帝国統治の担い手の確保という目的があったことは否定できないが、さらに、公職をめぐる競争の緩和という目的もあったのではないだろうか。すでに述べたように、前一八年の選挙運動規制法の制定以降も、公職をめぐる市民の支持獲得競争は存続しており、アウグストゥスの選挙買収への対応もこうした競争自体を排除しようとするものではなかった。しかし、治世前期に頻繁にみられたように、公職をめぐる競争は大きな混乱に発展する可能性をつねに内包した。公職をめぐる競争を維持しつつ、これを原因とする混乱の発生を防ぐために、アウグストゥスは補充コンスル選出の常態化を認めざるをえなかったのではないだろうか。[32]

補充コンスル選出の常態化以降のコンスル就任者の家柄をみると、共和政期以来のコンスル家系出身者は正規コンスルに、新人あるいは内乱以降のコンスル家系出身者が補充コンスルに就任する傾向が強い〔二一一〜二一三頁表6〕。サイムは、コンスル家系出身者と非コンスル家系出身者とで比較し、アウグストゥス治世中期におけるコンスル家系出身者の圧倒的優位を強調する。[33] ブラントは、コンスル家系出身者をさらに共和政期以来のコンスル家系出身者と内乱勃発以降の新しいコンスル家系出身者とに分類した場合、前五年から後五年のあいだ、皇帝一族を除いた正規コンスル二〇人中、共和政期以来のコンスル家系出身者一三人、内乱以降のコンスル家系出身者四人、新人ないし非コンスル家系出身者三人であるのに対し、補充コンスル一七人中、共和政期以来のコンスル家系出身者が四人、内乱以降のコンスル家系出身者が六人、新人ないし非コンスル家系出身者が七人だったことを指摘し、共和政期以来の有力家系出身者は正規コンスルに、新興のコンスル家系出身者は補充コンスルに就任する傾向が強かったことを明らかにした。[34]

こうした傾向は、補充コンスルの常態化がアウグストゥスによるコンスル選挙への直接的な介入を強めたことを示すものではなく、むしろこれはアウグストゥスが公職選挙への直接的な介入、すなわち混乱の発生にともなう公職者任命を回避するための手段だったことを示しているのではないだろうか。カエサル独裁期、三人委員時代のコンスル就任者の出身家系を正規コンスルと補充コンスルとで分けた場合、コンスル家系出身者は正規コンスルに、コンスルを輩出したことのない元老院家系出身者と新人は補充コンスルに就任する傾向がすでにみられ、前五年以降と類似した傾向をみてとることができた（第四章、第五章）。こうした傾向は、補充コンスルは正規コンスルと比べて威厳が劣るという認識がすでに形成されていた可能性を示唆している。

また、補充コンスル選出の常態化直前のコンスル選挙の状況をみると、共和政期以来のコンスル家系出身者が圧倒的な優位にあったことがわかる。前一八年から前六年の正規コンスルは、ドムス・アウグスタの構成員を除く二二人中一八人が共和政期以来のコンスル家系出身者によって占められている。補充コンスルは、コンスル退任の直前に選出されていたと考えられ[35]、翌年の正規コンスルとは別の選挙で選出されていた。共和政期以来のコンスル家系出身者は、新興家系出身者に比べて正規コンスル当選の可能性が高い状況が続くなかで、コンスル就任を急ぐあまり、権威で劣る補充コンスルに立候補することはせず、翌年度の正規コンスル選挙を待ったのではないだろうか。そうであるならば、正規コンスルを共和政期以来の有力家系出身者が占め、内乱以降のコンスル家系出身者や新人の多くが補充コンスルに就任したという補充コンスル選出の常態化以降の傾向は、これを機にアウグストゥスが選挙結果に積極的に介入するようになったことを示しているとはいえない。前一八年以降の介入を回避しようとする姿勢に鑑みれば、これは新興家系出身者の不満を解消しつつ、選挙戦の激化と、その鎮静化のための介入を回避する手段だったと考えられる。少なくとも、補充コンスル選出の常態化は、アウグストゥスが選挙結果に直接的に介入する手段ではなかった。

3　治世後期　後五〜一四年

予備選挙

後五年、ウァレリウス－コルネリウス法が制定され、コンスルとプラエトルの選挙について、元老院と騎士身分による予備選挙(destinatio)が導入された。つぎに、予備選挙導入からアウグストゥス死去にいたるまでのコンスル選挙に注目し、とくに予備選挙がアウグストゥスの選挙への介入手段として導入されたのかどうかを考えてみたい。

この予備選挙については、一九年に死去したゲルマニクス・カエサルの栄誉を讃える元老院決議が刻まれた「ヘバ青銅板」によってその存在が今に伝えられている。しかし、タキトゥスやディオらの著作家がこれに言及していないため、その方法の詳細は不明な点が多い。ヘバ青銅板については、わが国でもすでに弓削達が紹介、検討しているが[36]、ここでもアウグストゥス時代に関連する箇所を取り上げたい[37]。

予備選挙は元老院議員(六〇〇人)と法廷を構成する騎士(三〇〇〇人)が構成する一〇ケントゥリアからなっており、そのうちの五つが「ガイウス・カエサルのケントゥリア」、残り五つが「ルキウス・カエサルのケントゥリア」と呼ばれた[38]。彼らはトリブスごとに分かれ、二ないし三トリブスに属する者が一ケントゥリアを形成し、予備選挙全体で一〇ケントゥリアが構成された[39]。投票後、それぞれのケントゥリアの票は、そのケントゥリアの名前、すなわちガイウス・カエサルあるいはルキウス・カエサルの名で読み上げられ、当選宣言により「予選候補者」(candidati destinati)が選出された[40]。

予備選挙の結果がコンスルとプラエトルの選出過程全体のなかでどのような働きをしたのかについては、史料からは判然としない点が多く、さまざまな見解が示されている。ティビレッティは、予備選挙では過半数の票を得た者が予選候補者とされ[41]、その結果はケントゥリア民会に先立って公表され、ケントゥリア民会の投票結果と合算されたと主張する[42]。ステイヴリーは、予備選挙で公職の定数まで候補者を絞り、その結果が民会に提示され、予備選挙の結果は「第一投票ケントゥリア」以上の影響を選挙結果に与えたとする[43]。クルックは、予選候補者は「皇帝推薦候補者」とともに民会に提示され、候補者は予備選挙をへずに民会で投票を得ることも可能ではあったが、予備選挙導入によって民会は形骸化し、実質的な選択の余地を失ったとする[44]。

では、予備選挙導入にはどのような意図があったのか。これについてもさまざまな見解が提示されている。ジョーンズは、後五年以降に新人が増加した理由を予備選挙導入に求める。すなわち、予備選挙での投票者の多くは騎士であり、彼らは同じく騎士階級出身の元老院議員である新人に票を投じたため、新人のコンスル就任を望むアウグストゥスは直接的に選挙に介入せずとも望む結果を期待できた、と主張する。[45] フライ−シュトルバも同様に、民会を法的に侵害することなく、可能な限り選挙結果を誘導する手段として予備選挙は導入されたとする。[46]

こうした見解に対してブラントは、新人あるいは内乱勃発以降のコンスル家系も含めた新興家系の台頭は、予備選挙導入ではなく補充コンスル選出の常態化からその兆しがみられるため、これは新興家系出身者をコンスルに就任させる手段ではなかったと主張する。[47] そして、予備選挙導入の目的を公職選挙とは関連づけず、当時さまざまな方法でなされた騎士身分優遇政策の一環として、込み合った投票場(saepta)以外の場所で投票する特権を騎士に与えるためにこれが導入されたと主張する。[48] フラッハはさらに、元老院階級と騎士階級の「両階級」(uterque ordo)の連帯感を強化する方策だったと主張する。[49] また、レーヴィックはこれを一四年の公職選挙の元老院への移管の先駆的試みと位置づける。[50] ほかにも、ホラディは候補者と投票者の分断による選挙買収の根絶、[51] 新保良明は元老院議員、騎士とそれ以下の市民のあいだのパトロネジ関係の切断を予備選挙導入の目的としている。[52]

このように、制度的には不明な点が多く、また導入目的もさまざまな見解が示されている予備選挙であるが、予備選挙が公職選挙のあり方に与えた変化を検討するうえで、予備選挙導入の二年後に生じたとディオが伝える公職選挙をめぐる混乱が大きな手がかりとなる。ディオによれば、八年度公職選挙において不和が生じたため、アウグストゥスが八年度公職者の全員を任命し、その翌年以降、彼は推薦する候補者を掲示するようになった。[53] この事件も、ディオだけが伝えるものであるため、判然としない点が多いが、予備選挙がアウグストゥスによる公職選挙への介入の手段として導入されたのかどうかを検討するために、まずはこの出来事に注目したい。

後八年度公職選挙をめぐる混乱と予備選挙

八年度公職選挙ではどの公職の選挙で混乱が生じたのだろうか。アウグストゥス治世において、クアエストル就任の前提として二十人役への就任が義務づけられた。クアエストルは定数二〇で、二十人役と同数であるため、クアエストル選挙が混乱を生じさせるほど激しい競争だったとは考えにくい。さらに、クアエストルとプラエトルのあいだにある護民官やアエディリスは、公職階梯上昇にあたって就任が義務づけられておらず、アウグストゥス時代においてしばしばこれらの公職の候補者が不足したと伝えられている。[54] そのため、これらの公職の選挙でも混乱が生じるほどの競争が生じたとは考えられない。そうであるならば、八年度公職選挙で混乱が生じたのはケントゥリア民会で選出され、予備選挙がその対象としたコンスルあるいはプラエトルの選挙だったといえるだろう。

それでは、どのような混乱が生じたのだろうか。ディオはこれを ἐστασιάζετο の語であらわしている。この言葉は「党派が対立する」「内乱状態に陥る」といった意味だが、ここからどのような混乱が生じたかを明確にすることは難しい。ただ、最終的にアウグストゥスが全公職者を「任命する」（ἀπέδειξε）にいたったことから、後八年にも、前一九年と同様、支持獲得競争が過熱し、都市民が大規模な騒動を引き起こす事態に発展したと考えられるだろう。都市民がこうした騒動を引き起こしたのであれば、ホラディが指摘するように、[55] 彼らは予備選挙導入によって公職者選出の自由を奪われていなかった、すなわち、予選候補者以外の候補者もケントゥリア民会に提示されていたと考えられる。

その翌年以降、アウグストゥスは推薦候補者名簿を掲載するようになった。ディオは、アウグストゥスが「高齢のため」に候補者とともに選挙運動をできなくなったからであるとするが、ジーバーは、その前年に生じた混乱と関連づけ、こうした混乱を防止する方策として推薦候補者名簿が掲示されるようになり、カエサルのそれを雛形とした推薦権が成立したと主張する。[56] これによりアウグストゥスが推薦権を獲得したわけではなかったが（第六章第二節）、これを前年の混乱と関連づけるジーバーの指摘は注目すべきであるように思われる。

ここで、アウグストゥスによる推薦候補者名簿を掲示するようにした意図を考えてみたい。これを予備選挙と関連づけるならば、アウグストゥスは予選候補者を記載した名簿を民会に推薦することで、予備選挙とケントゥリア民会、すなわち元老院議員および騎士と都市ローマ在住市民の支持の溝を埋めようとしたのではないだろうか。アウグストゥスは、共和政期の選挙運動と同様に、公職選挙立候補者が支持獲得のために選挙運動を展開することを期待していた。そうでなければ、予備選挙導入と同時に市民の選択の余地は奪われ、八年度公職選挙をめぐる混乱は生じなかっただろう。そしかし、これまでの研究が指摘するように、予備選挙の結果は共和政期の「第一投票ケントゥリア」と同等ないしそれ以上の影響をもったと考えられ、ケントゥリア民会での選挙を主宰するコンスルも、アウグストゥスの後継候補の名で示される予選候補者を尊重せざるをえなかっただろう。このような選挙運営状況のなかで、予備選挙で投票する元老院議員と騎士だけを対象とした選挙運動を展開する候補者もあらわれただろう。

他方、予備選挙が一〇ケントゥリアであるのに対して、一九〇前後のケントゥリアからなるケントゥリア民会[57]で投票する都市民の支持獲得のために選挙運動を展開した候補者もいただろう。八年度公職選挙での混乱は、予備選挙で投票する元老院議員と騎士の支持を獲得できなかった候補者を支持する都市民が、ケントゥリア民会の投票を待たず予選候補者の当選を宣言しようとする選挙主宰コンスルに反発して引き起こしたものだったのではないだろうか。そして、このようにして生じた予備選挙とケントゥリア民会の支持の溝を埋め、選挙をめぐる混乱を未然に防ぐために、アウグストゥスは自身の名で予選候補者を民会に示すようになったのではないだろうか。このように、アウグストゥスが予選候補者を市民に推薦するようになったのであれば、これによって市民はコンスルとプラエトルの選出における選択の自由を事実上喪失したといえるだろう。

では、予備選挙で投票する元老院議員と騎士の選択に対して、アウグストゥスはなんらかの影響をおよぼしたのだろうか。レイシーは、七年の騒動以降、アウグストゥスは予備選挙で掲示される候補者名簿[58]上で候補者を定数と同数にすることで選挙を茶番にしたと主張する[59]。しかし、アウグストゥスによる推薦候補者名簿掲示を伝えるディオの記述が、アウグストゥスが元老院議員に意見を主張するよう促し、彼らの政治的決定を尊重する態度を示す文脈のなかにあることから、アウグストゥスが予備選挙における元老院議員の影響力を抑制するかたちで候補者を推薦したとは考えにくい。また、一一年のプラエトル選挙で定数一二に対して一六人が当選した[60]ことも、アウグストゥスが予備選挙の結果を事実上決定していなかったことを示唆しているように思われる。一六人全員をアウグストゥスが事実上任命した可能性もある。しかし、プラエトル級政治家の増加がコンスル選挙での競争激化の要因となりうることも勘案すれば、アウグストゥスが定数以上のプラエトルを推薦ないし任命したとは考えられない。

以上の検討から、予備選挙はアウグストゥスが公職者選出に介入する手段として導入されたものではなかったとの結論を導き出せるだろう。そうであるならば、なぜ予備選挙は導入されたのだろうか。これについては、ブラントの見解が示唆するように、より広い政治的文脈で考察すべきものであろう。その場合、アウグストゥスによる公職選挙への介入の程度を問う本章の射程を超える問題であるため、ここでは予備選挙導入の目的についてこれ以上追究しない。その目的がなんであれ、予備選挙は、その二年後に生じたような、予備選挙とケントゥリア民会とのあいだで大きな支持の隔たりを生み、それにより混乱を引き起こす可能性を内包していた。この溝を埋めるために、アウグストゥスは予備選挙で選出された予選候補者を民会に推薦するようになった。これにより、ケントゥリア民会、そしてそこで投票する都市ローマ在住市民を中心とするローマ市民の選挙における選択の自由は失われることとなった。

ここまで、アウグストゥスによる公職選挙への介入の程度を検討するために、アウグストゥス治世のコンスル選挙を通時的にみてきた。アウグストゥスの法的地位と公職選挙のあり方の変化に応じて時期を区分して仔細にみていくと、治世の序盤(前二六年ないし前二三年まで)と終盤(後八年以降)を除くほとんどの時期において、アウグストゥスは公職選挙、少なくともコンスル選出には介入しなかった。その治世の大半において、公職者選出は市民の選択に委ねられており、候補者は都市民の支持を求めて選挙運動を展開していた。しかし、候補者による支持獲得競争の激化、支持者同士の衝突など、選挙実施が困難になるような混乱が生じた場合、アウグストゥスは公職者を任命し、混乱を収束させることができた。アウグストゥスによる公職者の任命(同時に、彼が任命した者以外の候補者の排除)は、コンスル命令権に付随する選挙主宰権限によってなされたものといえるだろう。また、前五年の補充コンスル選出の常態化や後五年の予備選挙導入は、アウグストゥスがコンスル選挙に介入するためのものではなかった。

予備選挙の導入は、予備選挙を構成する元老院議員および騎士と、ケントゥリア民会を構成する都市民の支持のあいだに大きな溝を生じさせる結果となった。それが引き起こした混乱に対処するために、アウグストゥスは予備選挙で投票を得た予選候補者を民会に推薦するようになり、都市民はコンスル、プラエトル選出における選択の自由を事実上喪失した。しかし、予備選挙自体に対するアウグストゥスの介入の形跡はみられず、元老院議員と騎士は引き続き高位公職者選択の自由を享受した。また、トリブス民会、平民会で選出される公職をめぐる競争は、引き続き都市民の前で繰り広げられたと考えられる。

だが、こうした状況も長くは続かなかった。一四年、アウグストゥス死去に際して実施されていたプラエトル選挙について、タキトゥスは「このとき初めて、公職選挙が(マルスの)野から元老院議員のもとへと移された」と伝えており、[61] 公職選挙は元老院で執りおこなわれるようになった。こうして、民会はすべての公職選挙における選択の自由を事実上喪失し、市民の前で繰り広げられた共和政期以来の公職選挙は終焉を迎えた。

終章　公職選挙にみるローマ帝政の成立

ローマ帝政の成立過程における公職選挙

ここまで、共和政末期からアウグストゥス時代の公職選挙に注目し、公職者選出のあり方の変容と皇帝権力の成立の関連という観点から検討を続けてきた。最後に、本書で示してきたことを整理しつつ、これをローマ帝政成立の研究史のなかに位置づけたい。

まず、共和政末期から帝政成立期にかけて公職選挙がいかなる変容を遂げたかについて、まとめてみたい。共和政期ローマの公職選挙は、制度的には、コンスルと護民官が務める選挙主宰公職者が選挙結果に決定的な影響をおよぼす権限を保持しており、富裕層市民が投票において大きな影響力を有していた。他方、富裕層に属さない都市ローマ在住市民もまた、選挙主宰者に圧力をかけることで恣意的な公職者選出を抑止する、あるいは候補者の選挙運動についての「評判」を形成することで富裕層市民の投票行動にも影響をおよぼす存在だった。共和政末期の公職選挙では、選挙主宰者、富裕層市民、そして都市ローマ在住市民の相互作用のうえで公職者が選出されていた。

そのなかで「軍隊指揮官」、内政にも通じた「よき弁論家」の資質を備えている者が、コンスル就任、あるいは公職階梯上昇にふさわしいとされた。しかし、これらの資質を証明する、他の候補者から抜きん出た業績をあげることは極めて困難だったため、「家柄」や「気前のよさ」など、さまざまな資質が競われることとなり、公職をめぐる競争は激化した。

とくに、「気前のよさ」は、公職選挙を激化させた。これは社会的地位の高い者に求められた資質であり、これを誇示する選挙運動は、社会的に許容される場合もあれば、選挙違反として告発される場合もあるアンビヴァレントなものだった。「気前のよさ」を誇示する選挙運動は、当選への熱意を示すためのものであり、とくに選挙運動に「無気力になった」と判断された者がその評判を覆す手段でもあった。また、選挙立候補までに継続的に「気前のよさ」を示し、市民から「気前がよい」と評価されている者の場合、選挙違反と判断されることもある選挙運動を展開したとしても、これは資質の誇示であり選挙違反には当たらないと判断されることもあった。

カエサルと元老院主流派の内乱勃発により、公職者選出のあり方は大きく変化した。カエサルは、前四九年末に独裁官に就任して以降、独裁官ないしコンスルとして、ケントゥリア民会とトリブス民会での公職選挙主宰権限を保持した。戦勝に際して、連続してのコンスル就任、カエサル自身による公職選挙主宰を元老院決議で確認することで、カエサルはコンスルとしての選挙主宰権限保持とその行使を正当化しながら、公職者選出に決定的な影響をおよぼしつづけた。前四四年、終身独裁官就任と終身の護民官職権獲得により、カエサルはすべての公職者の選挙について永続的な主宰権限を獲得した。同時に、アントニウス法により、コンスルを除く公職者の半数について、民会に代わって選挙主宰者から当選宣言を受ける者を選出する権限が創出された。

カエサルが選挙主宰者として公職者選出に決定的な影響力を発揮しつづけたことで、公職就任は、市民の支持をめぐる対立候補との競争ではなく、カエサルからの公職就任の約束をめぐる潜在的候補者との競争となった。公職就任をめざす者は、カエサルから割り当てられた軍事や内政の任務をはたし、他の潜在的候補者以上の業績をあげ、カエサルに貢献することで、公職就任の約束を争った。他方カエサルは、彼らの業績を評価し、彼らに公職を約束することで「カエサル派」の凝集をはかり、内乱における軍事と政治の指導者として業績をあげる舞台を用意することで、公職をめぐる競争を自身の影響力のもとにおいた。内乱を背景として、これを指揮するカエサルのもとで、「軍隊指揮官」「よき弁論家」の資質は公職階梯上昇においてより重要視されることとなり、カエサル独裁期の公職選挙は内乱勃発以前よりも実力主義的な傾向を強めた。

カエサルは内乱の遂行のためにコンスル、そして独裁官の権限を獲得したが、この権限は、カエサル自身が軍隊を指揮し、政治や帝国行政に関わる決定をくだすことを許しただけではなかった。これは、軍事、政治などの帝国行政の直接の担い手である公職者の任命、さらには、公職に付随する名誉を求める元老院議員の公職階梯における上昇、そしてそこからの排除を可能にする権限でもあった。コンスル命令権と護民官職権を公職選挙主宰権限という側面に注目した場合、カエサルはこの権限により帝国統治に必要な権限と人材を自身の管理下におくこととなったといえるだろう。

カエサル暗殺後、国家再建三人委員はコンスルと同等の権限と、カエサルのものより広範な、事実上の公職任命権を獲得した。アントニウスとオクタウィアヌスはこれらの権限に基づき、彼らに貢献した者への報酬として、あるいは有能な人材を支持者とするために公職を与えることで自派の強化をめざしながら、軍隊指揮や帝国統治の担い手を確保した。カエサルが構築したシステムはアントニウスとオクタウィアヌスに継承された。

オクタウィアヌス(アウグストゥス)は、内乱での勝利後しばらくのあいだ、コンスルの地位を独占することで公職選挙主宰権限を掌握し、軍事と帝国統治に必要な権限とその担い手を統制した。しかし、体制を長期的に維持するためには、帝国統治の直接の担い手である元老院の協力は不可欠である。そのためには、彼自身がコンスル職を独占し、最高の名誉の一つであるこの職を求める元老院議員の欲求を抑圧しつづけることはできなかった。こうした理由によりアウグストゥスはコンスルを辞任したが、属州の軍隊指揮のためにすでに獲得していた、都市ローマの境界外で行使される命令権の行使可能領域を都市ローマの境界内にも拡張し、コンスルと同等の命令権を獲得した。さらに護民官職権をも獲得することで、すべての公職者の選出に介入する権限を掌握した。これにより、公職階梯の上昇、あるいは公職階梯からの排除というかたちで、帝国統治の直接の担い手である元老院議員の政治生命をも左右する絶対的な権力者としての地位を確立した。

公職者選出に決定的な影響力を獲得したアウグストゥスだったが、彼が任命により公職者選出に直接的に介入することは限定的な状況下でしか確認できず、むしろアウグストゥスは公職選挙への介入に消極的だった。原則的に、アウグストゥスは公職者選出をローマの都市民に委ねており、公職就任をめざす元老院議員たちに市民の前で競争させていた。また、補充コンスル選出の常態化や予備選挙の導入は、アウグストゥスのコンスル選出への介入の手段ではなかった。しかし、支持獲得競争が過熱して混乱が生じた場合にはただちに介入し、公職者を任命した。こうした任命のためにアウグストゥスが推薦権や任命権と呼びうる法的権限を保持していたことは確認できず、アウグストゥスによる公職選挙への介入は、公職選挙主宰権限と、「ローマ市民の第一人者」としての権威を背景になされた行為だったと考えられる。

後五年の予備選挙の導入は、結果的にケントゥリア民会での公職選挙に大きな変化をもたらした。予備選挙の結果は公職選挙の結果に強い影響をもったため、元老院議員と騎士だけを対象に選挙運動を展開する者があらわれた。その結果、予備選挙と都市民の支持に大きな乖離が生じ、七年には、都市民を巻き込んだ混乱へと発展した。こうした混乱を未然に防ぐために、アウグストゥスは予選候補者を自ら市民に推薦することとなり、これにより、コンスルとプラエトルの選出における都市ローマ在住市民の選択の自由は事実上喪失した。そして一四年、アウグストゥスの死去、ティベリウスの帝位継承に際して、公職選挙は事実上元老院でおこなわれるようになり、民会はすべての公職選挙での選択の自由を失い、ローマ市民が民会で公職者を選出するというローマ共和政の公職選挙は終焉を迎えた。

公職選挙が描き出すローマ皇帝像

このように、共和政末期からアウグストゥス時代における公職選挙のあり方の変容に注目してローマ帝政の成立を説明しようとすると、選挙主宰権限をつねに保持し、それによって公職選挙を支配する権力者が出現し、こうした存在が安定的な地位を確立した結果、事実上の君主政としてローマ帝政が成立した、といえるだろう。その過程で公職選挙は、ローマ市民が国政の指導に求められる資質をもつ者、あるいは国政に貢献した者に公職を与える場から、選挙主宰権限を掌握した権力者が帝国統治に必要な資質をもつ者、あるいは帝国統治に貢献した者の公職就任を容認する場へと姿を変えて存続した。

こうしたローマ帝政の成立の説明は、これまでの研究が示してきたローマ帝政の成立像とどのように異なるのか。ローマ帝政の成立についてのこれまでの研究が共有する、モムゼン以来の「ローマ軍の最高指揮官」、プレマーシュタイン、サイム以来の「帝国最大のパトロン」という二つのローマ皇帝像と、公職選挙に注目して描くことができるローマ皇帝像とを対比し、その差異を明確にしたい。

まず、属州総督に優越する命令権を保持し、全ローマ軍を掌握する「ローマ軍の最高指揮官」としての皇帝像との差異から検討したい。本書では、共和政末期から帝政前期において軍隊指揮も含む属州統治の担い手は高位公職経験者であったことから、皇帝と統治の担い手との関係も問われるべきであると問題提起し、公職選挙に注目してきた。これまでの研究は、その指揮権が属州総督に優越する「上級プロコンスル命令権」なのか、属州総督に優越するだけでなく、コンスルと同等の権限「コンスル命令権」なのか、という点で見解を異にしているが、いずれの命令権であっても、それに基づいて皇帝は「ローマ軍の最高指揮官」だったという認識を共有している。

アウグストゥスはコンスル命令権を獲得した。アウグストゥスのみならず、独裁官カエサル、国家再建三人委員もまた、コンスルと同等あるいはそれ以上の権限を保持していた。その中でとくに注目すべきは、彼らが獲得した権限は、属州総督に優越する軍隊指揮権であるだけでなく、軍隊指揮と帝国統治の直接の担い手となる高位公職者の選挙への干渉をも可能にする選挙主宰権限という側面をもっていたことである。その点で、公職選挙から描き出されるローマ皇帝像は、「ローマ軍の最高指揮官」としてのローマ皇帝像を否定するものではないが、ローマ皇帝の政治的な側面、すなわち、コンスル命令権に含まれる選挙主宰権限により、属州において軍隊を直接に指揮する帝国統治の担い手の選出に対する決定的な影響力を有していた点を強調するものである。この点で、本書の議論とモムゼンの議論は互いに補完するものといえる。

つぎに、全帝国のクリエンテラを統合し、「帝国最大のパトロン」として帝政を成立させたというローマ皇帝像との差異を明確にしたい。こうした皇帝像に対して、共和政末期政治史研究においてクリエンテラ論の限界が指摘されており、クリエンテラ論に基づいて論じられるローマ皇帝像についても再考の余地があると問題提起した。共和政末期の公職選挙では、クリエンテラは候補者の支持基盤の一要素にすぎず、投票者の大多数を占めたであろう都市ローマ在住市民は候補者の選挙運動を観察することで、誰を支持するかを判断し、候補者の評判を形成していた。毎年開催される選挙でこうした選挙戦が繰り返されていたのであれば、世代を越えて持続する強固な紐帯としてのクリエンテラによって公職選挙が決定づけられた、という説明に首肯することはできない。また、カエサル暗殺直後に彼の選挙主宰権限のもとで公職という恩恵を受けた「カエサル派」が分裂したことも、こうした恩恵によって強固な紐帯が形成されなかったことを示している。さらに、アウグストゥス時代の公職をめぐる競争や公職選挙の混乱の存在から、帝政成立後もローマ社会の状況や支配階層の行動様式に大きな変化はなかったと考えられる。このことから、安定的・継続的な共和政期ローマ支配層のクリエンテラを統合したことによってローマ帝政が成立したという説明を支持することは難しいだろう。その後の社会、とくに支配階層の変容に関心がもたれるだろうが、この問題は本書の課題の外にある。

サイムは、アウグストゥスにとって公職はパトロネジ拡大のために与えた恩恵の一つであったと主張する。選挙主宰権限を掌握した皇帝が元老院議員の公職就任に介入できたことは、公職就任を許可するというポジティヴな側面に焦点をあてれば、サイムの議論を追認するものだろう。しかし、むしろ公職選挙への介入のネガティヴな側面、すなわち、公職就任を許可せず、さらには元老院議員を公職階梯から排除できたことが強調されるべきであろう。カエサルもアウグストゥスも、選挙主宰権限を手放さないことによって、元老院議員が公職階梯上昇をはたすために彼らに従わざるをえない状況を作り上げていた。つまり、カエサルやアウグストゥスにとって選挙主宰権限とは、帝国統治の担い手である元老院議員の政治生命を掌握し、彼らを服従させる手段だった。サイム以降の研究者が共有する「帝国最大のパトロン」という皇帝像に対して公職選挙が描き出すローマ皇帝像は、公職選挙主宰権限を掌握することで、帝国統治の直接の担い手である元老院議員にとって、パトロンである以上に政治生命を左右する絶対的な権限保持者というローマ皇帝像である。

共和政末期からアウグストゥス時代における皇帝権力の成立と公職者選出のあり方の変容を並行してみた場合、ローマ帝政の成立とは、帝国統治に関わる公職権限とそれを担う元老院議員を統制する手段として公職選挙を支配するために選挙主宰権限を独占したローマ皇帝が出現する過程だった。

あとがき

本書は、二〇一四年九月に学習院大学に提出した博士論文「公職選挙に見るローマ帝政成立」を大幅に加筆・修正したものである。

また、本書は、筆者がこれまで発表した以下の論文や学会報告をもとにしている。

「共和政末期ローマのコンスル選挙」（修士論文　二〇〇七年一月提出）

「紀元前五三年度コンスル選挙――共和政末期ローマにおける選挙の一具体例として」『学習院史学』第四六号（二〇〇八年三月）。

「独裁官カエサルと公職選挙――カエサルの権限とその行使をめぐって」『西洋史研究』新輯四一号（二〇一二年十一月）

「公職就任者の立場から見たカエサル時代の公職選挙」日本西洋史学会第六一回大会　学会報告（二〇一一年五月）

「アウグストゥス時代の公職選挙」歴史学研究会西洋古代史部会定例会　研究会報告（二〇一三年十二月）

博士論文には、「共和政末期ローマの公職選挙における選挙支援者――divisor と gratiosus をめぐって」『史学雑誌』一二〇―二（二〇一一年二月）をもとにした章があった。そこでは、共和政末期に新たにローマ市民権を獲得した地方都市の有力者が、divisor や gratiosus と呼ばれながら、ローマ政界進出の足がかりとしてローマ政界の有力政治家の公職選挙に協力していたことを明らかにし、彼らが登場した背景には同盟市戦争による市民権拡大にともなう政治権力の分散という現象があり、これも共和政末期における公職選挙の混乱の原因の一つであったと主張した。

博士論文の執筆には、大学院入学から数えて一〇年の歳月を要した。一〇年間の成果と考えると何とも拙く、もっとやるべきこと、できることもあったのではないかと、反省することばかりである。他方、博士論文を提出できたことすら奇跡的なことに思えるし、こうして出版の機会を与えられ、世に送り出せたことは望外の喜びというほかない。

本書の完成は、たくさんの方々からのお力添えがなければ到底成し遂げられるものではなかった。なかでも、大学院生時代の指導教員である学習院大学島田誠先生のご指導がなければ、博士論文の提出にも至らなかっただろう。研究が行き詰まるたびに事前連絡もなしに研究室にお邪魔することもしばしばあったが、お忙しい中でも私のまとまらない話を辛抱強く聞いてくださり、私の考えていることの意義や進むべき方向を示していただいた。ご指導をどれだけ活かすことができているか、何とも心許ないが、こうして一つの形に完成させることができたのは、島田先生からいただいた学恩なしには考えられない。

大学院ゼミに出席させていただき、博士論文の副査も務めてくださった亀長洋子先生をはじめ、学習院大学文学部史学科の先生方には常に気にかけていただき、励ましをいただいた。博士論文の学外査読をお引き受け頂いた早稲田大学特任教授本村凌二先生をはじめ、縁あって博士論文をお読みくださった方々から頂いた「読み応えのある論文だった」というお言葉は、出版に向けて私の背中を強く押してくれた。

まだまだ感謝を申し上げねばならない方々は尽きない。この場を借りてお礼を申し上げる。また、出版の機会を与えてくださった山川出版社にも記して謝意を示したい。

最後に、随分と長くなってしまった学生生活を気長に見守ってくれた両親へ、感謝を述べるとともに本書を捧げたい。

二〇一七年九月

丸亀　裕司

表1　選挙運動における「友人」（『選挙運動備忘録』より）

章 節	言及される「友人」
5- 16	血縁関係，姻戚関係，組合，あるいはなんらかの親戚関係といった，しかるべき理由によって友人である人びと(qui sunt amici ex causa iustiore cognationis aut adfinitatis aut sodalitatis aut alicuius necessitudinis)
5- 17	親しく，とくに家に関係する者(quisque est intimus ac maxime domesticus) トリブス民(tribules) 近隣の人びと(vicini) クリエンテス(clientes) 被解放奴隷(liberti) あなたの奴隷(servi tui)
5- 18	名誉と名前の点で卓越した人びと(homines inlustres honore ac nomine) 公職者(とくにコンスル，つぎに護民官)(magistratus ex quibus maxime consules, deinde tribuni pl.) 好意の点で卓越した人びと(homines excellenti gratia) 野心的な人びと(homines ambitiosi)
5- 19	選挙運動に対して極めて好意的な4人(C.フンダニウス，Q.ガッリウス，C.コルネリウス，C. オルキウィウス)の組合(quattuor sodalitates hominum ad ambitionem gratiosissimorum tibi obligasti, C. Fundani, Q. Galli, C. Corneli, C. Orchivi)
5- 20	訴訟での弁護からあなたが獲得した〔友人関係〕(quoniam eo genere amicitiarum petitio tua maxime munita est quod ex causarum defensionibus adeptus es) (cf. 6, 21; 9, 38)
6- 21	あなたが救った者たち(ii quibus saluti fuisti)
6- 22	〔あなたから得られるであろう恩恵の〕希望に魅了される人びと(qui autem spe tenentur)
6- 24	自身の近隣や自治都市においてgratiosusな人びと(sunt enim quidam homines in suis vicinitatibus et municipiis gratiosi)
8- 29	元老院議員とローマ騎士，その他すべての〔階級の〕熱心でgratiosusな人びと(senatores equitesque Romanos, ceterorum ordinum omnium navos homines et gratiosos) たくさんの勤勉な都市の人びとや，gratiosusで熱心なたくさんの解放奴隷(multi homines urbani industrii, multi libertini in foro gratiosi navique)
8- 30	都市全体(urbs tota)すべての組合，村落，近隣(の長)((principes) conlegiorum omnium, pagorum, vicinitatum) 全イタリア(tota Italia) 自治都市(municipium) 植民市(colonia) 旧プラエトル管轄都市(praefectura)
8- 32	自身の野心〔ambitio＝選挙運動〕のために，彼のトリブス民のあいだで好意によって大きな勢力をもっている人びと(propter suam ambitionem qui apud tribulis suos plurimum gratia possunt)
8- 33	騎士のケントゥリア(equitum centuriae) 若者のなかでも最良の，そして勉学に非常に熱心な者たち(ex iuventute optimum quemque et studiosissimum humanitatis)
9- 35	訪問者(salutator)
9- 36	同伴者(deductor)
9- 37	随行者(adsectator)

表2　選挙運動の対象（『選挙運動備忘録』より）

キケロがかつて弁護した者たち	19節　選挙運動に対して極めて好意的な4人(C. フンダニウス，Q. ガッリウス，C. コルネリウス，C. オルキウィウス)の結社 20節　訴訟での弁護によってあなたが獲得した友人関係 21節　あなたが救った者たち
キケロの身近にいる者たち	16節　血縁関係，姻戚関係，結社，あるいはなんらかの親戚関係といった，しかるべき理由によって友人である人びと 17節　親しく，とくに家に関係するあらゆる者，トリブス民，街区の人びと，被保護者，被解放奴隷，あなたの奴隷たち 35節　訪問者 36節　同伴者 37節　随行者
社会的地位の高い者たち	18節　名誉と名前の点で卓越した人びと，公職者(とくにコンスル，つぎに護民官)，別格の好意を得る人びと，野心的な人びと 24節　自身の街区や自治都市において好意を集めている人びと 29節　元老院議員，ローマの騎士，熱心で好意を集めるすべての人びと，都市にいる多くの勤勉な人びと，フォルムで好意を集めている熱心な多くの解放奴隷 30節　すべての組合，村落，街区の長 32節　自身の野心〔選挙運動？〕のために，彼のトリブス民のあいだで好意によって大きな勢力をもっている人びと 33節　騎士のケントゥリア，若者のなかでも最良の，勉学に極めて非常に熱心な者たち
一般市民	41節以下

表3　カエサル独裁期の高位公職就任者

①コンスル

年		名　前	新人	備　考
前48年	正規	C. Iulius Caesar II		
		P. Servilius Isauricus		
前47年	正規	Q. Fufius Calenus	○	前47年10月1日選出
		P. Vatinius	○	
前46年	正規	C. Iulius Caesar III		
		M. Aemilius Lepidus		
前45年	正規	C. Iulius Caesar IV	○	
	補充	Q. Fabius Maximus		
		C. Trebonius	○	
		C. Caninius Rebilus		
前44年	正規	C. Iulius Caesar V		
		M. Antonius	○	
	補充	P. Cornelius Dolabella	○	

③プラエトルのカエサル軍幕僚経験者・新人の人数

ブロートンのリストに基づくもの

年	全　体	カエサル軍幕僚経験者	新　人	カエサル軍幕僚を経験した新人
前48年	11	6	4	3
前47年	2	1	2	1
前46年	7	5	4	3
前45年	10	9	5	5
前44年	16	4	6	0
合計	46	25	21	12

サムナーの修正を加味したもの

年	全　体	カエサル軍幕僚経験者	新　人	カエサル軍幕僚を経験した新人
前48年	4	4	3	3
前47年	0	0	0	0
前46年	3	3	2	2
前45年	1	1	0	0
前44年	16	5	7	1
合計	24	13	12	6

②プラエトル

年	名　前	新人	備　考
前48年	M. Caelius Rufus	○	Sum.; LC.
	C. Caninius Rebilus		LC.
	M. Coelius Vinicianus	○	
	C. Cosconius		
	Q. Fabius Maximus		LC.
	Q. Marcius Philippus		
	Q. Pedius	○	Sum.; LC.
	C. Rabirius（Curtius）Postumus		
	P. Sulpicius Rufus		Sum.; LC.
	C. Trebonius	○	Sum.; LC.
	C. Vibius Pansa Caetronianus		
前47年	M. Acilius Caninus	○	LC.
	L. Nonius Asprenas	○	
前46年	C. Calvisius Sabinus	○	Sum.（前44年）; LC.
	C. Carrinas		
	T. Furfanius Postumus	○	
	A. Hirtius	○	Sum.; LC.
	Q. Marcius Crispus		LC.
	C. Sallustius Crispus	○	Sum.; LC.
	L. Volcatius Tullus		Sum.; LC.
前45年	C. Asinius Pollio	○	LC.
	Q. Cornificius		LC.
	Q. Hortensius		LC.
	D. Iunius Brutus Albinus		LC.
	L. Minucius Basilus		Sum.; LC.
	L. Munatius Plancus	○	LC.
	A. Pompeius Bithynicus		
	T. Sextius	○	LC.
	L. Staius Murcus	○	LC.
	L. Tillius Cimber	○	LC.
前44年	T. Annius Cimber	○	Sum.
	C. Antonius		Sum.; LC.
	Q. Cassius		Sum.
	C. Cassius Longinus		Sum.; LC.
	C. Cestius	○	Sum.
	L. Cornelius Cinna		Sum.
	L. Cornelius Lentulus（Cruscellio）		Sum.
	M. Cusinius	○	Sum.
	M. Gallius		
	M. Iunius Brutus		Sum.; LC.
	L. Marcius Philippus		Sum.
	P. Naso	○	Sum.
	Sp. Oppius		Sum.; LC.
	M.（Calpurnius or Pupius）Piso		Sum.
	C. Turranius	○	Sum.
	M. Vehilius	○	Sum.

Broughton, 1952 に基づいて作成。
「新人」はWiseman, 1971 に依拠した。

Sum.：Sumner, 1974 が確実にプラエトルにしたとする者
LC. ：プラエトル就任以前に，カエサル軍幕僚経験者

表4　三人委員時代のコンスル就任者

	年		名　前	出身家系	三人委員中，最も関係が強い者とその根拠	軍事的功績
第1期（前43年11月27日〜前38年12月31日）	（前43年）		ボノニア協定			
	前43年	補充	① P. Ventidius Bassus	h. n.	Ant.	前43年，アントニウスのもとで徴兵（App., *BC*., 3. 66）	前38年11月27日凱旋式（パルティア）
			② C. Carrinas	sen.	Oct.		前28年7月14日凱旋式（ガッリア）
	前42年	正規	M. Aemilius Lepidus	cos.	*		前43年12月31日凱旋式（ヒスパニア）
			L. Munatius Plancus	h. n.	**（Ant.）		前43年12月29日凱旋式（ガッリア）
	前41年	正規	③ L. Antonius	cos.	Ant.	アントニウスの弟	前41年1月1日凱旋式（アルプスでの戦勝）
			④ P. Servilius Vatia Isauricus	cos.	Oct.	前43年，オクタウィアヌスのコンスル就任を支持（Cic., *Fam*., 349 (12. 2), 1）	
	前40年	正規	⑤ Cn. Domitius Calvinus	cos.	Oct.	前39〜前36年，ヒスパニア総督	前36年7月17日凱旋式（ヒスパニア）
			⑥ C. Asinius Pollio	h. n.	Ant.	前44年，アントニウス軍に合流（Vell. Pat., 2. 63）	前39年10月23日凱旋式（パルティア）
		補充	⑦ L. Cornelius Balbus	h. n.	Oct.?		
			⑧ P. Canidius Crassus	h. n.	Ant.	前43年，アントニウスと合流（Cic., *Fam*., 391 (10. 21), 4）	
	前39年	正規	⑨ L. Marcius Censorinus	cos.	Ant.	前43年，ムティナの戦いでアントニウス陣営（Cic., *Phil*., 11. 14, 36）	前39年1月1日（マケドニア）
			⑩ C. Calvisius Sabinus	h. n.	Ant.→Oct.	前44年，アントニウスによる属州割当を認める（Cic., *Phil*., 3. 10, 26）。オクタウィアヌスのもとで，Sex. ポンペイウスと戦う（App., *BC*., 5. 81）。前29〜前28年，ヒスパニア総督	前38年インペラトル歓呼 前28年5月26日凱旋式（ヒスパニア）
	（前39年）		ミセヌム協定			
		補充	⑪ C. Cocceius Balbus	h. n.	Ant.	アテナイに像がある	インペラトル歓呼
			⑫ P. Alfenus Varus	h. n.	Oct?	前41年，オクタウィアヌスの副官か	

第1期	前38年	正規	⑬ Ap. Claudius Pulcher	cos.	Oct.	ヒスパニア総督	前32年6月1日凱旋式(ヒスパニア)
			⑭ C. Norbanus Flaccus	cos.	Oct.	前42年フィリッピの戦いでオクタウィアヌスのもとで活動(App., *BC.*, 4. 130)	前34年10月12日凱旋式(ヒスパニア)
		補充	⑮ L. Cornelius Lentulus	cos.	Pomp.?	前43年，公告追放を逃れてSex. ポンペイウスのもとへ(App., *BC.*, 4. 39)	
			⑯ L. Marcius Philippus	cos.	Oct.	前34～前33年，ヒスパニア総督	前33年4月27日凱旋式(ヒスパニア)
第2期(前37年夏～前32年12月31日)	前37年	正規	⑰ M. Vipsanius Agrippa	h. n.	Oct.	オクタウィアヌスの盟友(Vell. Pat., 2. 127)	
			⑱ L. Caninius Gallus	sen.	?		
	(前37年)	タレントゥム協定					
		補充	⑲ T. Statilius Taurus	h. n.	Oct.	オクタウィアヌスの盟友(Vell. Pat., 2. 127)	前34年6月30日凱旋式(アフリカ)
	前36年	正規	⑳ L. Gellius Poplicola	cos.	Ant.	前41年，アントニウスのもとで貨幣鋳造(Crawford, *RRC.*, no. 517)	
			㉑ M. Cocceius Nerva	h. n.	Ant.	L. アントニウスのもとでペルシア戦役。その後もアシアで戦う(*PIR*^{2} C. 1224)	前41年インペラトル歓呼
		補充	㉒ L. Nonius (Asprenas)	h. n.	Oct.?		
			㉓ Marcius	?	?		
	前35年	正規	㉔ L. Cornificius	sen.	Oct.	前43年，オクタウィアヌスの指示でブルトゥスを告発(Plut., *Brut.*, 27. 2)	前36年，Sex. ポンペイウスとの戦いで顕彰 前32年12月3日凱旋式(アフリカ)
			㉕ Sex. Pompeius	cos.	?		
		補充	㉖ P. Cornalius (Scipio)	cos.	?		
			㉗ T. Peducaeus	sen.	Ant./Oct.?	L. アントニウスの副官。ただし，オクタウィアヌスがルキウスにつけた見張りともされる(App. *BC.*, 5. 54)	

	年		名前	出身家系	三人委員中，最も関係が強い者とその根拠		軍事的功績
第2期（前37年夏～前32年12月31日）	前34年	正規	M. Antonius		*		
			㉘ L. Scribonius Libo	sen.	Pomp.→Ant.	Sex. ポンペイウスとアントニウスの同盟を模索（App., *BC.*, 5. 217）	
		補充	㉙ L. Sempronius Atratinus	cos.	Ant.→Oct.	アントニウスのもとで艦隊を指揮（*PIR*^{2}, S. 260）	前21年10月12日凱旋式（アフリカ）
			㉚ Paullus Aemilius Lepidus	cos.	Oct.	オクタウィアヌスのもと，Sex. ポンペイウスと戦う（Suet., *Aug.*, 16）	
			㉛ C. Memmius	sen.	?		
			㉜ M. Herennius	sen.	?		
	前33年	正規	Imp. Caesar Divi f.		*		
			㉝ L. Volcacius Tullus	cos.	?		
		補充	㉞ L. Autronius Paetus	sen.	Oct.	前29～前28年アフリカ総督	前28年8月15日凱旋式（アフリカ）
			㉟ L. Flavius	sen.	?		
			㊱ C. Fonteius Capito	sen.	Ant.	タレントゥム協定で，アントニウスが代理人として派遣（Plut., *Ant.*, 36）	
			㊲ M. Acilius Glabrio	cos.	Oct.	カエサル暗殺直後，オクタウィアヌスに助言（Nic., Dam., *Vit. Caes.*, 16）	
			㊳ L. Vinicius	h. n.	?		
			㊴ Q. Laronius	h. n.	Oct.	前36年，アグリッパからオクタウィアヌス救援に派遣される（App., *BC.*, 5. 112）	インペラトル歓呼
	前32年	正規	㊵ Cn. Domitius Ahenobarbus	cos.	Ant.	前42年，アントニウスと和解（Vell. 2. 76; App., *BC.*, 5. 50）	前42年インペラトル歓呼
			㊶ C. Sosius	sen.?	Ant.	前38年，シリア総督	前34年9月3日凱旋式（ユダエア）

出身家系の表記について

cos.　：コンスル家系出身者

sen.　：元老院家系出身者

h.n.　：新人

政治的立場について

Oct.　：オクタウィアヌス派

Ant.　：アントニウス派

Pomp.　：Sex.ポンペウス派

網掛け　：コンスル任命以前から関係が確認できる者

*　三人委員

**　独裁官カエサルの生前にコンスル就任が決定していた者

「名前」の左に付した○数字は，註および表5の数字と対応している。

表5　三人委員時代のコンスルの出身家系と政治的立場

コンスル全体	オクタウィアヌス派	アントニウス派	その他	不　明	合計	割合
コンスル家系出身	④⑤⑬⑭⑯㉚㊲	③⑨⑳㉙㊵	⑮	㉕㉖㉝	16	39%
元老院家系出身	②㉔㉞	㉘㊱㊶	㉗	⑱㉛㉜㉟	11	27%
新人	⑦⑫⑰⑲㉒㊴	①⑥⑧⑪㉑	⑩	㊳	13	32%
不明				㉓	1	2%
合計	16 (39%)	13 (32%)	3 (7%)	9 (22%)	41	

正規コンスル	オクタウィアヌス派	アントニウス派	その他	不　明	合計	正規コンスル内	全体比
コンスル家系出身	④⑤⑬⑭	③⑨⑳㊵		㉕㉝	10	56%	24%
元老院家系出身	㉔	㉘㊶		⑱	4	22%	10%
新人	⑰	⑥㉑	⑩		4	22%	10%
不明					0	0%	0%
合計	6	8	1	3	18		
正規コンスル内	33%	44%	6%	17%			
全体比	15%	20%	2%	7%			

補充コンスル	オクタウィアヌス派	アントニウス派	その他	不　明	合計	補充コンスル内	全体比
コンスル家系出身	⑯㉚㊲	㉙	⑮	㉖	6	26%	15%
元老院家系出身	②㉞	㊱	㉗	㉛㉜㉟	7	30%	17%
新人	⑦⑫⑲㉒㊴	①⑧⑪		㊳	9	39%	22%
不明				㉓	1	4%	2%
合計	10	5	2	6	23		
補充コンスル内	43%	22%	9%	26%			
全体比	24%	12%	5%	15%			

※○数字は，表4に対応している。

㉘㉙はコンスル任命時点ではアントニウス派だったと考えられるため，アントニウス派に算入した。

表6　アウグストゥス時代のコンスル就任者の出身家系

年		名　前	出身家系
前31年	正規	Imp. Caesar Divi f. III	d. A.
		M. Valerius Messalla Corvinus	cos.
	補充	M. Titius	sen.
		Cn. Pompeius	cos.
前30年	正規	Imp. Caesar Divi f. IV	d. A.
		M. Licinius Crassus	cos.
	補充	C. Antistius Vetus	sen.
		M. Tullius Cicero	cos.
		L. Saenius	sen.
前29年	正規	Imp. Caesar Divi f. V	d. A.
		Sex. Appuleius	sen.
	補充	Potitus Valerius Messalla	cos.
前28年	正規	Imp. Caesar Divi f. VI	d. A.
		M. Vipsanius Agrippa II	d. A.
前27年	正規	Imp. Caesar Divi f. VII	d. A.
		M. Vipsanius Agrippa III	d. A.
前26年	正規	Imp. Caesar Divi f. Augustus VIII	d. A.
		T. Statilius Taurus II	h. n.
前25年	正規	Imp. Caesar Divi f. Augustus IX	d. A.
		M. Iunius Silanus	cos. ?
前24年	正規	Imp. Caesar Divi f. Augustus X	d. A.
		C. Norbanus Flaccus	cos.
前23年	正規	Imp. Caesar Divi f. Augustus XI	d. A.
		A. Terentius Varro Murena	?
	補充	L. Sestius Quirinalis	sen.
		Cn. Calpurnius Piso	cos.
前22年	正規	M. Claudius Marcellus Aeserninus	cos.
		L. Arruntius	h. n.
前21年	正規	M. Lollius	sen.
		Q. Aemilius Lepidus	cos.

年		名　前	出身家系
前20年	正規	M. Appuleius	sen.
		P. Silius Nerva	sen.
前19年	正規	C. Sentius Saturninus	sen.
		Q. Lucretius Vespillo	sen.
	補充	M. Vinicius	h. n.
前18年	正規	P. Cornelius Lentulus Marcellinus	cos.
		Cn. Cornelius Lentulus	cos.
前17年	正規	C. Furnius	n. cos.
		C. Iunius Silanus	cos.
前16年	正規	L. Domitius Ahenobarbus	cos.
		P. Calpurnius Scipio	cos.
	補充	L. Tarius Rufus	h. n.
前15年	正規	M. Livius Drusus Libo	cos.
		L. Calpurnius Piso (Pontifex)	cos.
前14年	正規	M. Licinius Crassus Frugi	cos.
		Cn. Cornelius Lentulus (Augur)	cos.
前13年	正規	Ti. Claudius Nero	d. A.
		P. Quinctilius Varus	cos.
前12年	正規	M. Valerius Messalla Barbatus Appianus	cos.
		P. Sulpicius Quirinius	h. n.
	補充	C. Valgius Rufus	sen.
		C. Caninius Rebilus	n. cos.
		L. Volusius Saturninus	sen.
前11年	正規	Q. Aelius Tubero	cos.
		Paullus Fabius Maximus	cos.
前10年	正規	Africanus Fabius Maximus	cos.
		Iullus Antonius	d. A.
前9年	正規	Nero Claudius Drusus	d. A.
		T. Quinctius Crispinus Sulpicianus	cos.
前8年	正規	C. Marcius Censorinus	cos.
		C. Asinius Gallus	n. cos.

年		名　前	出身家系
前7年	正規	Ti. Claudius Nero II	d. A.
		Cn. Calpurnius Piso	cos.
前6年	正規	D. Laelius Balbus	sen.
		C. Antistius Vetus	n. cos.
前5年	正規	Imp. Caesar Divi f. Augustus XII	d. A.
		L. Cornelius Sulla	cos.
	補充	L. Vinicius	n. cos.
		Q. Haterius	sen.
		C. Sulpicius Galba	cos.
前4年	正規	C. Calvisius Sabinus	n. cos.
		L. Passienus Rufus	h. n.
	補充	C. Caelius	sen.
		Galus Sulpicius	cos.
前3年	正規	L. Cornelius Lentulus	cos.
		M. Valerius Messalla Messallinus	cos.
前2年	正規	Imp. Caesar Divi f. Augustus XIII	d. A.
		M. Plautius Silvanus	sen.
	補充	L. Caninius Gallus	n. cos.
		C. Fufius Geminus	sen.
		Q. Fabricius	sen.
前1年	正規	Cossus Cornelius Lentulus	cos.
		L. Calpurnius Piso（Augur）	cos.
	補充	A. Plautius	sen.
		A. Caecina Severus	sen.
後1年	正規	C. Caesar Aug. f.	d. A.
		L. Aemilius Paullus	cos.
	補充	M. Herennius Picens	n. cos.
2年	正規	P. Vinicius	n. cos.
		P. Alfenus Varus	n. cos.
	補充	P. Cornelius Scipio	cos.
		T. Quinctius Crispinus Valerianus	cos.

年		名　前	出身家系
3年	正規	L. Aelius Lamia	sen.
		M. Servilius	cos.
	補充	P. Silius Nerva	n. cos.
		L. Volusius Saturninus	n. cos.
4年	正規	Sex. Aelius Catus	cos.
		C. Sentius Saturninus	n. cos.
	補充	Cn. Sentius Saturninus	n. cos.
		C. Clodius Licinus	sen.
5年	正規	L. Valerius Messalla Volesus	cos.
		Cn. Cornelius Cinna Magnus	cos.
	補充	C. Vibius Postumus	h. n.
		C. Ateius Capito	h. n.
6年	正規	M. Aemilius Lepidus	cos.
		L. Arruntius	n. cos.
	補充	L. Nonius Asprenas	n. cos.
7年	正規	Q. Caecilius Metellus Creticus Silanus	cos.
		A. Licinius Nerva Silianus	n. cos.
	補充	Lucilius Longus	h. n.
8年	正規	M. Furius Camillus	cos.
		Sex. Nonius Quinctilianus	cos.
	補充	L. Apronius	sen.
		A. Vibius Habitus	h. n.
9年	正規	C. Poppaeus Sabinus	h. n.
		Q. Sulpicius Camerinus	cos.
	補充	M. Papius Mutilus	h. n.
		Q. Poppaeus Secundus	h. n.
10年	正規	P. Cornelius Dolabella	cos.
		C. Iunius Silanus	cos.
	補充	Ser. Cornelius Lentulus Maluginensis	cos.
		Q. Iunius Blaesus	sen.

11年	正規	M'. Aemilius Lepidus	cos.
		T. Statilius Taurus	n. cos.
	補充	L. Cassius Longinus	cos.
12年	正規	Germanicus Caesar	d. A.
		C. Fonteius Capito	n. cos.
	補充	C. Visellius Varro	sen.
13年	正規	C. Silius Caecina Largus	n. cos.
		L. Munatius Plancus	n. cos.
14年	正規	Sex. Pompeius	cos.
		Sex. Appuleius	n. cos.

出身家系

d. A.　：ドムス・アウグスタの構成員
cos.　：内乱勃発以前にコンスルを輩出した家系出身者
n. cos.　：内乱勃発後に初めてコンスルを輩出した家系出身者
sen.　：元老院議員家系出身者
h. n.　：祖先に元老院議員をもたない新人(Wiseman, 1971による)

丸亀　裕司　まるがめ　ゆうじ

1982年生まれ

2015年，学習院大学人文科学研究科史学専攻博士後期課程修了。博士（史学）

現在，学習院大学国際研究教育機構 PD 共同研究員，学習院大学非常勤講師

主要論文

「共和政末期ローマの公職選挙における選挙支援者―― divisor と gratiosus をめぐって」（『史学雑誌』120-2，2011年）

山川歴史モノグラフ34　公職選挙《こうしょくせんきょ》にみるローマ帝政《ていせい》の成立《せいりつ》

2017年11月５日　第１版第１刷印刷　　2017年11月10日　第１版第１刷発行

著　者　丸亀裕司《まるがめゆうじ》

発行者　野澤伸平

発行所　株式会社 山川出版社

〒101-0047 東京都千代田区内神田1-13-13

電話　03(3293)8131(営業)　03(3293)8134(編集)

https://www.yamakawa.co.jp/　　振替　00120-9-43993

印刷所　株式会社 太平印刷社

製本所　株式会社 ブロケード

装　幀　菊地信義

　ISBN978-4-634-67392-2

索　引

人名索引

● ア

アウグストゥス(オクタウィアヌス)　Augustus, Octavianus　3-23, 128-148, 150-199
アクィッラ　Pontius Aquilla　100, 119
アグリッパ　M. Vipsanius Agrippa　10, 141, 155, 177, 184
アグリッパ・ポストゥムス　Agrippa Postumus　10
アシニウス・ガッルス　C. Asinius Gallus　165
アッティクス　T. Pomponius Atticus　37, 59, 63, 67
アッピアノス　Appianos　69, 131-133, 136, 177
アッレニウス　C. Arrenius, L. Arrenius　83
アドコック　103
アフラニウス　L. Afranius　51, 52, 54
アヘノバルブス(前54年コンスル)　L. Domitius Ahenobarbus　61
アヘノバルブス(前32年コンスル)　Cn. Domitius Ahenobarbus　136
アルフェヌス・ウェルス　P. Alfenus Varus　146
アレクサンダー　40, 47
アンティスティウス・ウェトゥス　C. Antistius Vetus　177
アントニア(アントニウスとオクタウィアの娘)　Antonia　11
アントニア(アントニウスの妻)　Antonia　122
アントニウス　M. Antonius　7, 11, 13, 22, 76-78, 89, 95, 106, 107, 109, 114-129, 131-133, 136-148, 176, 177, 195
アントニウス, L.　L. Antonius　95, 125, 129, 137
アントニウス, C.　C. Antonius　125
イェーネ　60, 79, 87, 90, 96, 100, 104, 111
イサウリクス(前79年コンスル)　P. Servilius Vatia Isauricus　57
イサウリクス(前48, 前42年コンスル)　P. Servilius Vatia Isauricus　107, 109
ウァティニウス　P. Vatinius　109
ウァレリウス・マクシムス　Valerius Maximus　33
ウェスパシアヌス　Vespasianus　167, 169
ウェッレス　C. Verres　4
ウェーバー　16
ウェルチ　116, 117, 122
ウォルカキウス・トゥッルス　L. Volcacius Tullus　142
エグナティウス・ルフス　M. Egnatius Rufus　9, 156, 180-183
オクタウィア　Octavia　11, 138, 139
オクタウィウス(前76年コンスル)　Cn. Octavius　52
オクタウィウス　M. Octavius　121
オースティン　163
オッピウス　C. Oppius　122
オルストン　152

● カ

ガイウス・カエサル　C. Caesar　10, 172, 187
カエサル　C. Iulius Caesar　3-23, 26-73, 76-148
カエピオ　Fannius Caepio　9, 156
カエリウス・ルフス　M. Caelius Rufus　116
カッシウス　C. Cassius Longinus　7, 110, 111
カッシウス・ディオ　L. Cassius Dio Cocceianus　9, 10, 49, 81, 82, 85-88, 90-92, 94, 98-101, 112, 117, 119, 120, 124, 131-134, 136, 138, 140, 142, 150, 151, 155, 159-162, 169-172, 175, 178-180, 183, 187-189, 191
カティリナ　L. Sergius Catilina　4, 5
カトゥルス　Q. Lutatius Catulus　57
カト, C.　C. Porcius Cato　39
カト(大)　M. Porciua Cato(Censorius)　39
カト(小)　M. Porciua Cato(Uticensis)　39, 40, 47-50, 62, 71, 72, 109, 111
カニニウス・レビルス　C. Caninius Rebilus　109
ガビニウス　A. Gabinius　69
カルウィヌス　Cn. Domitius Calvinus　61-68, 73
カルプルニウス・ピソ　C. Calpurnius Piso　33, 171, 179
キケロ(前63年コンスル)　M. Tullius Cicero　4, 5, 15, 33-35, 37, 40-43, 47-56, 59-63,

65-67, 69-71, 86, 94, 99, 100, 112, 117, 121-124, 127, 177
キケロ(前30年補充コンスル)　M. Tullius Cicero　177
キケロ，クイントゥス　Q. Tullius Cicero　27, 29, 40, 59, 64, 69
キンナ(前87-前84年コンスル)　L. Cornelius Cinna　4
キンナ(後５年コンスル)　Cn. Cornelius Cinna Magnus　171
クラウディウス・クラッスス　Ap. Claudius Crassus　83
クラウディウス・プルケル　Ap. Claudius Pulcher　61
グラックス兄弟　Gracchi　4
クラッスス(三頭政治)　L. Licinius Crassus　4-6, 38, 39, 51, 110, 177
クラッスス(前30年コンスル)　M. Licinius Crassus　177
クーリー　173
グルーエン　26, 49, 59
クルック　187
クレオパトラ７世　Cleopatra VII　6, 8, 115, 139, 176
クロディウス　P. Clodius Pulcher　5, 6, 49, 69, 116, 117, 122
クロフォード　138
クロマイアー　12
ゲルツァー　12, 13, 17, 20, 23, 26, 36, 39, 54, 88
ゲルマニクス・カエサル　Germanicus Caesar　11, 187
コッケイウス・バルブス　C. Cocceius Balbus　141

● サ

サイム　13-17, 20, 76, 77, 103, 104, 128, 129, 131, 143, 144, 147, 151, 153, 157, 176, 181, 184, 185, 197-199
サッルスティウス　C. Sallustius Crispus　54, 55, 112
サムナー　107
サラー　16, 17, 20, 21
サルウィディエヌス・ルフス　Q. Salvidienus Rufus　139
ジーバー　96, 97, 167, 168, 181, 189, 190
島田誠　18
シャクルトン－ベイリー　107
シュルツ　12
ジョーンズ　151, 157, 163, 176, 183, 188
シラヌス　M. Iunius Silanus　178
新保良明　188
スエトニウス　C. Suetonius Tranquillus　82, 93, 94, 96, 97, 108, 161, 162, 168, 184
スカウルス　M. Aemilius Scaurus　60-73, 113
スタティリウス・タウルス　T. Statilius Taurus　177
スッラ　P. Cornelius Sulla　3, 4, 19, 22, 26, 62, 92, 107, 130, 144
ステイヴリー　21, 187
砂田徹　88, 146
スルピキウス　Ser. Sulpicius Rufus　51, 55
スルピキウス・ガルバ　Ser. Sulpicius Galba　107, 108, 113
セイアヌス　L. Aelius Seianus　159
セヴェリー　18
セスティウス　L. Sestius Quirinalis　170, 171
セルウィウス王　Servius　34
センティウス・サトゥルニヌス　C. Sentius Saturninus　180-182
ソシウス　C. Sosius　136

● タ・ナ

タキトゥス　Cornelius Tacitus　3, 15, 22, 150, 164-166, 168, 169, 179, 187, 192
タルバート　152
ディオニュシオス　Dionysios　36
ティビレッティ　169, 187
ティベリウス　Tiberius Claudius Nero　10, 11, 15, 22, 150, 151, 159, 161, 164, 165, 169, 170, 172, 184, 196
テイラー　15, 26, 34, 36, 37, 92, 103
デッサウ　12
デッテンホファー　112, 116, 123
トゥッリア　Tullia　121
ドラベッラ　P. Cornelius Dolabella　7, 78, 95, 106, 107, 109, 113-127, 146
トラヤヌス　Traianus　15, 21, 165, 166
ドルスス　Nero Claudius Drusus　10, 11, 184
トレベッリウス　L. Trebellius Fides　7, 115-117, 119
トレボニウス　C. Trebonius　109, 116
ネロ　Nero　167

● ハ

長谷川博隆　16, 44
パターソン　26
パテルクルス　C. Velleius Paterculus　150, 164, 181

バートン　17
パリカヌス　M. Lollius Palicanus　33, 135
バルブス　L. Cornelius Balbus　122
ハンニバル　Hannibal　83
ピソ・カエソニヌス　L. Calpurnius Piso Caesoninus　55
ビブルス　M. Calpurnius Bibulus　56, 71
ヒューザー　118
ヒルティウス　A. Hirtius　108
ファディンガー　132, 133
ファビウス・マクシムス（前209年コンスル）　Q. Fabius Maximus　83
ファビウス・マクシムス（前45年補充コンスル）　Q. Fabius Maximus　93, 94, 107, 109, 112
ファルキディウス　P. Falcidius　146
ファルナケス　Pharnaces II　119
フィリップス　L. Marcius Philippus　56
フェラリー　157
プトレマイオス13世　Ptolemaios XIII　6, 115
船田享二　12
プピウス・ピソ　M. Pupius Piso Frugi Calpurnianus　51, 135
フフィウス・カレヌス　Q. Fufius Calenus　109
ブライケン　133
フライ－シュトルバ　21, 76, 78, 79, 82, 87, 88, 90, 96, 98, 129, 151, 168, 176, 181, 182, 188
フラウゥス　L. Cestius Flavus　100, 119
フラックス　C. Norbanus Flaccus　178
フラッハ　188
プランキウス　Cn. Plancius　37, 38
ブラント　17, 23, 26, 35, 144, 145, 157, 158, 160, 184, 185, 188, 191
フリウス・カミッルス　L. Furius Camillus　83, 84
プリニウス（大）　C. Plinius Secundus　70
プリニウス（小）　C. Plinius Caecilius Secundus　164-166, 168
プリムス　M. Primus　9
フルウィア　Fluvia　122, 123
フルウィウス・フラックス　Q. Fulvius Flaccus　83
プルタルコス　Plutarchos　40, 47-50, 71, 117, 141
ブルトゥス　M. Iunius Brutus　7, 171
ブルーンス　79, 90, 100, 103, 104, 111
プレマーシュタイン　13-17, 20, 197
ブロートン　92, 93, 107, 146
ペツォルト　129, 130, 137
ペディウス　Q. Pedius　136
ペドゥカエウス　T. Peducaeus　142
ベナリオ　173
ヘルケスカンプ　18, 28
ホプキンス　17
ホラディ　151, 163, 183, 188, 189
ポンプティヌス　C. Pomptinus　51, 109
ポンペイウス（・マグヌス）　Cn. Pompeius Magnus　4-6, 13, 18, 19, 26, 38, 49, 51, 52, 61, 62, 68-70, 73, 107, 111, 115, 122, 123, 144, 171
ポンペイウス，セクストゥス　Sex. Pompeius 7, 8, 111, 132, 136, 142, 173, 177
ポンペイウス（小）　Cn. Pompeius　84, 111
ポンペイウス（前35年コンスル）　Sex. Pompeius　142
ポンペイウス（前31年コンスル）　Gn. Pompeius　177

● マ

マイヤー　15, 26
マリウス　C. Marius　4, 13
マルクス　16
マルケッルス　170
マルッルス　C. Epidius Marullus　100, 119
ミトリダテス　Mithridates VI　4, 19
ミヌキウス・バシルス　L. Minucius Basilus　111, 112
宮嵜麻子　18
ミュンツァー　13
ミラー　17, 21, 26, 28, 29, 76, 77, 129
ミロ　T. Annius Milo　49, 69
ムーア　157, 158, 160
ムナティウス・プランクス　L. Munatius Plancus　141
ムーリッツェン　17, 28
ムレナ　L.(Licinius Varro?) Murena　9, 156
ムレナ（前62年コンスル）　L. Licinius Murena　48, 51, 52, 55
メッサッラ　M. Valerius Messalla Rufus 61-68, 73
メッシウス　C. Messius　109
メテッルス　L. Caecilius Metellus　119
メテッルス・スキピオ　Q. Caecilius Metellus Pius Scipio　111
メテッルス・ネポス　Q. Caecilius Metellus Nepos　48
メンミウス　C. Memmius　61-66, 68, 69
モースタイン＝マークス　27

モムゼン　11, 12, 14, 19, 76, 79, 82, 87, 94, 96, 151, 154, 156, 157, 163, 167, 169, 197, 198

● ヤ
ヤヴェッツ　16, 76
ヤコブソン　26, 28, 33-35, 59-61, 70-72
安井萠　17, 27, 42
ヤーン　99
弓削達　16, 187
ユリア(マリウスの妻，カエサルの叔母)　Iulia　4
ユリア(カエサルの娘，ポンペイウスの妻)　Iulia　6
ユリア(アウグストゥスの娘)　Iulia　10
吉村忠典　16

● ラ・ワ
ラテレンシス　M. Iuventius Laterensis　37
ラムゼイ　122
ランゲ　77, 130, 173
リウィア　Livia　10, 171
リウィウス　T. Livius　34, 83, 84
リボ　L. Scribonius Libo　136
リリンガー　33
リントット　59
ルキウス・カエサル　L. Caesar　10, 172, 187
ルキリウス・ヒッルス　C. Lucilius Hirrus　62
ルクレティウス　Q. Lucretius Vespillo　171, 180
ルッケイウス　L. Lucceius　57, 71
ルフレヌス　Rufrenus　146
レイシー　163, 191
レーヴィック　76, 78, 151, 152, 154, 163, 167, 188
レピドゥス(三人委員)　M. Aemilius Lepidus　7, 8, 76, 107, 109, 121, 128, 131, 141
レピドゥス(前21年コンスル)　Q. Aemilius Lepidus　180
レピドゥス・リウィアヌス　Mam. Lepidus Livianus　56
レントゥルス　L. Cornelius Lentulus　142
ロウエ　18
ローレンス　27
ワイズマン　15, 26, 55, 107

事項索引

● ア
アウグル──►鳥卜官(アウグル)
アエディリス　aedilis　4, 38, 56, 57, 70, 71, 113, 132, 134, 170, 172, 180, 181, 189
アエディリス(穀物担当)　aedilis ceriales　30, 88, 154
アエディリス(平民)　aedilis plebis　30, 81, 84, 86, 154
アエディリス・クルリス　aedilis curulis　30, 37, 81, 84, 87, 154
アカエア　Achaea　109
アクティウム　Actium　8, 129, 175-177
アドリア海　Mare Hadriaticum　109, 121
アフリカ　Africa　84, 88
アポッロニア競技祭　ludi Apollinaris　34
アルメニア　Armenia　10
アレクサンドリア　Alexandria　6, 8, 176
アントニウス法　lex Antonia(de candidatis)　79, 80, 95-102, 104, 133, 134, 167, 168, 194
家柄　54, 58, 104, 113, 127, 140, 144, 147, 151, 193
イタリア　Itaila　6, 8, 14, 26, 34, 37, 39, 64, 121, 123, 126, 157, 158
イッリュリクム　Illyricum　5, 8, 11, 64, 109, 173
インペラトル歓呼　52, 139, 145
ウァレリウス－コルネリウス法　Lex Valeria Cornelia　186
エジプト　Aegyptus　6, 8, 86, 115, 119, 140
オスティア　Ostia　88

● カ
街区　vicus　36, 42
凱旋式　triumphus　5, 8, 11, 51, 52, 109, 145
外地命令権　imperium domi　133, 157
カエサル派　14, 95, 100, 103, 104, 108, 110, 113, 114, 125-128, 194, 198
ガッリア　Gallia　5, 6, 37-39, 64, 108, 123
『ガッリア戦記』　Bellum Gallicum　108
ガッリア戦争　103, 108, 109, 111, 118, 126
寡頭政　17, 28
『神アウグストゥスの業績録』(『業績録』)　Res Gestae Divi Augusti　15, 18, 155, 160-162
カンパニア　Campania　115

騎士　equites　4, 16, 19, 26, 27, 30, 32, 34, 35, 38, 41, 44, 45, 122, 159, 186-188, 190, 192, 196
貴族政　28
騎兵長官　magister equitum　89, 115, 121, 126
気前のよさ　52, 54, 56-58, 60, 62, 64-73, 104, 113, 118, 127, 147, 193, 194
供託金　183
ギリシア　Graecia　6, 21
クアエストル　quaestor　30, 81, 84, 93, 94, 110, 132, 134, 154, 170, 171, 189
組合　collegium　36
クリア民会　comitia curiata　30
クリエンテス(被保護者)　clientes　13, 36, 42-44, 60
クリエンテラ(保護・被保護関係)　clientela　13-17, 20, 21, 26-29, 39, 43-45, 60, 116, 117, 122, 198
クリエンテラ論　13, 15, 16, 18, 21, 26, 27, 39, 42, 59, 60, 198
君主政　12
結社　sodalitas　42
ゲルマニア　Germania　10, 55
権威　auctoritas　5, 8, 15, 18, 98, 145, 150, 152, 161, 167, 169, 173, 182, 186
元首──►第一人者(元首)
元首政　principatus　11-15
ケンソル　censor　30, 36, 88
ケントゥリア民会　comitia centuriata　26, 27, 30, 32-35, 38, 39, 43, 44, 51, 59, 80-82, 86, 99, 101, 105, 133, 135, 150, 154, 156, 162, 174, 187, 189-192, 194, 196
元老院主流派　optimates　3, 6, 15, 22, 39, 48, 49, 70-72, 76, 86, 103, 104, 107-110, 115, 126, 194
公告追放　proscriptio　130, 177
公職階梯　cursus honorum　20, 29, 38, 50, 54, 56-58, 66, 105, 106, 127, 145, 146, 152, 181, 189, 193, 195, 199
公職就任規定　Lex Annalis　22
皇帝護衛隊　praetorani　157, 158
皇帝推薦候補　candidatus Caesaris　102, 164, 187
穀物担当アエディリス──►アエディリス(穀物担当)
穀物分配監督官　praefectus frumenti dandi　159
戸口調査　census　30, 36, 161
国家再建三人委員(三人委員)　III viri rei publicae constituendae　3, 7, 8, 19, 21, 76-78, 128-148, 150, 154, 155, 158, 172, 173, 185, 195, 197
護民官　tribunus plebis　3-5, 20, 23, 30, 33, 81, 83, 84, 86, 95, 96, 98-100, 115, 116, 119, 125, 126, 130, 132, 134-136, 146, 148, 150, 153-155, 174, 189, 193
護民官職権　tribunicia potestas　4, 9-12, 14, 20, 81, 82, 95, 99, 100, 102, 133, 134, 137, 153, 155-157, 160-162, 166, 169, 174, 175, 194, 195
コンスル級　62, 172, 178, 184
コンスル命令権　imperium consulare　15, 133, 147, 153, 155-163, 166, 169, 171-176, 182, 192, 195, 197, 198
コンティオ　contio　17, 32, 53, 77

● サ

最高神祇官　pontifex maximus　5, 12, 57
財産等級　30
サルディニア　Sardinia　7, 61
三頭政治(第一次)　triumviratus　5, 6, 38, 39, 177
三人委員──►国家再建三人委員(三人委員)
指揮官　9, 19, 20, 22, 50-54, 56, 58, 98, 109, 127, 145, 146, 156, 174, 193, 195, 197, 198
シキリア　Sicilia　4, 110
事前選挙　79, 80, 82, 92, 95, 98-100, 102
自治都市　municipium　37, 45, 146
終身独裁官　dictator perpetuus　7, 82, 95, 100, 102, 133, 137, 194
首都監督官　praefectus urbi　84, 85, 87-89
首都担当プラエトル──►プラエトル(首都担当)
首都長官　praefectus urbi　84, 159
食糧監督官　curator annonae　5
食糧供給への配慮　cura annonae　9, 18, 179
シリア　Syria　6, 110, 177
神祇官　pontifex　177
新人　homo novus　12, 15, 23, 43, 52, 54, 55, 107, 108, 113, 128, 144, 145, 147, 185, 186, 188
神聖不可侵性　sacrosanctitas　81, 99
推薦権(候補者)　76, 78-80, 85-89, 91, 92, 96, 97, 101, 151-154, 167, 174, 196
成人服　toga virilis　172
正当化　89, 92, 101, 135, 148, 194
正当性　44, 76-78, 91, 129-131, 137

ゼラ　Zela　110
セレウコス朝　4
選挙運動規制に関するユリウス法　Lex Iulia de ambitu　183
選挙運動規制法　lex de ambitu　57-60, 62, 66, 69, 71, 183, 185
『選挙運動備忘録』(『備忘録』) Commentariolum Petitionis　27, 29, 37, 39-45, 47-50, 56, 58, 67, 72
選挙協力　coitio　57, 61-66, 68, 150
選挙主宰公職者(選挙主宰者)　32, 33, 39, 57, 58, 76, 77, 80, 82-85, 87, 90, 91, 96-98, 101, 133, 137, 139, 153, 154, 163, 164, 166, 169, 170, 172, 174, 175, 180, 193
選出権　98, 101, 135, 172, 173
専制　76, 77, 128, 129
属州総督　4, 14, 20, 51, 57, 64, 86, 104, 111, 112, 140, 157, 172, 197

● タ

第一投票ケントゥリア　centuria praerogativa　32, 33, 63, 66, 83, 187, 190
第一人者(元首)　princeps　8, 13, 15, 18, 173, 174, 196
タプスス　Thapsus　7, 79, 84, 85, 87, 88, 92, 121, 125
タレントゥム　Talentum　130, 138, 139, 142
中間王　interrex　62
中間王政　interregnum　62
鳥卜官(アウグル)　augur　124
沈黙の裁判　tacitum iudicium　61, 62
ティティウス法　Lex Titia　130-132, 136
ティベリス川　Tiberis　9, 179
デュッラキウム　Dyrrachium　6, 112
等級以下　infra classem　30
投票場　saepta　188
独裁官　dictator　4, 6, 7, 9, 22, 26, 62, 76, 78-92, 94, 99, 101, 103-105, 109, 114, 115, 120, 121, 126, 127, 130, 132, 135, 146, 154, 160, 179, 194, 195, 197
都市境界　pomerium　9, 157, 158, 180
都市トリブス　tribus urbana　35-37
都市の大工　urbis faber tignarius　34, 35
都市民　plebs urbana　14, 16, 17, 47, 49, 58, 65, 67-69, 71, 76, 77, 90, 115-120, 122, 125, 135, 137, 146, 151, 160, 176, 180, 181, 183, 189, 190, 192, 196
都市ローマ在住市民　26-29, 35-37, 39, 57-59, 63, 66, 72, 76, 77, 160, 181, 190, 191, 193, 196, 198
ドナウ　Danubius　10
ドムス・アウグスタ　domus Augusta　18, 19, 186
トラキア　Thracia　9
トリブス　tribus　27, 32, 35-38, 66, 70, 95, 96, 150, 168, 184, 187
トリブス民　tribules　42, 45
トリブス民会　comitia tributa　30, 34, 37, 38, 80-82, 99, 101, 105, 133, 135, 154, 156, 162, 174, 192, 194
トリブヌス・ミリトゥム　tribunus militum　47-49
奴隷　servi　42, 180

● ナ

内地命令権　imperium militiae　133, 157
ナイル　Nilus　115
名告げ奴隷　nomenclator　47-49
ナルボ　Narbo　123
二元統治体制　Dyarchie　11, 12
二十人役　vigintiviri　189
任命権(公職者)　76, 78-80, 85-93, 96-98, 100, 101, 128-130, 132, 134, 135, 137, 152-154, 170, 172, 174, 195, 196
農村トリブス　tribus rustica　36
ノビレス(ノビリタス)　nobiles(nobilitas) 12, 14, 15, 17, 23, 26, 29, 45, 54, 128
ノミナティオ　nominatio　151, 163, 164, 166, 170
ノラ　Nola　11

● ハ

『博物誌』 Naturalis Historia　70
パトリキィ　patricii　55, 62, 83, 114, 116
パトロキニウム──►クリエンテラ(保護・被保護関係)
パトロヌス(保護者, パトロン)　patronus 14, 17, 19-22, 36, 59, 60, 95, 197-199
パトロン──►パトロヌス(保護者, パトロン)
パルティア　Parthia　6-8, 95, 97-102, 104, 110, 123-126, 134, 135, 139, 142
反カエサル派　7, 84, 88, 100, 110, 111, 121, 128, 145, 171
パンノニア　Pannonia　11
被解放奴隷　libertini　35, 36, 42
ヒスパニア　Hispania　5, 6, 57, 84, 88, 89, 123
被保護者──►クリエンテス(被保護者)

評判　rumor　15, 27, 43, 45-47, 49, 52, 57, 63, 65-67, 71, 72, 77, 193
ファスケス　fasces　155-158, 160, 178, 180, 182
ファルサルス　Pharsalus　6, 79, 81, 85, 86, 92, 109-111, 115
フィリッピ　Philippi　7, 137, 177
『フィリッピカ』 Orationes Philippicae　123
フォルム　forum Romanum　43, 46, 51, 116
副官　legatus　108, 109, 111, 165
不法利得返還要求裁判　repetundae　61, 62, 65, 112
プラエトル　praetor　4, 5, 7, 14, 19, 30, 34, 51, 52, 57, 81, 84, 86, 87, 94, 106-112, 114, 116, 125, 132, 134, 154, 159, 164, 165, 171, 172, 177, 180, 181, 186, 187, 189-192, 196
プラエトル（首都担当） praetor urbanus　71, 84, 109, 172
プラエトル級　172, 181, 191
『プランキウス弁護演説』 Oratio pro Plancio　40
『ブルトゥス』 Brutus　53
ブルンディシウム　Brundisium　138, 140, 141
（上級）プロコンスル命令権　imperium proconsulare(maius)　11, 12, 14, 19, 133, 153, 157, 158, 197
平民　plebs　3, 83, 86, 89-91, 116, 150, 169
平民アエディリス ─→ アエディリス（平民）
平民会　concilium plebis　30, 38, 81, 82, 84, 86, 91, 96, 99, 102, 134, 154, 162, 192
ヘルウェティ族　Helvetii　108
弁論家　orator　50-54, 56, 58, 127, 146, 193, 195
『弁論家について』 De Oratore　51, 53
保護者 ─→ パトロヌス（保護者，パトロン）
保護・被保護関係 ─→ クリエンテラ（保護・被保護関係）
補充コンスル　consul suffectus　83, 90, 93, 94, 107, 111, 124, 125, 136, 141-145, 170, 175, 177, 178, 184-186, 188, 192, 196
ボノニア　Bononia　131, 132, 136, 141, 142
ポプラレス　populares　4, 15
ポントス　Pontus　4, 119

● マ

マケドニア　Macedonia　9
マッシリア　Massilia　109
マルスの野　campus Martius　43, 46, 158, 164, 192
ミセヌム　Misenum　132, 133, 136, 138, 139, 141-143, 177
見世物　4, 38, 56, 57, 70, 71, 113, 172
民主政　16, 17
無気力　63-66, 68, 194
ムティナ　Mutina　7
『ムレナ弁護演説』 Oratio pro Murena　40, 46, 50, 63, 68
ムンダ　Munda　7, 79, 85, 89, 92, 94, 95, 121, 125
命令権　imperium　4, 10-12, 14, 19, 20, 51, 133, 153, 155-162, 170, 195, 197

● ヤ・ラ

ヤヌス神殿　Templum Iani　8
ユリウス＝クラウディウス朝　16, 76, 78, 151, 154
予選候補者　candidatus destinatus　187, 189-192, 196
予定コンスル　consul designatus　10, 136-138, 140, 183
予備選挙　destinatio　32, 163, 175, 176, 182, 187-192, 196
ラテン祭　feriae Latinae　84, 159
リキニウス－セクスティウス法　Lex Licinia Sextia　83, 84
リクトル　lictor　93, 155, 156, 158, 160, 180, 182
立候補申請　professio / profiteri　32, 151, 163-166, 171, 182
略式凱旋式　ovatio　51
ルカ　Luca　38
ルビコン川　Rubicon　6
ロドス　Rhodos　10, 184

ἀποδείκνυναι(ἀποδειξιν, ἀπέδειξε)　87, 90, 132, 133, 189
commendatio　151, 167-170
suffragatio　151, 167-170

参考文献

辞典・辞書類

Dessau, H. (ed.), 1892-1916, *Inscriptiones Latinae Selectae*, Berlin.

Glare, P. G. W. (ed.), 2012, *Oxford Latin Dictionary* (2nd ed.) 2 Vols., Oxford.

Hornblower, S. and Spawforth, A. (eds.), 2012, *The Oxford Classical Dictionary* (4th ed.), Oxford.(以下,‘*OCD*[4]’と略記)

Wissowa, G. (Hg.), 1893-1963, *Paulys Realencyclopädie der classischen Altertumswissenschaft*, Stuttgart.(以下,‘*Paulys RE*’と略記)

Prosopographia Imperii Romani saec. I. II. III. (A-T: editio altera, U-Z: editio prima), Berlin, 1933-.

研究文献

Adcock, F. E., 1932, Caesar's Dictatorship, *The Roman Republic 133-44BC.* (*The Cambridge Ancient History* vol. 9), London, pp. 691-740.

Alexander, M. C., 1990, *Trials in the Late Roman Republic, 149BC.-50BC.*, Tronto, Buffalo and London.

——, 2009, The Commentariolum Petitionis as an Attack on Election Campaigns, *Athenaeum* 97-1, pp. 31-57.

——, 2009, The Commentariolum Petitionis as an Attack on Election Campaigns II Part, *Athenaeum* 97-2, pp. 369-395.

Alston, R., 1998, *Aspects of Roman History AD.14-117*, London and New York.

Astin, A. E., 1969, 'Nominare' in Accounts of Elections in the Early Principate, *Latomus* 28, pp. 863-874.

Atkinson, K. M. T., 1960, Constitutional and Regal Aspects of the Trials of Marcus Primus and Varro Murena, *Historia* 9-4, pp. 440-473.

Badot, P., 1973, À Propos de la Conspiration de M. Egnatius Rufus, *Latomus* 32, pp. 606-615.

Benario, H. W., 1975, Octavian's Status in 32 BC., *Chiron* 5, pp. 301-309.

Bleicken, J., 1990, *Zwischen Republik und Prinzipat: zum Charakter des Zweiten Triumvirats*, Göttingen.

Bowman, A. K., Champlin, E. and Lintott, A. (eds.), 1996, *The Augustan Empire, 43 BC.-AD.69* (*The Cambridge Ancient History* (2nd ed.) Vol. 10), Cambridge.(以下,‘*CAH*[2] Vol. 10’と略記)

Broughton, T. R. S., 1951-1986, *The Magistrates of the Roman Republic* 3 Vols., Atlanta.

Bruhns, H., 1978, *Caesar und die römische Oberschicht in den Jahren 49-44 v. Chr.: Untersuchungen zur Herrschaftsetablierung im Bürgerkrieg*, Göttingen.

Brunt, P. A., 1961, The Lex Valeria Cornelia, *The Journal of Roman Studies* 51,

pp. 71-83.
——, 1971, *Italian Manpower, 225 BC.-AD.14*, Oxford.
——, 1982, Nobilitas and Novitas, *The Journal of Roman Studies* 72, pp. 1-17.
——, 1988, Clientela, *The Fall of the Roman Republic and Related Essays*, Oxford, pp. 382-442.
——, 1988, Factions, *The Fall of the Roman Republic*, Oxford, 1988, pp. 443-502.
Brunt, P. A. and Moore, J. M. (eds.), 1967, *Res Gestae Divi Augusti: The Achievements of the Divine Augustus*, Oxford.
Campbell, J. B., 2012, Tribuni Militum, *OCD*^{4}, p. 1505.
Cooley, A. E., 2009, *Res Gestae Divi Augusti: Text, Translation, and Commentary*, Cambridge.
Cornell, T. J. and Tomlin, R. S. O., 2012, Praefectus Urbi, *OCD*^{4}, p. 1202.
Crawford, M. H., 1974-1983, *Roman Republican Coinage* 2 vols., Cambridge.
—— (ed.), 1996, *Roman Statutes*, London.
Crook, J. A., 1996, Augustus: Power, Authority, Achievement, *CAH*^{2} vol. 10, pp. 113-146.
Crook, J. A., Lintott, A. W. and Rawson, E. (eds.) 1994, *The Last Age of the Roman Republic, 146-43 BC.* (*The Cambridge Ancient History* (2nd ed.) Vol. 9), Cambridge.(以下, '*CAH*^{2} Vol. 9' と略記)
Derow, P. S., 2012, Tribuni Plebis, *OCD*^{4}, p. 1505.
Dessau, H., 1924-1930, *Geschichte der römischen Kaiserzeit* 2 Bds., Berlin.
Dettenhofer, M. H., 1992, *Perdita iuventus: zwischen den Generationen von Caesar und Augustus*, München.
Drogula, F. K., 2007, Imperium, Potestas, and the Pomerium in the Roman Republic, *Historia* 56-4, pp. 419-452.
Eck, W., 2007 (translated by Schmeider, D. L. and Daniel, R.), *The Age of Augustus* (2nd ed.), Malden (*Augustus und seine Zeit*, München, 1998).
Ehrenberg, V. and Jones, A. H. M. (eds.), 1955, *Documents Illustrating the Reigns of Augustus and Tiberius* (2nd ed.), Oxford.
Fadinger, V., 1969, *Die Begründung des Prinzipats: quellenkritische und staatsrechtliche Untersuchungen zu Cassius Dio und der Parallelüberlieferung*, Berlin.
Feig Vishnia, R., 2012, *Roman Elections in the Age of Cicero: Society, Government and Voting*, New York and London.
Ferrary, J. - L., 2001, À Propos des Pouvoirs d'Auguste, *Cahiers du Centre Gustave Glotz* 12, pp. 101-154.
Flach, D., 1976, Destinatio und Nominatio im frühen Prinzipat, *Chiron* 6, S. 193-203.
Frei-Stolba, R., 1967, *Untersuchungen zu den Wahlen in der römischen Kaiserzeit*, Zürich.
Gelzer, M., 1912, *Die Nobilität der römischen Republik*, Leipzig-Berlin.
——, 1968 (translated by P. Needham), *Caesar: politician and statesman*, Oxford.

(*Caesar: der Politiker und Staatsmann*, 1921.)
Groebe, P., 1894, M. Antonius (30), *Paulys RE* Bd. I, Sp. 2595-2614.
Gruen, E. S., 1969, The Consular Elections for 53 BC., Bibauw, J. (ed.), *Hommages à Marcel Renard* Vol. 2, Bruxelles, pp. 311-321.
——, 1974, *The Last Generation of the Roman Republic*, Berkeley.
——, 1992, *Culture and National Identity in Republican Rome*, Itacha, New York.
Lange, C. H., 2009, *Res Publica Constituta: Actium, Apollo, and the Accomplishment of the Triumviral Assignment*, Leiden.
Hölkeskamp, K. -J. 2010 (translated by Heitmann-Gordon, H.), *Reconstructing the Roman Republic: An Ancient Political Culture and Modern Research*, Princeton (*Rekonstruktionen einer Republik: Die politische Kultur des antiken Rom und die Forschung der letzten Jahrzehnte*, München, 2004.).
Holladay, A. J., 1978, The Election of Magistrates in the Early Principate, *Latomus* 37, pp. 874-893.
Hopkins, K. and Burton, G., 1983, Political Succession in the Late Republic (249-50 BC.), Hopkins, K. (ed.), *Death and Renewal*, Cambridge, pp. 31-119.
Hurlet, F., 2011, Consulship and Consuls under Augustus, Beck, H. et al. (eds.), *Consuls and Res Publica: Holding High Office in the Roman Republic*, Cambridge, pp. 319-335.
Huzar, E. G., 1978, *Mark Antony: A Biography*, London, Sydney and Dover (New Hampshire).
Jahn, J., 1970, *Interregnum und Wahldiktatur*, Kallmünz.
Jehne, M., 1987, *Der Staat des Dictators Caesar*, Köln.
——, 1995, Die Beeinflussung von Entscheidungen durch 'Bestechung': Zur Funktion des Ambitus in der römischen Republik, Jehne, M. (Hg.), *Demokratie in Rom? Die Rolle des Volkes in der Politik der römischen Republik* (Historia Einzelschriften 96), Stuttgart, S. 51-76.
Jones, A. H. M., 1951, The Imperium of Augustus, *The Journal of Roman Studies* 41, pp. 112-119 (Jones, 1960, pp. 3-17.).
——, 1955, The Election under Augustus, *The Journal of Roman Studies* 45, pp. 9-21 (Jones, 1960, pp. 29-50.).
——, 1960, *Studies in Roman Goverment and Law*, Oxford.
Kromayer, J., 1923, Staat und Gesellschaft der Römer, von Wilamowitz-Moellendorff, U. et al., *Staat und Gesellschaft der Griechen und Römer: bis zum Ausgang des Mittelalters* (2 aufl.), Berlin, S. 215-363.
Lacey, W. K., 1963, Nominatio and the Elections under Tiberius, *Historia* 12-2, pp. 167-176.
——, 1996, *Augustus and the Principate: the Evolution of the System*, Leeds.
Laurence, R., 1994, Rumour and Communication in Roman Politics, *Greece & Rome* 41-1, pp. 62-74.

Levick, B., 1967, Imperial Control of the Elections under the Early Principate: Commendatio, Suffragatio, and Nominatio, *Historia* 16-2, pp. 207-230.

——, 1999 (1976): *Tiberius the Politician* (Revised ed.), London and New York.

——, 2010: *Augustus: Image and Substance*, Harlow.

Lintott. A. W., 1990, Electoral Bribery in the Roman Republic, *The Journal of Roman Studies* 80, pp. 1-16.

Matyszak, P., 2006, *The Sons of Caesar: Imperial Rome's First Dynasty*, London.

Meier, Chr., 1997, *Res Publica Amissa: Eine Studie zu Verfassung und Geschichte der späten römischen Republik* (3 aufl.), Frankfurt am Mein(初版：1966).

Meyer, Ed., 1922, *Caesars Monarchie und das Principat des Pompejus: innere Geschichte Roms von 66 bis 44 v. Chr.* (3 aufl.), Stuttgart und Berlin(初版：1918).

Millar, F., 1973, Triumvirate and Principate, *The Journal of Roman Studies* 63, pp. 50-67(Millar, 2002, pp. 241-270).

——, 1977, *The Emperor in the Roman World (31 BC.-AD. 337)*, London.

——, 1984, The Political Character of the Classical Roman Republic, 200-151BC., *The Journal of Roman Studies* 74. pp. 1-19(Millar, 2002, pp. 109-142).

——, 1986, Politics, Persuasion, and the People before the Social War (150-90 BC.), *The Journal of Roman Studies* 76, pp. 1-11(Millar, 2002, pp. 143-161).

——, 1989, Political Power in Mid-Republican Rome: Curia or Comitia, *The Journal of Roman Studies* 79, pp. 138-150(Millar, 2002, pp. 85-108).

——, 1995, Popular Politics at Rome in the Late Republic, Malkin, I. and Rubinsohn, Z. W. (eds.), *Leader and Masses in the Roman World: Studies in Honor of Zvi Yavetz*, Leiden, New York and Köln, pp. 91-113(Millar, 2002, pp. 162-182).

——, 1998, *The Crowd in Rome in the Late Republic*, Ann Arbor.

——, 2002, Cotton, H. M. and Rogers, G. M. (eds.), *The Roman Republic and the Augustan Revolution* (*Rome, the Greek, and the East* Vol. 1), Chapel Hill.

Mommsen, Th., 1887-1888, *Römisches Staatsrecht* 3 Bds. (Bds. 1, 2(3 aufl.)), Leipzig.

Morstein-Marx, R., 1998, Publicity, Popularity and Patronage in the Commentariolum Petitionis, *Classical Antiquity* 17-2, pp. 259-288.

Mouritsen, H., 2001, *Plebs and Politics in the Late Roman Republic*, Cambridge.

Münzer, F., 1920, *Römische Adelsparteien und Adelsfamilien*, Stuttgart.

——, 1931, Ser. Sulpicius Galba(61), *Paulys RE*, Bd. 4A, Sp. 769-772.

Neuendorff, A., 1913, *Die römischen Konsulwahlen von 78-49 v. Chr.*, Breslau.

Paterson, J. 1985, Politics in the Late Republic, T. P. Wiseman (ed.), *Roman Political Life 90 BC.-AD. 69*, Exeter, pp. 21-43.

Pelling, C., 1996, The Triumviral Period, *CAH^2* Vol. 10, pp. 1-69.

Petzold, K.-E., 1969, Die Bedeutung des Jahres 32 für die Entstehung des Principats, *Historia* 18-3, S. 334-351.

Phillips, D. A., 1997, The Conspiracy of Egnatius Rufus and the Election of Suffect

Consuls under Augustus, *Historia* 46-1, pp. 103-112.
von Premerstein, A., 1937, *Vom Werden und Wesen des Prinzipats*, München.
Purcell, N., 1994, The City of Rome and the Plebs Urbana in the Late Republic, *CAH*^{2} Vol. 9, pp. 644-688.
Ramsey, J. T., 2004, Did Julius Caesar Temporarily Banish Mark Antony from his Inner Circle?, *The Classical Quarterly* New Series 54-1, pp. 161-173.
Rawson, E., 1994, Caesar: Civil War and Dictatorship, *CAH*^{2} Vol. 9, pp. 424-467.
Rich, J. W. and Williams, J. H. C., 1999, Leges et Ivra P. R. Restitvit: A New Aureus of Octavian and the Settlement of 28-27 BC., *The Numismatic Chronicle* 159, pp. 169-213.
Rickman, G., 1980, *The Corn Supply of Ancient Rome*, Oxford.
Rilinger, R., 1976, *Der Einfluß des Wahlleiters bei den römischen Konsulwahlen von 366 bis 50 v. Chr.*, München.
Rowe, G., 2013, Reconsidering the Auctoritas of Augustus, *The Journal of Roman Studies* 103, pp. 1-15.
Saller, R. P., 1982, *Personal Patronage under the Early Empire*, Cambridge.
Scullard, H. H., 2011, *From the Gracchi to Nero: A History of Rome 133 BC. to AD. 68, with a New Foreword by D. Rathbone*, London and New York(初版：1959).
Schulz, O. Th., 1916, *Das Wesen des römischen Kaisertums der ersten zwei Jahrhunderte*, Paderborn.
Severy, B., 2003, *Augustus and the Family at the Birth of the Roman Empire*, New York and London.
Shackleton-Bailey, D. R., 1960, The Roman Nobility in the Second Civil War, *The Classical Quarterly* New Series 10-2, pp. 253-267.
Siber, H., 1939, Die Wahlreform des Tiberius, *Festschrift Paul Koschaker; mit Unterstützung der Rechts- und Staatswissenschaftlichen Fakultät der Friedrich-Wilhelms-Universität Berlin und der Leipziger Juristenfakultät zum 60 Geburtstag überreicht von seinen Fachgenossen* Bd. 1, Weimar, S. 171-217.
Staveley, E. S., 1972, *Greek and Roman Voting and Elections*, Itacha, New York.
de Ste. Croix, G. E. M., 1954, Suffragium: from Vote to Patronage, *The British Journal of Sociology* 5-1, pp. 33-48.
Sumner, G. V., 1971, The Lex Annalis under Caesar, *Phoenix* 25-3, pp. 246-271.
——, 1971, The Lex Annalis under Caesar (continued), *Phoenix* 25-4, pp. 357-371.
——, 1982, The Coitio of 54 BC., or Waiting for Caesar, *Harvard Studies in Classical Philology* 86, pp. 133-139.
Swan, P. M., 1982, Προβάλλεσθαι in Dio's Account of Elections under Augustus, *The Classical Quarterly* New Series 32-2, pp. 436-440.
Syme, R., 1939, *The Roman Revolution*, Oxford.
——, 1958, *Tacitus* 2 Vols., Oxford.
——, 1964, *Sallust*, Berkeley.

——, 1986, *The Augustan Aristocracy*, Oxford.
Talbert, R. J. A., 1996, The Senate and Senatorial and Equestrian Posts, *CAH²* Vol. 10, pp. 324–343.
Taylor, L. R., 1949, *Party Politics in the Age of Caesar*, Berkeley.
——, 2013 (1960), *The Voting Districts of the Roman Republic: the Thirty-Five Urban and Rural Tribes (with updated material by J. Linderski)*, Ann Arbor.
——, 1966, *Roman Voting Assemblies from the Hannibalic War to Dictatorship of Caesar*, Ann Arbor.
Taylor, L. R. and Broughton, T. R. S., 1968, The Order of the Consuls' Names in Official Republican Lists, *Historia* 17–2, p. 166–172.
Tibiletti, G., 1953, *Principe e Magistrati Repubblicani: Ricerca di Storia Augustea e Tiberiana*, Roma.
Vervaet, F. J., 2010, The Secret History: The Official Position of Imperator Caesar Divi filius from 31 to 27 BCE., *Ancient Society* 40, pp. 79–152.
Veyne, P., 1976, *Le Pain et le Cirque: Sociologie Historique d'un Pluralisme Politique*, Paris.
Yakobson, A., 1999, *Elections and Electioneering in Rome: A Study in the Political System of the Late Republic* (Historia Einzelschriften 128), Stuttgart.
Yavetz, Z., 1969, *Plebs and Princeps*, Oxford.
——, 1983, *Julius Caesar and his Public Image*, Ithaca, New York.
Wallmann, P., 1989, *Triumviri rei publicae constituendae: Untersuchungen zur politischen Propaganda im zweiten Triumvirat (43–30 v. Chr.)*, Frankfurt am Main.
Weinstock, S., 1971, *Divus Julius*, Oxford.
Welch, K. E., 1995, Antony, Fulvia, and the Ghost of Clodius in 47 BC., *Greece & Rome* 42–2, pp. 182–201.
Wickert, L., 1954, Princeps, *Paulys RE* Bd. 22, Sp. 1998–2296.
Wirszubski, Ch., 1950, *Libertas as a Political Idea at Rome during the Late Republic and Early Principate*, Cambridge.
Wiseman, T. P., 1971, *New Men in the Roman Senate 139 BC.–AD. 14*, London.

浅香正，1956「ローマ元首政治における「権威」の意味」『文化史学』12，27–39頁
島田誠，2000「ティベリウス政権の成立とその性格」『学習院大学文学部研究年報』47，29–54頁
——，2002「ローマ帝国の王権——ローマ帝政の成立とその性格」網野善彦他編『人類社会の中の天皇と王権(岩波講座 天皇と王権を考える 1)』岩波書店，191–212頁
——，2004「ドムス・アウグスタと成立期ローマ帝政」『西洋史研究』新輯33，24–48頁
新保良明，1988「ローマ帝政初期における政務官選挙」『長野工業高等専門学校紀要』

19, 129-145頁
砂田徹, 1997「共和政期ローマの社会・政治構造をめぐる最近の論争について——ミラーの問題提起(1984年)以降を中心に」『史学雑誌』106-8, 63-86頁
——, 2006『共和政ローマとトリブス制——拡大する市民団の編成』北海道大学出版会
高橋秀, 1992「ローマ共和政末期の政治とパトロネジ」長谷川博隆編『古典古代とパトロネジ』名古屋大学出版会, 127-146頁
長谷川博隆, 2001(1992)「表現形式としてのクリエンテス——クリエンテラ再考, その1」『古代ローマの政治と社会』492-519頁(初出:『中部大学国際関係学部紀要』8)
——, 2001『古代ローマの政治と社会』名古屋大学出版会
船田享二, 1936『羅馬元首政の起源と本質』岩波書店
E. マイヤー, 1978(鈴木一州訳)『ローマ人の国家と国家思想』岩波書店(E. Meyer, *Römischer Staat und Staatgedanke*, Zürich und Stuttgart, 1964)
丸亀裕司, 2011「共和政末期ローマの公職選挙における選挙支援者—— divisor と gratiosus をめぐって」『史学雑誌』120-2, 1-33頁
南川高志, 1995『ローマ皇帝とその時代——元首政期ローマ帝国政治史の研究』創文社
宮嵜麻子, 2011『ローマ帝国の食糧供給と政治——共和政から帝政へ』九州大学出版会
安井萠, 1994「ポンペイウス, カエサルと政務官選挙——両有力者による権力掌握過程の一断面」平田隆一・松本宣郎共編『支配における正義と不正——ギリシアとローマの場合』南窓社, 127-148頁
——, 2005『共和政ローマの寡頭政治体制——ノビリタス支配の研究』ミネルヴァ書房
弓削達, 1964『ローマ帝国の国家と社会』岩波書店
——, 1966『ローマ帝国論』吉川弘文館
——, 1984(1976)「ローマ皇帝観の形成」『明日への歴史学——歴史とはどういう学問か』河出書房新社, 209-231頁(初出:『史学雑誌』85-3)
吉村忠典, 2003(1961)「属州クリエンテーラと補助軍」『古代ローマ帝国の研究』79-123頁(初出:T. Yoshimura, "Die Auxiliartruppen und die Provinzialklientel in der römischen Republik," *Historia* 10-4, S. 473-495. 邦訳:石母田正編『古代史講座』5巻, 学生社, 1962, 石母田正編『古代史講座』7巻, 学生社, 1963)
——, 2003(1969)「ローマ元首政の起源」『古代ローマ帝国の研究』125-161頁(初出:荒松雄他編『地中海世界(2)(岩波講座 世界歴史 古代2)』岩波書店)
——, 2003『古代ローマ帝国の研究』岩波書店

註

序章　ローマ帝政の成立と公職選挙をめぐって

1　Tacitus, *Annales*, 1. 2: posito triumviri nomine, consulem se ferens et ad tuendam plebem tribunicio iure contentum, ubi militem donis, populum annona, cunctos dulcedine otii pellexit, insurgere paulatim, munia senatus, magistratuum, legem in se trahere.

2　'magistratus' の訳語として「政務官」が用いられることもあるが，本書では，これが市民の投票により選出されたことを重視し，「公職者」を用いる。

3　Augustus, *Res Gestae Divi Augusti*, 34, 1: postquam bella civilia exstinxeram, per consensum universorum potens rerum omnium, rem publicam ex mea potestate in senatus populique Romani arbitrium transtuli.

4　この事件を前24年末から前23年初頭，すなわちアウグストゥスのコンスル辞任の直前のこととし，これがコンスル辞任のきっかけとなったとする見解もある。

5　Th. Mommsen, *Römisches Staatsrecht* Bd. 2（3 aufl.）, 1887, S. 747-748.

6　*Ibid.*, S. 840; 845.

7　モムゼン以降の法制度史的諸研究に関しては，船田享二『羅馬元首政の起源と本質』1936年，8～9頁，南川高志『ローマ皇帝とその時代——元首政期ローマ帝国政治史の研究』1995年，4～6頁が紹介している。

8　O. Th. Schulz, *Das Wesen des römischen Kaisertums der ersten zwei Jahrhunderte*, 1916, S. 82.

9　J. Kromayer, Staat und Gesellschaft der Römer, U. von Wilamowitz-Moellendorff et al., *Staat und Gesellschaft der Griechen und Römer: bis zum Ausgang des Mittelalters*（2 aufl.）, 1923, S. 317-318.

10　H. Dessau, *Geschichte der römischen Kaiserzeit* Bd. 1, 1924, S. 131-132.

11　船田『前掲書』とくに268～274頁。

12　前367年と前63年は，平民のコンスル就任を認めるリキニウス・セクスティウス法が制定された年と，新人キケロがコンスルに就任した年である。

13　M. Gelzer, *Die Nobilität der römischen Republik*, 1912, S. 41.

14　*Ibid.*, S. 49.

15　*Ibid.*, S. 115-116.

16　F. Münzer, *Römische Adelsparteien und Adelsfamilien*, 1920.

17　A. von Premerstein, *Vom Werden und Wesen des Prinzipats*, 1937, S. 22-26. 引用は S. 25-26.

18　*Ibid.*, S. 113.

19　R. Syme, *The Roman Revolution*, 1939, p. 288.

20　サイムは，ティベリウスの帝位継承の際になされた宣誓を伝えるタキトゥスの記述（Tacitus, *Annales*, 1. 7.）を取り上げ，このように評価する（*Ibid.*, p. 438.）。

21　*Ibid.*, p. 313.

22 *Ibid.*, p. 337.

23 W. K. Lacey, *Augustus and the Principate: the Evolution of the System*, 1996, p. 105.

24 こうした通説的な理解に対して，F. K. Drogula, Imperium, Potestas, and the Pomerium in the Roman Republic, *Historia* 56-4, 2007, pp. 419-452 などにより批判が出されているが，本書においてこの問題を充分に検討する紙幅の余裕はないため，この問題については今後の課題としたい。

25 Ed. Meyer, *Caesars Monarchie und das Principat des Pompejus: innere Geschichte Roms von 66 bis 44 v. Chr.* (3 aufl.), 1922(初版：1918).

26 Ch. Wirszubski, *Libertas as a Political Idea at Rome during the Late Republic and Early Principate*, 1950.

27 L. Wickert, Princeps, G. Wissowa et al. (Hg.), *Paulys Realencyclopädie der classischen Altertumswissenschaft* Bd. 22, 1954, Sp. 1998-2296.

28 これらの研究については，浅香正「ローマ元首政治における「権威」の意味」『文化史学』12，1956年，27～39頁，弓削達「ローマ皇帝観の形成」『明日への歴史学――歴史とはどういう学問か』1984年，209～231頁(初出：1976年)による紹介と検討がある。

29 Augustus, *Res Gestae Divi Augusti*, 34, 3: Post id tempus auctoritate omnibus praestiti, potestatis autem nihilo amplius habui quam ceteri, qui mihi quoque in magistratu conlegae fuerunt.

30 L. R. Taylor, *Party Politics in the Age of Caesar*, 1949.

31 Chr. Meier, *Res Publica Amissa: Eine Studie zu Verfassung und Geschichte der späten römischen Republik* (3 aufl.), 1997(初版：1966), S. 8-23.

32 *Ibid.*, S. 182-190.

33 T. P. Wiseman, *New Men in the Roman Senate 139 BC.-AD. 14*, 1971. とくに p. 3; 105.

34 R. Syme, *Tacitus* 2 vols., 1958.

35 R. Syme, *The Augustan Aristocracy*, 1986.

36 Z. Yavetz, *Plebs and Princeps*, 1969, p. 39.

37 一連の論考は，長谷川博隆『古代ローマの政治と社会』2001年 に収められている。

38 吉村忠典「属州クリエンテーラと補助軍」『古代ローマ帝国の研究』2003年，79～123頁(初出：1961年)，吉村「ローマ元首政の起源」『古代ローマ帝国の研究』125～161頁(初出：1969年)。

39 弓削達『ローマ帝国の国家と社会』1964年，弓削『ローマ帝国論』1966年。

40 R. P. Saller, *Personal Patronage under the Early Empire*, 1982.

41 *Ibid.*, passim. とくに p. 74.

42 「コンティオ」(contio)とは投票をともなわない市民集会で，元老院での討議や民会に提出された法案の内容を公職者あるいは元老院議員が市民に向けて報告し，さらにこれらへの賛成や反対の演説をおこなう場だった。

43　F. Millar, The Political Character of the Classical Roman Republic, 200–151 BC., *The Journal of Romans Studies* 74, 1984, pp. 1–19.

44　F. Millar, Politics, Persuasion, and the People before the Social War (150–90 BC.), *The Journal of Roman Studies* 76, 1986, pp. 1–11; Political Power in Mid-Republican Rome: Curia or Comitia, *The Journal of Roman Studies* 79, 1989, pp. 138–150; Popular Politics at Rome in the Late Republic, I. Malkin and Z. W. Rubinsohn (eds.), *Leader and Masses in the Roman World: Studies in Honor of Zvi Yavetz*, 1995, pp. 91–113.

45　F. Millar, *The Crowd in Rome in the Late Republic*, 1998.

46　P. A. Brunt, Nobilitas and Novitas, *The Journal of Roman Studies* 72, 1982, pp. 1–17.

47　K. Hopkins and G. Burton, Political Succession in the Late Republic (249–50 BC.), K. Hopkins (ed.), *Death and Renewal*, 1983, pp. 31–119.

48　この論争については，砂田徹「共和政期ローマの社会・政治構造をめぐる最近の論争について――ミラーの問題提起(1984年)以降を中心に」『史学雑誌』106-8, 1997年，63～86頁 が詳しく紹介している。

49　H. Mouritsen, *Plebs and Politics in the Late Roman Republic*, 2001.

50　安井萠『共和政ローマの寡頭政治体制――ノビリタス支配の研究』2005年。

51　K.-J. Hölkeskamp (translated by H. Heitmann-Gordon), *Reconstructing the Roman Republic: An Ancient Political Culture and Modern Research*, 2010(初出：2004).

52　宮嵜麻子『ローマ帝国の食糧供給と政治――共和政から帝政へ』2011年。

53　B. Severy, *Augustus and the Family at the Birth of the Roman Empire*, 2003.

54　島田誠「ドムス・アウグスタと成立期ローマ帝政」『西洋史研究』新輯33，2004年，24～48頁。引用は39頁。

55　G. Rowe, Reconsidering the Auctoritas of Augustus, *The Journal of Roman Studies* 103, 2013, pp. 1–15.

56　R. Frei-Stolba, *Untersuchungen zu den Wahlen in der römischen Kaiserzeit*, 1967.

57　E. S. Staveley, *Greek and Roman Voting and Elections*, 1972, p. 218.

58　島田誠「ティベリウス政権の成立とその性格」『学習院大学文学部研究年報』47, 2000年，30～31頁。

59　Tacitus, *Annales*, 1. 15.

第Ⅰ部　共和政末期

1　L. R. Taylor, *Party Politics in the Age of Caesar*, 1949, chap. 3. とくに pp. 61–62. その背景となる選挙制度については第１章で詳述する。

2　Chr. Meier, *Res Publica Amissa: Eine Studie zu Verfassung und Geschichte der späten römischen Republik* (3 aufl.), 1997(初版：1966), S. 7–23. 引用は S. 8. ‘necessitudines’ に対する「義理の人脈」という訳語は，高橋秀「ローマ共和政末期の政治とパトロネジ」長谷川博隆編『古典古代とパトロネジ』1992年 による。

3　T. P. Wiseman, *New Men in the Roman Senate 139 BC.-AD. 14*, 1971, chap. 5.

4　E. S. Gruen, *The Last Generation of the Roman Republic*, 1974, chap. 4. とくに p. 122.

5　F. Millar, The Political Character of the Classical Roman Republic, 200-151BC., H. M. Cotton and G. M. Rogers (eds.), *The Roman Republic and the Augustan Revolution* (*Rome, the Greek World, and the East* Vol. 1), 2002(初出：1984), p. 131.

6　J. Paterson, Politics in the Late Republic, T. P. Wiseman (ed.), *Roman Political Life 90 BC.-AD. 69*, 1985, pp. 27-28.

7　P. A. Brunt, Clientela, *The Fall of the Roman Republic and Related Essays*, 1988, p. 424; 431.

8　A. Yakobson, *Elections and Electioneering in Rome: A Study in the Political System of the Late Republic* (Historia Einzelschriften 128), 1999, p. 34.

9　*Ibid*., pp. 20-21.

10　*Ibid*., pp. 51-52.

11　*Ibid*., p. 109.

12　R. Laurence, Rumour and Communication in Roman Politics, *Greek & Rome* 41-1, 1994, pp. 62-74. 公職選挙と『選挙運動備忘録』については pp. 66-67。

13　R. Morstein-Marx, Publicity, Popularity and Patronage in the Commentariolum Petitionis, *Classical Antiquity* 17-2, 1998, p. 274.

14　安井萠『共和政ローマの寡頭政治体制――ノビリタス支配の研究』2005年，153～155頁。

15　H. Mouritsen, *Plebs and Politics in the Late Roman Republic*, 2001, pp. 126-127.

16　K. -J. Hölkeskamp, (translated by H. Heitmann-Gordon), *Reconstructing the Roman Republic: An Ancient Political Culture and Modern Research*, 2010 (初出：2004), p. 38.

第１章　共和政末期の公職選挙

1　E. S. Staveley, *Greek and Roman Voting and Elections*, 1972, pp. 143-190; L. R. Taylor, *Roman Voting Assemblies from the Hannibalic War to Dictatorship of Caesar*, 1966(以下，'Taylor, *Voting Assemblies*' と略記), pp. 34-58; E. マイヤー，鈴木一州訳『ローマ人の国家と国家思想』1978年，156～159頁。

2　R. Rilinger, *Der Einfluß des Wahlleiters bei den römischen Konsulwahlen von 366 bis 50 v. Chr.*, 1976, S. 144-151.

3　Valerius Maximus, 3. 8, 3.

4　共和政末期における選挙主宰者の選挙結果への介入のその他の方法としては，選挙の途中解散(前54年)がある(Plutarchos, *Cato Minor*, 42, 3)。

5　Valerius Maximus, 3. 8, 3: C. etiam Pisonem mirifice et constanter turbulento rei publicae statu egisse consulem narratione insequenti patebit.

6　A. Yakobson, *Election and Electioneering in Rome: A Study in the Political

System of the Late Republic (Historia Einzelschriften 128), 1999, p. 163, n. 36; P. A. Brunt, Factions, *The Fall of the Roman Republic*, 1988, pp. 454–455.

7 Cicero, *Oratio pro Plancio*, 20, 49. また，Cicero, *De Divinatione*, 1. 45, 103 は，第一投票ケントゥリアの投票には神が示す予兆(omen)としての意味があったとする。

8 Livius, *Ab Urbe Condita*, 1. 43, 11: Equites enim vocabantur primi; octoginta inde primae classis centuriae; ibi si variaret, quod raro incidebat, institutum ut secundae classis vocarentur, nec fere unquam infra ita descenderunt, ut ad infimos pervenirent.

9 Cicero, *De Re Publica*, 2. 22, 39: quibus e centum quattuor centuriis (tot enim reliquae sunt) octo solae si accesserunt, confecta est vis populi universa.

10 *Ibid*., 2. 22, 40: illarum autem sex et nonaginta centuriarum in una centuria tum quidem plures censebantur quam peane in prima classe tota.

11 Taylor, *Voting Assemblies*, p. 87.

12 L. R. Taylor, *Party Politics in the Age of Caesar*, 1949, (以下，'Taylor, *Party Politics*' と略記)chap. 3. とくに pp. 61–62; Taylor, *Voting Assemblies*, pp. 76–77.

13 Yakobson, *op. cit*., pp. 20–21.

14 *Ibid*., pp. 51–52.

15 P. A. Brunt, Clientela, *The Fall of the Roman Republic and Related Essays*, 1988, p. 386.

16 H. Mouritsen, *Plebs and Politics in the Late Roman Repubic*, 2001, p. 95 は，そもそも非富裕層市民は選挙に関心がなかった可能性を指摘する。

17 N. Purcell, The City of Rome and the Plebs Urbana in the Late Republic, J. A. Crook et al. (eds.), *The Last Age of the Roman Republic, 146–43 BC*. (*The Cambridge Ancient History* (2nd ed.) Vol. 9), 1994, p. 668.

18 全193ケントゥリア中，35トリブスのうち４つの都市トリブスから構成されたのは，193×4/35≒22ケントゥリア程度と試算。

19 M. Gelzer, *Die Nobilität der römischen Republik*, 1912, S. 50. Dionysius Halicarnassensis, *Antiquitates Romanae*, 2. 10, 4.

20 *Ibid*., 4. 24, 5. P. A. Brunt, *Italian Manpower. 225 BC.–AD. 14*, 1971, p. 380; G. Rickman, *The Corn Supply of Ancient Rome*, 1980, p. 49 も参照。

21 Purcell, op. cit., p. 653.

22 *Cicero, Oratio in Vatinium*, 15, 36. 安井萠『共和政ローマの寡頭政治体制――ノビリタス支配の研究』2005年，126頁 も参照。

23 Taylor, *Party Politics*, p. 54.

24 *Ibid*., p. 55 は，被解放奴隷の子は，親が被解放奴隷であろうと出生自由人となるため，地所を所有していればその土地が属するトリブスへの移籍が可能だったと指摘している。

25 R. Feig Vishnia, *Roman Elections in the Age of Cicero: Society, Government and Voting*, 2012, p. 128.

26 Cicero, *Epistulae ad Atticum*. 10 (1. 1), 2.

27　Q. Cicero, *Commentariolum Petitionis*, 6, 24; 8, 30; 8, 32.

28　Cicero, *Oratio pro Plancio*, 8, 21-9, 22.

29　*Ibid*., 17, 43.

30　L. R. Taylor, *The Voting Districts of the Roman Republic: the Thirty-Five Urban and Rural Tribes (with updated material by J. Linderski)*, 2013, Map 1.

31　Cicero, *De Officiis*, 2. 17, 58. 他方，アエディリス在職中に開催した見世物により都市ローマ在住市民の人気を獲得し，高位公職就任への足がかりとする者もいた（第３節）。

32　騎士18ケントゥリアと第一等級70ケントゥリアのうち，全35トリブス中５トリブスから構成されたのは，88×5/35≒12ケントゥリアと試算。

33　第２章で取り上げる前53年度コンスル選挙では，第一投票ケントゥリアの買収のために1,000万セステルティウスが準備されたとされるが，これほどの額の買収資金が準備されたのは稀だったと考えるべきだろう。

34　Dio 39. 31, 1-2; Plutarchos, *Pompeius*, 51, 4.

35　安井萠「ポンペイウス，カエサルと政務官選挙――両有力者による権力掌握過程の一断面」平田隆一・松本宣郎共編『支配における正義と不正――ギリシアとローマの場合』1994年，138頁。

36　Taylor, *Party Politics*, p. 58.

37　第二等級から第五等級までの100ケントゥリアのうち，35トリブス中14トリブスから構成されたのは，100×14/35＝40ケントゥリアと試算。

38　E. S. Gruen, *The Last Generation of the Roman Republic*, 1974, p. 147 は，兵士の投票と脅迫が選挙結果を決定づけた要因だったとする。

39　『備忘録』の成立を巡る論争については，安井『前掲書』121頁。

40　M. C. Alexander, The Commentariolum Petitionis as an Attack on Election Campaigns, *Athenaeum* 97-1, 2009, pp. 31-57; The Commentariolum Petitionis as an Attack on Election Campaigns II Part, *Athenaeum* 97-2, 2009, pp. 369-395. 引用は p. 387.

41　Q. Cicero, *Commentariolum Petitionis*, 14, 58: Quae tametsi scripta ita sunt ut non ad omnis qui honores petant sed ad te proprie et ad hanc petitionem tuam valeant. *Ibid*., 1, 2. も参照。

42　*Ibid*, 5, 16: Et petitio magistratuum divisa est in duarum rationum diligentiam, quarum altera in amicorum studiis, altera in populari voluntate ponenda est. R. Morstein-Marx, Publicity, Popularity and Patronage in the Commentariolum Petitionis, *Classical Antiquity* 17-2, 1998, p. 262 も参照。

43　Q. Cicero, *Commentariolum Petitionis*, 11, 41: Quoniam de amicitiis constituendis satis dictum est, dicendum est de illa altera parte petitionis quae in populari ratione versatur.

44　*Ibid*., 5, 20: Et omnino, quoniam eo genere amicitiarum petitio tua maxime munita est quod ex causarum defensionibus adeptus es, fac ut plane iis omnibus quos devinctos tenes discriptum ac dispositum suum cuique munus sit; 他に *Ibid*., 6, 21.

45 *Ibid.*, 5, 19: Nam hoc biennio quattuor sodalitates hominum ad ambitionem gratiosissimorum tibi obligasti, C. Fundani, Q. Galli, C. Corneli, C. Orchivi; ... qua re hoc tibi faciendum est, hoc tempore ut ab his quod debent exigas saepe commonendo, rogando, confirmando, curando ut intellegant nullum se umquam aliud tempus habituros referendae gratiae.

46 *Ibid.*, 9, 38: Praeterea magnam adferet laudem et summam dignitatem, si ii tecum erunt qui a te defensi et qui per te servati ac iudiciis liberati sunt; haec tu plane ab his postulato ut, ... nec aliud ullum tempus futurum sit ubi tibi referre gratiam possint, hoc te officio remunerentur.「さらに，もしあなたに弁護され，あなたによって裁判で無罪となり安全を守られた者たちがあなたと一緒にいたならば，それは大きな賞賛と最高の権威をもたらす。……あなたが彼らにはっきりと要求するのであれば，あなたからの恩を返す機会を他にもっていない者は，これ〔随行〕によって義務を返す」。

47 安井『前掲書』138頁。Yakobson, *op. cit.*, p. 85 も参照。

48 Q. Cicero, *Commentariolum Petitionis*, 5, 17: Deinde ut quisque est intimus ac maxime domesticus, ut is amet et quam amplissimum esse te cupiat valde elaborandum est, tum ut tribules, ut vicini, ut clientes, ut denique liberti, postremo etiam servi tui; nam fere omnis sermo ad forensem famam a domesticis emanat auctoribus.「つぎに，身近にいる者，とくに家に関わる者が，あなたを愛し，あなたがもっとも名高いものとなることを熱望するよう，おおいに努めるべきである。さらにあなたのトリブス民，街区の者たち，クリエンテス，さらには被解放奴隷たち，はては奴隷たち〔が同様に熱望するようにせよ〕。なぜなら，フォルムでの名声となるほとんどすべての話は家の証人から生まれるのだから」。

49 *Ibid.*, 5, 16: Sed tamen qui sunt amici ex causa iustiore cognationis aut adfinitatis aut sodalitatis aut alicuius necessitudinis, iis carum et iucundum esse maxime prodest.

50 *Ibid.*, 9, 34: Et, quoniam adsectationis mentio facta est, ... nam ex ea ipsa copia coniectura fieri poterit quantum sis in ipso campo virium ac facultatis habiturus. Huius autem rei tres partes sunt: una salutatorum cum domum veniunt, altera deductorum, tertia adsectatorum.

51 *Ibid.*, 9, 35: In salutatoribus, qui magis vulgares sunt et hac consuetudine quae nunc est ad pluris veniunt, ... sic homines saepe, cum obeunt pluris competitores et vident unum esse aliquem qui haec officia maxime animadvertat, ei se dedunt, deserunt ceteros, minutatim ex communibus proprii, ex fucosis firmi suffragatores evadunt.

52 *Ibid.*, 9, 36: Iam deductorum officium quo maius est quam salutatorum, hoc gratius tibi esse significato atque ostendito, et, quod eius fieri poterit, certis temporibus descendito; magnam adfert opinionem, magnam dignitatem cottidiana in deducendo frequentia.

53 *Ibid.*, 9, 37: Tertia est ex hoc genere adsidua adsectatorum copia. In ea quos

voluntarios habebis, curato ut intellegant te sibi in perpetuum summo beneficio obligari; qui autem tibi debent, ab iis plane hoc munus exigito, qui per aetatem ac negotium poterunt, ipsi tecum ut adsidui sint, qui ipsi sectari non poterunt, suos necessarios in hoc munere constituant.

54 長谷川博隆「表現形式としてのクリエンテス——クリエンテラ再考，その１」『古代ローマの政治と社会』2001年，500〜501頁。

55 Q. Cicero, *Commentariolum Petitionis*, 8, 29: quos per te, quos per communis amicos poteris, summa cura ut cupidi tui sint elaborato, appetito, adlegato, summo beneficio te adfici ostendito.

56 *Ibid*., 5, 18: Deinde sunt instituendi cuiusque generis amici: ad speciem, homines inlustres honore ac nomine (qui, etiam si suffragandi studia non navant, tamen adferunt petitori aliquid dignitatis); ad ius obtinendum, magistratus (ex quibus maxime consules, deinde tribuni pl.); ad conficiendas centurias, homines excellenti gratia.

57 *Ibid*., 8, 33: Iam equitum centuriae multo facilius mihi diligentia posse teneri videntur: primum cognosci equites oportet (pauci enim sunt), deinde appeti (multo enim facilius illa adulescentulorum ad amicitiam aetas adiungitur). ... Nam studia adulescentulorum in suffragando, in obeundo, in nuntiando, in adsectando mirifice et magna et honesta sunt.「さらに，騎士のケントゥリアは，用心によってはるかに容易に獲得できるように私には思える。まずは騎士たちの知人となり(というのは，彼らは少数である)，つぎに訪れよ(というのは，年齢が若い騎士を友人にすることははるかに容易であるからである)。……なぜなら，若者たちの熱意は投票においても，訪問においても，情報を知ることにおいても，随行者の獲得においても，驚くほど重要で名誉あることなのである」。

58 *Ibid*., 5, 18: ad conficiendas centurias, homines excellenti gratia. ... nam per hos annos homines ambitiosi vehementer omni studio atque opera elaborarunt ut possent a tribulibus suis ea quae peterent impetrare.「ケントゥリアを確保するために，おおいに好意を集めた者たちが〔友人とされるべきである〕。……なぜなら，ここ数年，野心的な人びとはあらゆる熱意と努力によって，自身のトリブス民から求めているものを得られるよう，熱心に努めているからである」。

59 Q. Cicero, *Commentariolum Petitionis*, 8, 29: Et primum, id quid ante oculos est, senatores equitesque Romanos, ceterorum ordinum omnium navos homines et gratiosos complectere.「第一に，眼前にあるもの，すなわち元老院議員とローマ騎士を，そしてそれら以外の他のすべての階級に属する活動的で好意を集めている人びと(gratiosus)を獲得せよ」。

'gratiosus' については，丸亀「共和政末期ローマの公職選挙における選挙支援者—— divisor と gratiosus をめぐって」『史学雑誌』120-2，2011年，１〜33頁 を参照。

60 *Ibid*, 11, 41: Ea desiderat nomenclationem, blanditiam, adsiduitatem, benignitatem, rumorem, speciem in re publica.

61 *Ibid.*, 13, 50: Sequitur enim ut de rumore dicendum sit, cui maxime serviendum est. Sed quae dicta sunt omni superiore oratione, eadem ad rumorem concelebrandum valent, dicendi laus, studia publicanorum et equestris ordinis, hominum nobilium voluntas, adulescentulorum frequentia, eorum qui abs te defensi sunt adsiduitas, ex municipiis multitudo eorum quos tua causa venisse appareat, bene te ut homines nosse, comiter appellare, adsidue ac diligenter petere, benignum ac liberalem esse loquantur et existiment, domus ut multa nocte compleatur, omnium generum frequentia adsit, satis fiat oratione omnibus, re operaque multis, perficiatur id quod fieri potest labore et arte ac diligentia, non ut ad populum ab his hominibus fama perveniat sed ut in his studiis populus ipse versetur.

62 Cicero, *Oratio pro Murena*, 21, 44–45: Petitorem ego, praesertim consulatus, magna spe, magno animo, magnis copiis et in forum et in campum deduci volo. ... praesertim cum iamhoc novo more omnes fere domos omnium concursent et ex vultu candidatorum coniecturam faciant quantum quisque animi et facultatis habere videatur. "Videsne tu illum tristem, demissum? iacet, diffidit, abiecit hastas." Serpit hic rumor. "Scis tu illum accusationem cogitare, inquirere in competitores, testis quaerere? Alium fac iam, quoniam sibi hic ipse desperat." Eius modi rumoribus candidatorum amici intimi debilitantur, studia deponunt; aut certam rem abiciunt aut suam operam et gratiam iudicio et accusationi reservant. Accedit eodem ut etiam ipse candidatus totum animum atque omnem curam, operam diligentiamque suam in petitione non possit ponere.

63 Morstein-Marx, op. cit., p. 263 は，『備忘録』の記述から，「友人たちの熱意」と「一般市民の好意」の相互補完関係を指摘している。

64 Cicero, *Oratio pro Murena*, 17, 35: Dies intermissus aut nox interposita saepe perturbat omnia, et totam opinionem parva nonnumquam commutat aura rumoris. Saepe etiam sine ulla aperta causa fit aliud atque existimaris, ut nonnumquam ita factum esse etiam populus admiretur, quasi vero non ipse fecerit.

65 Plutarchos, *Cato Minor*, 8, 2: καὶ νόμου γραφέντος ὅπως τοῖς παραγγέλλουσιν εἰς ἀρχὴν ὀνοματολόγοι μὴ παρῶσι, χιλιαρχίαν μετιὼν μόνος ἐπείθετο τῷ νόμῳ· καὶ δι᾽ αὑτοῦ ποιησάμενος ἔργον ἀσπάζεσθαι καὶ προσαγορεύειν τοὺς ἐντυγχάνοντας, οὐδὲ αὐτοῖς ἀνεπαχθὴς ἦν τοῖς ἐπαινοῦσιν, ὅσον μᾶλλον ἐνόουν τὸ καλὸν ὧν ἐπετήδευε, τὸ δυσμίμητον αὐτῶν βαρυνομένοις.

66 *Ibid.*, 20, 2–3.

67 *Ibid.*, 21, 1: Τὸ μὲν οὖν πρῶτον ὀλίγοι περὶ τὸν Κάτωνα τῶν φίλων ἦσαν· φανερᾶς δὲ τῆς γνώμης αὐτοῦ γενομένης, ὀλίγου χρόνου πάντες οἱ χρηστοὶ καὶ γνώριμοι συνέτρεχον καὶ παρεκάλουν καὶ παρεθάρρυνον αὐτόν.

68 *Ibid.*, 21, 2.

69 Cicero, *Oratio pro Murena*, 36, 77.

70 Plutarchos, *Cato Minor*, 49, 4: πρὸς δὲ τούτῳ μήτε αὐτὸς ἐντυχεῖν ὑπὲρ αὑτοῦ πιθανὸς ὤν, ἀλλ᾽ ἐν ἤθει τὸ τοῦ βίου μᾶλλον ἀξίωμα βουλόμενος φυλάσσειν ἢ

προσλαβεῖν τὸ τῆς ἀρχῆς ποιούμενος τὰς δεξιώσεις, μήτε τοὺς φίλους ἐάσας οἷς ὄχλος ἁλίσκεται καὶ θεραπεύεται ποιεῖν, ἀπέτυχε τῆς ἀρχῆς.

71 J. B. Campbell, Tribuni Militum, S. Hornblower and A. Spawforth (eds.), *Oxford Classical Dictionary* (4th ed.), 2012, p. 1505.

72 Dio, 40. 58, 1.

73 Caesar, *Bellum Civilis*, 1. 4, 1.

74 Gruen, *op. cit.*, p. 156.

75 Cicero, *Epistulae ad Atticum*, 10 (1. 10).

76 Cicero, *Oratio pro Murena*, 14, 30: Duae sint artes igitur quae possint locare homines in amplissimo gradu dignitatis, una imperatoris, altera oratioris boni.

77 *Ibid.*, 9, 22-10, 22: qui potest dubitari quin ad consulatum adipiscendum multo plus adferat dignitatis rei militaris quam iuris civilis gloria? ... Haec nomen populo Romano, haec huic urbi aeternam gloriam peperit, haec orbem terrarum parere huic imperio coegit; omnes urbanae res, omnia haec nostra praeclara studia et haec forensis laus et industria latent in tutela ac praesidio bellicae virtutis. Simulatque increpuit suspicio tumultus, artes ilico nostrae conticiscunt.

78 *Ibid.*, 11, 24: Summa dignitas est in iis qui militari laude antecellunt; omnia enim quae sunt in imperio et in statu civitatis ab his defendi et firmari putantur; summa etiam utilitas, siquidem eorum consilio et periculo cum re publica tum etiam nostris rebus perfrui possumus.「戦の誉れにおいて傑出した人びとには最高の威厳がある。というのも，帝国および国家におけるすべてのものはこれらの人びとによって守られ，保全されると考えられるからである。また，これらの人びとの賢慮と犠牲のおかげでわれわれは国家やわれわれの財産を享受できるのであるから，彼らには最高の有益性がある」。

79 Cicero, *De Oratore*, 1. 2, 7.

80 T. R. S. Broughton, *The Magistrates of the Roman Republic*, vol. 2: 99 BC.-31 BC., 1952の，前78年から前49年の公職者のリストから抽出。ここでは，前73年に凱旋式挙行前日に死去したC. Aurelius Cotta(前75年コンスル)，前71年に略式凱旋式を挙行したM. Licinius Crassus(前70年，前55年コンスル)を含めて15人とした。また，Cn. Pompeius Magnus(前70年，前55年，前52年コンスル)は3度の凱旋式(前79年，前71年，前54年)を挙行している。

81 Cicero, *Oratio pro Murena*, 18, 38.

82 Plutarchos, *Pompeius*, 44, 3-4.

83 Cicero, *Brutus*, 47, 176: Cn. autem Octavi eloquentia, quae fuerat ante consulatum ignorata, in consulatu multis contionibus est vehementer probata. Sed ab eis, qui tantum in dicentium numero, non in oratorum fuerunt, iam ad oratores revortamur.

84 Cn. Octavius(前76年コンスル，*Ibid.*, 47, 176); C. Scribonius Curio(前76年，*Ibid.*, 58, 210-61, 220); C. Aurelius Cotta(前75年，*Ibid.*, 49, 183); L. Gellius Publicola (前72年，*Ibid.*, 27, 105); Cn. Cornelius Lenbtulus Clodianus(前72年，*Ibid.*, 66, 234); Q.

Hortensius Hortalus（前69年，*Ibid.*, 96, 328）; C. Calpurnius Piso（前67年，*Ibid.*, 68, 239）; C. Iulius Caesar（前59年，*Ibid.*, 72, 252）; M. Claudius Marcellus（前51年，*Ibid.*, 71, 250）; L. Cornelius Lentulus Crus（前49年，*Ibid.*, 77, 268）.

85 Cicero, *De Oratore*, 1. 5, 16: Quid enim quis aliud, in maxima discentium multitudine, summa magistrorum copia, praestantissimis hominum ingeniis, infinita causarum varietate, amplissimis eloquentiae propositis praemiis, esse causae putet, nisi rei quandam incredibilem magnitudinem, ac difficultatem?「では，極めて多くの学生がおり，最高の教師が揃っていて，人びとの才能も優れ，多種多様な裁判があり，極めて豊富な期待できる弁論の報酬があるのに，〔弁論家が少ない〕理由は，ものごとのある種の信じられないほどの領域の広さと困難さ以外に何かあるだろうか」。

86 *Ibid.*, 1. 14, 60: Quaero enim, num possit aut contra imperatorem, aut pro imperatore dici sine rei militaris usu, aut saepe etiam sine regionum terrestrium aut maritimarum scientia; num apud populum de legibus iubendis, aut vetandis; num in senatu de omni rei publicae genere dici sine summa rerum civilium cognitione, et prudentia; num admoveri possit oratio ad sensus animorum atque motus vel inflammandos, vel etiam exstinguendos, quod unum in oratore dominatur, sine diligentissima pervestigatione earum omnium rationum, quae de naturis humani generis ac moribus a philosophis explicantur.

87 Cicero, *De Officiis*, 2. 19, 67: Cum autem omnes non possint, ne multi quidem, aut iuris periti esse aut diserti, licet tamen opera prodesse multis beneficia petentem, commendantem iudicibus, magistratibus, vigilantem pro re alterius, eos ipsos, qui aut consuluntur aut defendunt, rogantem; quod qui faciunt, plurimum gratiae consequuntur, latissimeque eorum manat industria.「だが，法律について熟知し，あるいは精通していることは，すべての者，いや，大半の者には不可能なことなのだ。その労力により，多くの者のために利益を求めること，審判人や公職者に推薦すること，他人のものに気を配ること，相談されたり弁護したりする者たちに請願することが自在にできるようになる。だからこそ，それができる者は極めて多くの好意を獲得するし，極めて広範にその勤勉さがおよぶのである」。

88 Cicero, *De Oratore*, 1. 8, 34: sic enim statuo, perfecti oratoris moderatione et sapientia non solum ipsium dignitatem, sed et privatorum plurimorum, et universae rei publicae salutem maxime contineri.

89 Gelzer, *op. cit.*, S. 41.

90 Sallustius, *Bellum Iugurthinum*, 63, 6: consulatum nobilitas inter se per manus tradebat.

91 T. P. Wiseman, *New Men in the Roman Senate 139 BC.-AD. 14*, 1971, pp. 100-107.

92 Cicero, *Oratio in Pisonem*, 1, 2.

93 Cicero, *Orationes in Verrem*, 2. 5, 70, 180 では，「ノビレス」を「眠っていてもローマ市民からあらゆる恩恵がもたらされる人びと（qui nobili genere nati sunt, quibus omnia populi Romani beneficia dormientibus deferuntur）」と形容する。

94 Cicero, *Oratio pro Murena*, 7, 15. なお，スルピキウスは，前388年，前384年，前383年に，一時コンスルに代わって設置されていた「コンスル権限保有の軍隊指揮官(tribunus militum consulari potestate)」を務めたスルピキウス・ルフスの子孫と考えられる。

95 Sallustius, *Bellum Cathilinae*, 23, 6. Idem, *Bellum Iugurthinum*, 63, 7 も参照。

96 Q. Cicero, *Commentariolum Petitionis*, 13, 50.

97 Cicero, *Oratio pro Murena*, 19, 38-39.

98 P. Veyne, *Le Pain et le Cirque: Sociologie Historique d'un Pluralisme Politique*, 1976, p. 394; Yakobson, *op. cit.*, pp. 35-36; J. Peterson, Politics in the Late Republic, T. P. Wiseman (ed.), *Roman Political Life, 90 BC.-AD. 69*, 1985, p. 32. なお，E. S. Gruen, *Culture and National Identity in Republican Rome*, 1992, pp. 188-190 はそれとは反対の見解を示している。

99 Cicero, *De Officiis*, 2. 17, 58-59.

100 Plutarchos, *Caesar*, 5, 5; Dio, 37. 8, 1; Plinius, *Naturalis Historia*, 33, 53.

101 Suetonius, *Iulius*, 13; Plutarchos, *Caesar*, 7, 1-3; Dio, 37, 37, 3.

102 Suetonius, *Iulius*, 19.

第2章　前53年度コンスル選挙

1 E. S. Gruen, *The Last Generation of the Roman Republic*, 1974, p. 156.

2 A. W. Lintott, Electoral Bribery in the Roman Republic, *The Journal of Roman Studies* 80, 1991, pp. 10-11.

3 A.Yakobson, *Elections and Electioneering in Rome: A Study in the Political System of the Late Republic* (Historia Einzelschriften 128), 1999, ch. 2. 引用は p. 64.

4 M. Jehne, Die Beeinflussung von Entscheidungen durch 'Bestechung': Zur Funktion des Ambitus in der römischen Republik, M. Jehne (Hg.), *Demokratie in Rom? Die Rolle des Volkes in der Politik der römischen Republik* (Historia Einzelschriften 96), 1995, S. 51-76. 引用は S. 76.

5 Cicero, *De Oratore*, 2. 25, 105: et de ambitu raro illud datur, ut possis liberalitatem atque benignitatem ab ambitu atque largitione seiungere;「そして選挙違反については，選挙違反や買収から気前のよさや惜し気のなさが区別できることはめったにない」。

6 この選挙の経過に関しては，G. V. Sumner, The Coitio of 54 BC., or Waiting for Caesar, *Harvard Studies in Classical Philology* 86, 1982, pp. 133-139; E. S. Gruen, The Consular Elections for 53 BC., J. Bibauw (ed.), *Hommages à Marcel Renard* vol. 2, 1969, pp. 311-321; A. Neuendorff, *Die römischen Konsulwahlen von 78-49 v. Chr.*, 1913, S. 56-61 を参照した。また，クロノロジーについては，サムナーに依拠した。

7 さらに，クラウディウス・プルケルも立候補したとされるが，選挙戦が本格化する前に手を引いたようである(Neuendorff, *op. cit.*, S. 56)。しかし，キケロの書簡に

は彼に関する言及がないので，ここではクラウディウス・プルケルにふれないこととする。

8　Cicero, *Epistulae ad Atticum*, 89 (4. 16), 6（7月1日頃）: De Messalla quod quaeris, quid scribam nescio. numquam ego vidi tam paris candidatos. Messallae copias nosti. Scaurum Triarius reum fecit. si quaeris, nulla est magnopere commota συμπάθεια, sed tamen habet aedilitas eius memoriam non ingratam et est pondus apud rusticos in patris memoria. reliqui duo plebeii sic exaequantur ut Domitius ut valeat amicis, adiuvetur tamen non gratissimo munere, Memmius Caesaris commendetur militibus, Pompei gratia nitatur. quibus si non valuerit, putant fore aliquem qui comitia adventum Caesaris detrudat, Catone praesertim absoluto.「あなたが尋ねたメッサッラについて，何を書けばいいのかわからない。私はこんなに〔コンスルに〕ふさわしい候補者を見たことがない。メッサッラの力は知られているところだ。トリアリウスがスカウルスを告発した。もしあなたが尋ねるのであれば，彼はほとんど同情されていないが，彼のアエディリス職は不快な記憶では決してないし，彼の父の記憶も田舎の人びとには重みのあるものである〔と答えよう〕。残りの2人の平民〔の立候補者〕は対等である。ドミティウス〔・カルウィヌス〕は友人から力を得ており，多くの好意を集めているわけではないが見世物によっても助けられている。メンミウスはカエサルの兵士たちに推されており，ポンペイウスの好意によって輝いている。もし彼がそれらによって力を得られないとしてもとくにカト〔前55年度コンスル選挙の際に選挙を冬まで延期させた護民官で，有名な小カトとは別人である〕が無罪放免となることで，カエサルの到着まで選挙は延期されるのではないかと皆が考えている」。

「カルウィヌスの友人」については，その経歴から元老院主流派だと考えられる(Gruen, op. cit., pp. 314-315.)。

9　*Ibid.*, 90 (4. 15), 7（7月27日）：Sequere nunc me in campum. ardet ambitus. ... faenus ex triente Id. Quint. factum erat bessibus. ... Memmium Caesaris omnes opes confirmant. cum eo Domitium consules iunxerunt, qua pactione epistulae committere non audeo. Pompeius fremit, queritur, Scauro studet; sed utrum fronte an mente dubitatur. ἐξοχη in nullo est; pecunia omnium dignitatem exaequat. Messalla languet, non quo aut animus desit aut amici, sed coitio consulum et Pompeius obsunt. ea comitia puto fore ut ducantur.「では，マルスの野まで私について来なさい〔選挙の話題に移りましょう〕。選挙買収が燃え上がっている。……7月15日，借金の年利が4％から8％になった。……カエサルのあらゆる助力がメンミウスを強めている。両コンスルは，あえて手紙に委ねようとは思えない約束によって，メンミウスとドミティウス〔・カルウィヌス〕を結びつけている。ポンペイウスは不満をいって，嘆き，スカウルスを支援している。けれども，それがみせかけだけか内面からのものかは疑わしい。抜きん出ている者は誰もいない。金銭が全員の威厳を等しくしている。メッサッラは，意思がないとか友人がいないとかではなく，コンスルの選挙協力とポンペイウスの妨害のため不利である。そのため，民会は延期されるだろうと思う」。

10 *Ibid*., 91 (4. 17), 2(10月 1 日)：Consules flagrant infamia quod C. Memmius candidatus pactionem in senatu recitavit quam ipse et suus competitor Domitius cum consulibus fecisset, uti ambo HS XXXX consulibus darent, si essent ipsi consules facti, nisi tris augures dedissent qui se adfuisse dicerent cum lex curiata ferrentur quae lata non esset, et duo consularis qui se decerent in ornandis provinciis consularibus scribendo adfuisse cum omnino ne senatus quidem fuisset. haec pactio non verbis sed nominibus et perscriptionibus multorum per tabulas cum esse facta diceretur, prolata a Memmio est nominibus inductis auctore Pompeio.「立候補者のC．メンミウスが，彼自身と対立候補のドミティウス〔・カルウィヌス〕が両コンスルと交わした約束を元老院で読み上げたことで，コンスルが悪評に苦しんでいる。その内容は，もし彼らがコンスルに選出され，3人の鳥卜官を用意し，提案されていなかったクリア法が提案されたときに立ち会っていたといわせ，さらに2人のコンスル格の人に，元老院は開催されていなかったのにコンスル属州の割当についての元老院決議があったときに立ち会ったといわせることができなければ，2人〔の候補者〕が両コンスルに400万セステルティウスを支払うというものだった。この約束は口頭によるものではなく，記録板に多数の名前と詳細が書かれていたといわれており，ポンペイウスの助言で名前をふせて，メンミウスによって公表された」。

11 Cicero, *Epistulae ad Quintum Fratrem*, 20 (2. 16), 2(8月末)：de ambitu cum atrocissime ageretur in senatu multos dies, quod ita erant progressi candidati consulares ut non esset ferendum, in senatu non fui.「元老院では，容認されるべきではないほどにコンスル候補者たちが過熱しているため，とても恐ろしいことになっている選挙運動について何日も論題とされているが，私は元老院に出席しなかった」。

12 Cicero, *Epistulae ad Atticum*, 91 (4. 17), 3.(註13)

13 *Ibid*., 91 (4. 17), 3(10月 1 日): Memmius autem dirempta coitione invito Calvino plane refrixerat et eo magis nunc quod iam intellegebamus enuntiationem illam Memmi valde Caesari displicere. Messalla noster et eius Domitius competitor liberalis in populum valde fuit. nihil gratius. certi erant consules. at senatus decernit ut tacitum iudicium ante comitia fieret ab iis consiliis quae erant omnibus sortita in singulos candidatus. magnus timor candidatorum. sed quidam iudices, in his Opimius, Veiento, Rantius, tribunos pl. appellarunt ne iniussu populi iudicarent. rescidit. comitia dilata ex senatus consulto dum lex de tacito iudicio ferretur. venit legi dies. Terentius intercessit. consules, qui illud levi bracchio egissent, rem ad senatum detulerunt ... senatus decreverat ne prius comitia haberentur quam lex lata esset; si quis intercessisset, res integra referretur. coepta ferri leviter, intercessum non invitis, res ad senatum. 'de ea re ita censuerunt, comitia primo quoque tempore haberi. c.'.「さらにカルウィヌスの意思に反して選挙協力から手を切ったメンミウスは明らかに無気力で，それに加えて私たちは，カエサルがメンミウスのことをおおいに不愉快に思っている事実をすでに知っている。私たちのメッサッラと，彼の対立候補ドミティウス〔・カルウィヌス〕は，市民のなかにあっておおいに

気前がよい。それ以上に好ましいことはない。彼らがコンスルになることが確実であろう。さらに，元老院は，抽選によってすべての候補者それぞれに審判人が選出される評議会による沈黙の裁判が選挙前におこなわれることを決議した。候補者たちの恐怖は大きなものだ。しかし，オピミウス，ウェイエント，ランティウスといった審判人たちは，護民官に市民の命令なしに判断を下さないように求めた。彼はそれを無視した。選挙は，沈黙の裁判についての法が提案されるまで，元老院決議によって延期された。採決の日がきた。テレンティウスは拒否権を発動した。弱々しい腕でそれに対処した両コンスルは，事態を元老院に報告した。元老院は大混乱に陥り，私は黙っていられなかった。……けれども，まったくなんとも滑稽なことでしょう。元老院は，法が提案されるよりも前に選挙は開催されないと決議した。もし，誰かが拒否権を行使すれば，事態は触れられることなく〔元老院に〕戻ってくる。計画は軽々しく提案され，妨害もなく拒否権が行使され，事態は元老院に差し戻された。「この件に関して，選挙ができる限り早い時期におこなわれるように決議する，と決議された」」。

14 *Ibid.*, 91 (4. 17), 4(10月1日): Scaurus, qui erat paucis diebus illis absolutus, cum ego partem eius ornatissime defendissem, obnuntiationibus per Scaevolam interpositis singulis diebus usque ad pr. Kal. Oct., quo ego haec die scripsi, sublatis, populo tributim domi suae satis fecerat. sed tamen, etsi uberior liberalitas huius, gratior esse videbatur eorum qui occuparant.「私がその一部をとても洗練されたやり方で弁護し，スカウルスはその数日前に無罪となった。スカエウォラによる凶兆の知らせによって，私がこれを書いている9月29日まで毎日選挙が延期されており，その間，スカウルスは彼の家でトリブスごとに市民をおおいに満足させている。しかし一方，彼の気前のよさがより豊かなものであっても，先に始めた者のほうがより多くの好意を得るものと思われる」。

15 Cicero, *Epistulae ad Quintum Fratrem*, 22 (3. 2), 3(10月11日): De ambitu postulati sunt omnes qui consulatum petunt: a Mennmio Domitius, a Q. Acutio, bono et erudito adulescente, Memmius, a Q. Pompeio Messalla, a Triario Scaurus. magna res in motu est, propterea quod aut hominum aut legum interitus ostenditur. opera datur ut iudicia ne fiant. res videtur spectare ad interregnum. consules comitia habere cupiunt; rei nolunt, et maxime Memmius, quod Caesaris adventu se sperat futurum consulem; sed mirum in modum iacet. Domitius cum Messalla certus esse videbatur. Scaurus refrixerat.「コンスル選挙に立候補しているすべての者たちが買収の廉で告発を受けている。ドミティウス〔・カルウィヌス〕はメンミウスに，メンミウスは立派で教養のある若者Q. アクティウスに，メッサッラはQ. ポンペイウスに，スカウルスはトリアリウスから〔告発を受けている〕。重大な事態が起こっており，それゆえに人か法かが滅ぼされてしまうかのようである。裁判がおこなわれないように努力がなされている。事態は中間王政に向かっているように思われる。両コンスルは選挙開催を熱望している。被告たちは，とくにメンミウスは，カエサルの到着によってコンスルになれると希望をもっているので，〔選挙の早期開催を〕望んでいない。しかし，彼は不思議なほどに意気消沈している。メッサッラととも

にドミティウス〔・カルウィヌス〕が確実なように思われる。スカウルスは無気力になっている」。

16 *Ibid.*, 23 (3. 3), 2(10月21日): comitiorum cottidie singuli dies tolluntur obnuntiationibus magna voluntate bonorum omnium; tanta invidia sunt consules propter suspicionem pactorum a candidatis praemiorum. Candidati consulares quattuor omnes rei. causae sunt difficiles, sed enitemur ut Messalla noster salvus sit, quod est etiam cum reliquorum salute coniunctum.「毎日，１日ずつ選挙の日が凶兆の宣言によって延期されており，よき人すべての強い同意を得ている。立候補者〔メンミウスとカルウィヌス〕から報酬が約束された疑いのために，両コンスルはそれほどまでに嫌われている。４人のコンスル選挙立候補者たち全員が告発を受けている。難しい裁判であるが，私たちのメッサッラが無罪となるように骨を折っている。というのも，それは，残りの者たちの無罪とも関わっているからである」。

17 Cicero, *Epistulae ad Atticum*, 92 (4. 18), 3(10月末から11月初頭): res fluit ad interregnum et est non nullus odor dictaturae, sermo quidem multus; qui etiam Gabinium apud timidos iudices adiuvit. candidati consulares omnes rei ambitus. ... sed omnes absolventur, nec posthac quisquam damnabitur nisi qui hominem occiderit.「事態は中間王政に向かっていて，独裁政の気配がないこともない。たしかにそんな噂もたくさんある。さらにそれが臆病な審判人の面前でガビニウスを助けた。コンスル選挙立候補者全員が選挙運動規制法の被告である。……しかし，今後は人を殺した者でなければだれも罰を受けることはないだろうから，全員が無罪となるだろう」。

18 *Ibid.*, 93 (4. 19), 1.(11月末): vide nummos ante comitia tributim uno loco divisos palam.「選挙を前に，ある場所でトリブスごとに公然と金銭が配られているのをみたまえ」。

19 Plutarchos, *Pompeius*, 54, 2-3: ἐπεὶ δὲ τὰς ἀρχὰς οὐ κατὰ γνώμην ἑώρα βραβευομένας, δεκαζομένων τῶν πολιτῶν, ἀναρχίαν ἐν τῇ πόλει περιεῖδε γενομένην· καὶ λόγος εὐθὺς ἐχώρει πολὺς ὑπὲρ δικτάτορος, ὃν πρῶτος εἰς μέσον ἐξενεγκεῖν ἐτόλμησε Λουκίλλιος ὁ δήμαρχος, τῷ δήμῳ παραινῶν ἑλέσθαι δικτάτορα Πομπήϊον. ἐπιλαβομένου δὲ Κάτωνος οὗτος μὲν ἐκινδύνευσε τὴν δημαρχίαν ἀποβαλεῖν, ὑπὲρ δὲ Πομπηΐου πολλοὶ πῶν φίλων ἀπελογοῦντο παριόντες ὡς οὐ δεομένου τῆς ἀρχῆς ἐκείνης οὐδὲ βουλομένου. Κάτωνος δὲ Πομπήϊον ἐπαινέσαντος καὶ προτρεψαμένου τῆς εὐκοσμίας επιμεληθῆναι, τότε μὲν αἰδεσθεὶς ἐπεμελήθη, καὶ κατεστάθησαν ὕπατοι Δομέτιος καὶ Μεσσάλας.「市民が買収されているために，意図していた公職者が期待できないと判断すると，彼〔ポンペイウス〕は都市が無秩序であることをそのままにした。そして独裁官についての多くの噂がたちまち広まった。最初に護民官のルキリウスが公に提案することを引き受け，市民にポンペイウスを独裁官に選出するように薦めた。しかし，カトが彼を非難し，護民官職を失いかねない危機に陥ったが，多くのポンペイウスの友人たちが集って，彼は最高の権力を要求していないし望んでもいない，と弁明した。カトはポンペイウスを賞賛し，秩序の安定に配慮するように説得すると，〔ポンペ

イウスは〕恥じ入る思いをしながらそのように振舞った。そうして，ドミティウス〔・カルウィヌス〕とメッサッラがコンスルに指名された」。

このような噂は前54年11月末には広まっていたようである（Cicero, *Epistulae ad Quintum Fratrem*, 26 (3. 6), 4.).

20 Cicero, *Oratio pro Murena*, 17, 35（第１章註64）; 21, 44-45.（第１章註62）

21 Cicero, *Epistulae ad Quintum Fratrem*, 19 (2. 15), 4（７月末）: Ambitus redit immanis. numquam fuit par. Id. Quint. faenus fuit bessibus ex triente coitione Memmi et consulum cum Domitio. hanc Scaurus unus vix potest vincere. Messalla flaccet. non dico ὑπερβολάς; vel HS centies constituunt in praerogativa pronuntiare.

22 Cicero, *Epistulae ad Atticum*, 90 (4. 15), 7.（註９）

23 *Ibid.*, 91(4. 17), 3.（註13）

24 *Ibid.*, 91 (4. 17), 3.（註13）

25 メンミウスが選挙協力から手を切った理由について，Gruen, op. cit., pp. 316-318は，すでに約束の内容が知られていたため，元老院で暴露することによって正直者であるという評価を得ようとした（あるいはそのようにポンペイウスが指示した），Sumner, op. cit., p. 138 は，選挙協力の約束で経済的負担が膨れ上がり，それから逃れるために手を切ったと説明する。

26 Cicero, *Epistulae ad Quintum Fratrem*, 22 (3. 2), 3.（註15）

27 *Ibid.*, 26 (3. 6), 3（11月末）: eumque quod certum consulem cum Domitio numeratis nihil a nostra opinione dissentitis. ego Messallam Caesari praestabo. Sed Memmius in adventu Caesaris habet spem, in quo illum puto errare; hic quidem friget. Scaurum autem iam pridem Pompeius abiecit.「彼〔メッサッラ〕がドミティウス〔・カルウィヌス〕とコンスルになることがたしかであろうとあなたが考えているのは，われわれの意見と相違ない。私はメッサッラをカエサルに保証している。メンミウスはカエサルの到着に期待をもっているが，それに関して彼は誤っていると思う。いまや，彼は無気力である。さらにすでにずっと前から，ポンペイウスはスカウルスを見限っている」。

28 Cicero, *Epistulae ad Atticum*, 90 (4. 15), 7.（註９）

29 *Ibid.*, 91 (4. 17), 3-4.（註13，14）

30 *Ibid.*, 93 (4. 19), 1.（註18）

31 *Ibid.*, 91 (4. 17), 3.（註13）

32 *Ibid.*, 91 (4. 17), 4.（註14）

33 *Ibid.*, 90 (4. 15), 7.（註９）

34 Cicero, *Epistulae ad Quintum Fratrem*, 26 (3. 3), 2.

35 Q. Cicero, *Commetariolum Petitionis*, 13, 50.（第１章註61）

36 *Ibid.*, 11, 44: Benignitas autem late patet: et est in re familiari, quae quamquam ad multitudinem pervenire non potest, tamen ab amicis si laudatur, multitudini grata est; est in conviviis, quae fac ut et abs te et ab amicis tuis concelebrentur et passim et tributim; est etiam in opera, quam pervulga et communica, curaque ut aditus ad te diurni nocturnique pateant, neque solum foribus aedium tuarum sed

etiam vultu ac fronte, quae est animi ianua; quae si significat voluntatem abditam esse ac retrusam, parvi refert patere ostium. Homines enim non modo promitti sibi, praesertim quod a candidato petant, sed etiam large atque honorifice promitti volunt.「さらに惜し気のなさは広範に開かれたものである。それは家に関わる者のなかにあるもので，たとえ大衆に達することができなくても，もし友人たちから賞賛されるものであれば，それは大衆にとって好ましいものとなる。また，それは饗宴のなかにもあり，それゆえ，あなたやあなたの友人からいたる所に，またトリブスごとに広く知られるようにせよ。さらにそれは仕事のなかにもあり，それを広く知らせよ。そして，あなたへの出入口，それはあなたの家の扉だけではなく，心の入口ともいえる顔つきや表情についても，昼夜を問わず開いているように注意を払え。もしそれが好意を隠している，出し惜しんでいると思わせてしまえば，入口を開いていることにあまり意味はない。というのも，人びとは，とくに候補者に求めるものであれば，単に彼らに約束されるだけではなく，寛大で賞賛されるべき約束がなされることを望んでいるのだから」。

37 Cicero, *Oratio pro Murena*, 17, 35.(第1章註64)

38 Cicero, *Epistulae ad Quintum Fratrem*, 26 (3. 6), 3.(註27)

39 Cicero, *Oratio pro Murena*, 21, 44-45.(第1章註62)

40 Appianos, *Bella Civilia*, 2. 23; Livius, *Periochae*, 107.

41 Plutarchos, *Cato Minor*, 48, 3; Appianos, *Bella Civilia*, 2. 23.

42 Appianos, *Bella Civilia*, 2. 24: Σκαῦρον δὲ τοῦ πλήθους παραιτουμένου ἐκήρυξεν ὁ Πομπήιος ὑπακοῦσαι τῇ δίκῃ· καὶ πάλιν τοῦ δήμου τοὺς κατηγόρους ἐνοχλοῦντος, σφαγή τις ἐκ τῶν Πομπηίου στρατιωτῶν ἐπιδραμόντων ἐγένετο, καὶ ὁ μὲν δῆμος κατεσιώπησεν, ὁ δὲ Σκαῦρος ἑάλω.

43 M. C. Alexander, *Trials in the Late Roman Republic, 149BC.-50BC.*, 1990, pp. 156-157.

44 Cicero, *Epistulae ad Quintum Fratrem*, 25(3. 5), 5.

45 選挙戦が展開される最中，キケロはスカウルスに弁護を約束している(Cicero, *Epistulae ad Quintum Fratrem*, 21(3. 1), 16)．しかし他方，キケロは約束を履行することによって自己の不利益となる場合には必ずしもそれは履行すべきものでもない，と考えている(Cicero, *De Officiis*, 1. 10, 32.)。

46 Cicero, *Epistulae ad Atticum*, 91(4. 17), 4.(註14)

47 Cicero, *Epistulae ad Atticum*, 16(1. 16), 12: consul autem ille δευτερεύοντος histrionis similis suscepisse negotium dicitur et domi divisores habere. quod ego non credo, sed senatus consulta duo iam facta sunt odiosa quae in consulem facta putantur, Catone et Domitio postulante, unum, ut apud magistratus inquiri liceret, alterum, cuius domi divisores habitarent, adversus rem publicam.「さらに，二流の役者同然のコンスル〔ピソ・フルギ〕が仕事を引き受けて，家に分配人をもっていると言われております。私はそのことを信じていませんが，カトとドミティウスの提案で，そのコンスルに対してのものと思われる二つの不快な元老院決議がなされました。一つは，公職者の家が捜査されることを認めるもので，もう一つは家に分

配人をおいた者は国政への反逆者とするものでした」。

48 Plinius, *Naturalis Historia*, 8. 64; 8. 96; 9. 11; 34. 36; 36. 50; 36. 113-115.

49 さらに，約1世紀後の大プリニウスがそれらを伝えていることから，スカウルスの見世物や贅沢さは長く人びとの記憶に残るものだったといえるだろう。キケロは，人びとの記憶に残らない見世物を「浪費」(prodigi) と呼び，それに対比させるかたちで「気前のよさ」について述べている (Cicero, *De Officiis*, 2. 16, 55)。

50 Yakobson, *op. cit*., p. 62.

51 P. Veyne, *Le Pain et le Cirque: Sociologie Historique d'un Pluralisme Politique*, 1976, p. 394: Yakobson, *op. cit*., pp. 35-36. それに対して E. S. Gruen, *Culture and National Identity in Republican Rome*, 1992, pp. 188-190 は，アエディリス職がコンスル当選に有利に働いたことを否定している。

52 Cicero, *De Oratore*, 2. 25, 105.（註5）

53 Suetonius, *Iulius*, 19, 1: E duobus consulatus competitoribus, Lucio Lucceio Marcoque Bibulo, Lucceium sibi adiunxit, pactus ut is, quoniam inferior gratia esset pecuniaque polleret, nummos de suo communi nomine per centurias pronuntiaret. Qua cognita re optimates, quos metus ceperat nihil non ausurum eum in summo magistratu concordi et consentiente collega, auctores Bibulo fuerunt tantundem pollicendi, ac plerique pecunias contulerunt, ne Catone quidem abnuente eam largitionem e re publica fieri.「2人のコンスル立候補者，ルキウス・ルッケイウスとマルクス・ビブルスから，彼〔カエサル〕はルッケイウスを彼の仲間として約束した。なぜなら，ルッケイウスは集めている好意においては劣っていたが，財産をもっていたからである。カエサルは，彼ら2人の名前で，ケントゥリアに金銭を分配することを約束した。そのことが知れわたると，驚くべき勇敢さをもつカエサルが，調和して同調している仲間とともに最高の公職にあるという恐怖が元老院主流派を捕らえた。彼らは，ビブルスを同じだけの額を約束する代弁者にした。そして，彼らは多額の金銭を集めた。カトでさえも，国家のためのこの買収を拒否しなかった」。

54 Cicero, *Oratio pro Murena*, 32, 67.

55 実際，カエサルがコンスル選挙に際して選挙違反で告発されたことを伝える史料は存在しない。

56 Dio, 37. 8; Plinius, *Naturalis Historia*, 33. 53.

57 Plutarchos, *Caesar*, 5, 5: οὕτω διέθηκε τὸν δῆμον ὡς καινὰς μὲν ἀρχὰς καινὰς δὲ τιμὰς ζητεῖν ἕκαστον, αἷς αὐτὸν ἀμείψαιντο.

第Ⅱ部　内乱の時代

1 B. Levick, Imperial Control of the Elections under the Early Principate: Commendatio, Suffragatio, and Nominatio, *Historia* 16-2, 1967, pp. 207-230.

2 R. Frei-Stolba, *Untersuchungen zu den Wahlen in der römischen Kaiserzeit*, 1967.

3 R. Syme, *The Roman Revolution*, p. 94.

4 F. Millar, Triumvirate and Principate, H. M. Cotton and G. M. Rogers (eds.), *The Roman Republic and the Augustan Revolution (Rome, the Greek, and the East*

Vol. 1), 2002(初出：1973), p. 246.

5 Z. Yavetz, *Plebs and Princeps*, 1969, p. 132.

6 Dio, 50. 1, 1-2, 1.

7 C. H. Lange, *Res Publica Constituta: Actium, Apollo and the Accomplishment of the Triumviral Assignment*, 2009, pp. 18-26.

第3章　独裁官カエサルの公職者選出に関する権限

1 R. Syme, *The Roman Revolution*, 1939, pp. 94-96; Z. Yavetz, *Julius Caesar and his Public Image*, 1983, pp. 127-132; 砂田徹『共和政ローマとトリブス制——拡大する市民団の編成』2006年，292〜295頁。

2 Th. Mommsen, *Römisches Staatsrecht* Bd. 2 (3 aufl.), 1888, S. 729-732; R. Frei-Stolba, *Untersuchungen zu den Wahlen in der römischen Kaiserzeit*, 1967, S. 37-76; H. Bruhns, *Caesar und die römische Oberschicht in den Jahren 49-44 v. Chr.: Untersuchungen zur Herrschaftsetablierung im Bürgerkrieg*, 1978, S. 138-166; M. Jehne, *Der Staat des Dictators Caesar*, 1987, S. 110-130.

3 前48年度コンスル選挙は，前49年12月にローマに帰還したカエサルが独裁官としてこれを主宰した(Caesar, *Bellum Civile*, 3. 1, 1)。前47年度コンスル選挙は，前48年中にカエサルが都市ローマに戻らなかったため，前47年秋のカエサルの帰還後に開催され(Dio, 42. 20, 4)，同時に前46年度コンスル選挙も開催された(Dio, 42. 55, 4; *Plutarchos, Caesar*, 51, 1)。前45年度コンスル選挙は，前46年末のカエサルのヒスパニア出発の前後に開催され，カエサルが単独コンスルに選出される(Dio, 43. 33, 1)。カエサルのコンスル辞任にともなう前45年度補充コンスル選挙および前44年度コンスル選挙は，カエサルがムンダの戦いからローマに帰還してから開催された(Dio, 43. 46, 2)。

4 Dio, 42. 20, 3: ὕπατός τε γὰρ ἔτη πέντε ἐφεξῆς γενέσθαι καὶ δικτάτωρ οὐκ ἐς ἔκμηνον, ἀλλ᾽ ἐς ἐνιαυτὸν ὅλον λεχθῆναι ἔλαβε, τήν τε ἐξουσίαν τῶν δημάρχων διὰ βίου ὡς εἰπεῖν προσέθετο· συγκαθέζεσθαί τε γὰρ ἐπὶ τῶν αὐτῶν βάθρων καὶ ἐς τἆλλα συνεξετάζεσθαί σφισιν, ὃ μηδενὶ ἐξῆν, εὕρετο.「5年続けてのコンスルに就任し，そして，半年ではなく1年間の独裁官の権限を彼〔カエサル〕は受けとり，そして，まるで終身の護民官職権のようなものを彼は付与された。すなわち，護民官の椅子にともに座ること，他のあらゆる点で彼らと同様とされること，こうした誰にも認められなかった権限を彼は受けとった」。

5 Dio, 44. 5, 3: τά τε τοῖς δημάρχοις δεδομένα καρποῦσθαι, ὅπως, ἄν τις ἢ ἔργῳ ἢ καὶ λόγῳ αὐτὸν ὑβρίσῃ, ἱερός τε ᾖ καὶ ἐν τῷ ἄγει ἐνέχηται,... ἐψηφίσαντο.「また，彼〔カエサル〕は護民官に付与されているものを享受し，たとえ誰かある者が行為でも言葉でも彼を侮辱したとしても，彼は神聖であり，〔カエサルを侮辱した者は〕呪いを受けることとなること，……と〔元老院は〕決議した」。

6 Livius, *Periochae*, 116; Appianos, *Bella Civilia*, 2. 106.

7 P. S. Derow, Tribuni Plebis, S. Hornblower and A. Spawforth (eds.), *The Oxford Classical Dictionary* (4th ed.), 2012, p. 1505 は，「カエサルは少なくとも護民官の

神聖不可侵性を帯びたと想定されている」としている。なお，これらの護民官の特権に関しては，S. Weinstock, *Divus Julius*, 1971, pp. 217-227; Jehne, *op. cit.*, S. 96-109 が詳細に検討している。

8 Dio, 42. 27, 2; Suetonius, *Iulius*, 76, 2.

9 J. Jahn, *Interregnum und Wahldiktatur*, 1970, S. 187-188.

10 Jehne, op. cit., S. 109 は，カエサルは暗殺されるまでに，護民官の神聖不可侵性と並んでなんらかの護民官の権限を付与された可能性を示唆している。

11 Mommsen, *op. cit.*, Bd. 1, S. 500; Frei-Stolba, *op. cit.*, S. 40.

12 Mommsen, *op. cit.*, Bd. 1, S. 500, A. 1 に選挙主宰者自身が選挙に当選した事例の一覧があげられている。

13 Livius, *Ab Urbe Condita*, 27. 6, 4: qui neque magistratum continuari satis ciuile esse aiebant et multo foedioris exempli eum ipsum creari qui comitia heberet.

14 *Ibid.*, 27. 6, 8: qui sibi continuari consulatum nisi id bono publico fieret profecto nunquam sisset.

15 *Ibid.*, 7. 24, 1-11.

16 *Ibid.*, 7. 25, 1-2: Priusquam inirent novi consules magistratum, triumphus a Popilio de Gallis actus magno favore plebis; mussantes que inter se rogitabant, num quem plebei consulis paeniteret; simul dictatorem increpabant, qui legis Liciniae spretae mercedem consulatum, privata cupiditate quam publica iniuria foediorem, cepisset, ut se ipse consulem dictator crearet.「新しいコンスルたちが公職に就く前に，平民たちの盛大な歓迎のなか，ポピリウスのガッリア人に対する凱旋式が挙行された。彼らはぶつぶつ言いながら，一体，誰が平民のコンスルを後悔しているだろうか，と互いに尋ねあった。同時に彼らは，独裁官を非難した。彼はリキニウス法を軽視し，独裁官自身が自らをコンスルに選出したのだから，国政での不正というより個人的な欲望によっていっそう醜いものとなったコンスル職という報酬を手に入れたのだ，と」。

17 'praefectus urbi' は一般的に「首都長官」と訳されるが，ここでは8人の「長官」が並び立つこととなるので，この訳語はふさわしくない。そのため，本章ではカエサルが任命した 'praefectus urbi' については「首都監督官」という訳語を用いる。

18 Dio, 43. 48, 1-3.

19 T. J. Cornell and R. S. O. Tomlin, Praefectus Urbi, S. Hornblower and A. Spawforth (eds.), *The Oxford Classical Dictionary* (4th ed.), 2012, p. 1202.

20 Dio, 43. 48, 2.

21 Frei-Stolba, *op. cit.*, S. 51 も参照。

22 Dio, 42. 20, 1-3.

23 Dio, 42. 20, 4: αἵ τε ἀρχαιρεσίαι πᾶσαι πλὴν τῶν τοῦ πλήθους ἐπ᾽ αὐτῷ ἐγένοντο, καὶ διὰ τοῦτο ἐς τὴν παρουσίαν αὐτοῦ ἀναβληθεῖσαι ἐπ᾽ ἐξόδῳ τοῦ ἔτους ἐτελέσθησαν.

24 Mommsen, *op. cit.*, Bd. 2, S. 730, A. 2; Ed. Meyer, *Caesars Monarchie und das Principat des Pompejus: innere Geschichte Roms von 66 bis 44 v. Chr.* (3 aufl.),

1922, S. 370; Frei-Stolba, *op. cit.*, S. 43–44; Bruhns, *op. cit.*, S. 143; Yavetz, *op. cit.*, pp. 128–129.

25 Dio, 42. 27, 2.

26 Dio, 43. 14, 5: καὶ προσέτι ἐπί τε ἀρχικοῦ δίφρου μετὰ τῶν ἀεὶ ὑπάτων ἐν τῷ συνεδρίῳ καθίζειν καὶ γνώμην ἀεὶ πρῶτον ἀποφαίνεσθαι, ... καὶ τὰς ἀρχὰς τά τε ἄλλα ὅσα τισὶν ὁ δῆμος πρότερον ἔνεμεν, ἀποδεικνύναι ἐψηφίσαντο.「そしてさらに，元老院において，〔カエサルが〕コンスルと共にクルリス級の座席に座り，最初に考えを発言すること，……かつて市民が与えていた公職やそれ以外のものを'ἀποδείκνυναι'することを，彼ら〔元老院〕は決議した」。

27 Mommsen, *op. cit.*, Bd. 2, S. 730, A. 1; Meyer, *op. cit.*, S. 385.

28 Frei-Stolba, *op. cit.*, S. 52–53. Yavetz, *op. cit.*, p. 129 も参照。

29 Jehne, *op. cit.*, S. 121–124.

30 Dio, 41. 36, 2: καὶ τὰς ἐς νέωτα ἀρχὰς ἀπέδειξεν.「そして彼〔カエサル〕は翌年の公職を'ἀποδείκνυναι'した」。

また，前48年度プラエトルのカエリウス・ルフスの選出(Dio, 42. 22, 2)についても同じ語が用いられている。

31 M. Gelzer (translated by P. Needham), *Caesar: politician and statesman*, 1968, p. 294.

32 Frei-Stolba, *op. cit.*, S. 52.

33 砂田『前掲書』294頁。

34 G. Rickman, *The Corn Supply of Ancient Rome*, 1980, pp. 58–60.

35 Dio, 43. 21, 4.

36 Dio, 42. 20, 3.

37 Dio, 42. 30, 1.

38 Dio 43. 45, 1: τάς τε γὰρ ἀρχὰς αὐτῷ καὶ τὰς τοῦ πλήθους ἀνέθεσαν,

39 Dio 43. 47, 1: οἱ δὲ δὴ ἄλλοι ἄρχοντες λόγῳ μὲν ὑπό τε τοῦ πλήθους καὶ ὑπὸ τοῦ δήμου κατὰ τὰ πάτρια, τὴν γὰρ ἀπόδειξιν αὐτῶν ὁ Καῖσαρ οὐκ ἐδέξατο, ἔργῳ δὲ ὑπ᾽ ἐκείνου κατέστησαν.

40 Frei-Stolba, *op. cit.*, S. 53–55.

41 Bruhns, *op. cit.*, S. 161–163. Meyer, *op. cit.*, S. 446 も参照。

42 Jehne, *op. cit.*, S. 129.

43 Mommsen, *op. cit.*, Bd. 2, S. 730, A. 2; Bruhns, *op. cit.*, S. 160; Jehne, *op. cit.*, S. 125.

44 L. R. Taylor and T. R. S. Broughton, The Order of the Consuls' Names in Official Republican Lists, *Historia* 17–2, 1968, pp. 166–172.

45 Suetonius, *Iulius*, 80, 2: Quinto Maximo suffecto trimenstrique consule theatrum introeunte, cum lictor animaduerti ex more iussisset, ab uniuersis conclamatum est non esse eum consulem.

46 Bruhns, *op. cit.*, S. 161–163.

47 Meyer, *op. cit.*, S. 460; Frei-Stolba, *op. cit.*, S. 55; 砂田『前掲書』293頁。

48 T. R. S. Broughton, *The Magistrates of the Roman Republic* Vol. 1–2, 1951–1952.

49 前509年 Sp. Lucretius Tricipitinus; M. Horatius Pulvillus, 前478年 Esquilinus, 前460年 L. Quinctius Cincinnatus, 前458年 L. Minucius Esquilinus Augurinus, 前453年 Sp. Furius Medullinus Fusus, 前305年 M. Fulvius Curvus Paetinus, 前299年 M. Valerius Maximus Corvus, 前265年 Decimus Mus, 前256年 M. Atilius Regulus, 前217年 M. Atilius Regulus, 前215年 M. Claudius Marcellus, 前180年 Q. Fulvius Flaccus, 前176年 C. Valerius Laevinus, 前154年 M'. Acilius Glabrio, 前130年 App. Claudius Pulcher, 前86年 L. Valerius Flaccus, 前68年(Servilius) Vatia.

50 前509年 P. Valerius Publicola, 前444年 L. Papirius Mugillanus; L. Sempronius Atratinus, 前393年 L. Lucretius Tricipitinus Flavus; Ser Sulpicius Camerinus, 前215年 Q. Fabius Maximus, 前162年 P. Cornelius Lentulus; Cn. Domitius Ahenobarbus, 前108年 M. Aurelius Scaurus, 前87年 L. Coenelius Merula.

51 前437年 M. Valerius Lactuca Maximus, 前221年 M. Aemilius Lepidus.

52 Cicero, *Epistulae ad Atticum*, 265 (7. 30), 1-2.

53 *Ibid.*, 265 (7. 30), 1.

54 Mommsen, *op. cit.*, Bd. 2, S. 730, A. 2.

55 Suetonius, *Iulius*, 76, 1: Praegrauant ... cetera facta dictaque eius, ut et abusus dominatione et iure caesus existimetur. non enim honores modo nimios recepit: ... ac nullos non honores ad libidinem cepit et dedit.

56 Yavetz, *op. cit.*, p. 126; Jehne, *op. cit.*, S. 127.

57 Cicero, *Orationes Philippicae*, 2. 32, 79-33, 83.

58 カエサルの終身独裁官就任が前44年1月26日から2月16日のあいだであることは判明しているが，その他の法律や決定の時期については判明していない。

59 Frei-Stolba, *op. cit.*, S. 63.

60 Cicero, *Orationes Philippicae*, 7. 6, 16: est ... patronus quinque et triginta tribuum, quarum sua lege qua cum C. Caesare magistratus partitus est suffragium sustulit. また，Nikolaus Damascenus, *Vita Caesaris*, Nr. 90, F. 130, 20, §67 (J. Felix, *Die Fragmente der griechischen Historiker* T. 1, S. 404)においても，ある法律によりカエサルは「公職者選出において市民を無力にした(τὸ καὶ τῶν ἀρχῶν ἄκυρον γενέσθαι τῆς καταστασεως τὸν δῆμον)」とされている。

61 Suetonius, *Iulius*, 41, 2: comitia cum populo partitus est, ut exceptis consulatus conpetitoribus de cetero numero candidatorum pro parte dimidia quos populus uellet pronuntiarentur, pro parte altera quos ipse dedisset.

ここでは 'pronuntiare' を「当選を宣言する」と訳したが，スエトニウスは公職選挙に関する別の記述(*Domitianus*, 10, 4)でも 'pronuntiare' を用いているため，これを 'renuntiatire' と同義に訳した。Frei-Stolba, *op. cit.*, S. 70も参照。

62 Mommsen, *op. cit.*, Bd. 2, S. 731-732. Suetonius, *Iulius*, 41, 2: et edebat per libellos circum tribum missos scriptura brevi: Caesar dictator illi tribui. commendo uobis illum et illum, ut uestro suffragio suam dignitatem teneant.「そして，トリブスに送られた文書を通じて，彼〔カエサル〕は短い文句を宣伝した。独裁官カエサルがこ

のトリブスへ〔告げる〕。私は，あなた方にこの人とこの人を，彼らがあなた方の投票によりその人にふさわしい地位を保持できるように，推薦する」。

63 H. Siber, Die Wahlreform des Tiberius, *Festschrift Paul Koschaker; mit Unterstützung der Rechts- und Staatswissenschaftlichen Fakultät der Friedrich-Wilhelms-Universität Berlin und der Leipziger Juristenfakultät zum 60 Geburtstag überreicht von seinen Fachgenossen* Bd. 1, 1939, S. 179.

64 Frei-Stolba, *op. cit.*, S. 72–76.

65 Jehne, *op. cit.*, S. 129.

66 Dio, 43. 51, 2: καὶ ἡ πόλις μήτ᾽ ἄνευ ἀρχόντων ἐν τῇ ἀπουσίᾳ αὐτοῦ γένηται μήτ᾽ αὖ καθ᾽ ἑαυτὴν αἱρουμένη τινὰς στασιάσῃ, διενοοῦντο μὲν καὶ ἐς τρία ἔτη αὐτοὺς προκαταστῆσαι, τοσούτου γὰρ χρόνου πρὸς τὴν στρατείαν χρῄζειν ἐδόκουν, οὐ μέντοι καὶ πάντας προαπέδειξαν.

67 Dio, 43. 51, 6: οἱ μὲν οὖν τῷ πρώτῳ μετ᾽ ἐκεῖνο ἔτει ἄρξοντες πάντες προκατέστησαν, ἐς δὲ δὴ τὸ δεύτερον οἵ τε ὕπατοι καὶ οἱ δήμαρχοι μόνοι·

68 Appianos, *Bella Civilia*, 2. 128; 138は，５年間の公職者が事前に選出されたとしている。

69 Cicero, *Epistulae ad Atticum*, 360（14. 6）, 2: etiamne consules et tribunos pl. in biennium quos ille voluit?

70 さらに，アシニウス・ポッリオはキケロに宛てた書簡で，バルブスがガデスにおいてカエサルと同様に２年間の公職選挙を開催したことを伝えている。Cicero, *Epistulae ad Familiares*, 415（10. 32）, 2: ut ipse gloriari solet, eadem quae C. Casear: ... comitia bienni biduo habuit, hoc est renuntiavit quos ei visum est.「彼自身がいつも自慢していたように，それはC．カエサルがしたのと同じことです。……彼は２日間で２年分の選挙を主宰しましたが，それは，彼が決めた者の当選を宣言したものでした」。

71 Jahn, *op. cit.*, S. 187–188.

72 Jahn, *op. cit.*, S. 187.

73 Jehne, *op. cit.*, S. 377.

74 Bruhns, *op. cit.*, S. 180–181.

75 Jehne, *op. cit.*, S. 128.

第４章　カエサル独裁期の公職選挙

1 R. Frei-Stolba, *Untersuchungen zu den Wahlen in der römischen Kaiserzeit*, 1967, S. 38–76.

2 R. Syme, *The Roman Revolution*, 1939, p. 94. 同様に，砂田徹『共和政ローマとトリブス制――拡大する市民団の編成』2006年，293頁 は当時の公職選挙をカエサル派による「論功行賞型選挙」と評する。

3 L. R. Taylor, *Party Politics in the Age of Caesar*, 1949, p. 173.

4 F. E. Adcock, Caesar's Dictatorship, *The Roman Republic 133–44 BC.*（*The Cambridge Ancient History* vol. 9）, 1932, p. 733.

5 H. Bruhns, *Caesar und die römische Oberschicht in den Jahren 49–44 v. Chr.: Untersuchungen zur Herrschaftsetablierung im Bürgerkrieg*, 1978, S. 180–181.

6 M. Jehne, *Der Staat des Dictators Caesar*, 1987, S. 110–130.

7 G. V. Sumner, The Lex Annalis under Caesar, *Phoenix* 25–3, 1971, pp. 246–271; The Lex Annalis under Caesar (continued), *Phoenix* 25–4, pp. 357–371.

8 Cicero, *Epistulae ad Atticum*. 10(1. 1)において，キケロは，前63年度コンスル選挙立候補のおよそ１年前に，誰が対立候補となるかを予測している。

9 T. R. S. Broughton, *The Magistrates of the Roman Republic* Vol. 2, *99 BC.–31 BC.*, 1952.

10 T. P. Wiseman, *New Men in the Roman Senate 139 BC.–AD. 14*, 1971, pp. 209–283.

11 Sumner, op. cit.

12 D. R. Shackleton-Bailey, The Roman Nobility in the Second Civil War, *The Classical Quarterly* New Series 10–2, 1960, pp. 257–260.

13 C. Claudius Pulcher(前56年プラエトル)，P. Cornelius Sulla(前65年予定コンスル)，C. Papirius Carbo(前62年プラエトル)，P. Plautius Hypsaeus(前55年プラエトルか).

14 Caesar, *Bellum Gallicum*, 8. 50, 4.

15 Suetonius, *Galba*, 3, 2.

16 F. Münzer, Ser. Sulpicius Galba(61), G. Wissowa, et al. (Hg.), *Paulys Realencyclopädie der classischen Altertumswissenschaft* Bd. 4A, 1931, Sp. 770–771 は，ガルバは落選によってカエサルを憎むようになったのではなく，レピドゥスやドラベッラといった，同じくノビレス出身の年少者に比べて冷遇されたためにカエサル暗殺に荷担したとしている。

17 Caesar, *Bellum Gallicum*, 3. 1, 5: qui vicus positus in valle, non magna adiecta planitie, altissimis montibus undique continetur.

18 *Ibid.*, 3. 2, 4.

19 Wiseman, *op. cit.*, p. 165.

20 Caesar, *Bellum Civile*, 3. 56.

21 *Bellum Alexandrinum*, 44–47.

22 Caesar, *Bellum Civile*, 2. 1–16.

23 *Ibid.*, 3. 20.

24 Cicero, *Epistulae ad Atticum*, 90 (4. 15), 9.

25 *Ibid.*, 92 (4. 18), 4; Idem., *Epistulae ad Quintum Fratrem*, 24 (3. 4), 6.

26 Syme, *op. cit.*, p. 69; Bruhns, *op. cit.*, S. 141–142. また，前49年から前48年にかけてキケロと頻繁に書簡のやりとりをしている前48年プラエトルのカエリウス・ルフス(Cicero, *Epistulae ad Familiares*, 149(8. 15); 153(8. 16); 154(2. 16); 156(8. 17))も，イサウリクスと同様に元老院主流派とのパイプ役を期待されたと考えられる。

27 なお，サムナーの修正を加味すれば，プラエトル24人中13人(54%)がカエサル軍の幕僚経験者である。

28 Dio, 40. 25-29.

29 Caesar, *Bellum Civile*, 3. 101.

30 Appianos, *Bella Civilia*, 2. 88.

31 Dio, 43. 47, 2: ἀριθμὸν δὲ οἱ μὲν ἄλλοι ὅσοιπερ καὶ πρότερον, στρατηγοὶ δὲ τεσσαρεσκαίδεκα ταμίαι τε τεσσαράκοντα ἀπεδείχθησαν. πολλοῖς γὰρ δὴ πολλὰ ὑπεσχημένος οὐκ εἶχεν ὅπως σφᾶς ἄλλως ἀμείψηται, καὶ διὰ τοῦτο ταῦτ᾽ ἐποίει.

32 Syme, *op. cit.*, p. 55 は，反カエサル派との戦いのみならず，前44年からのパルティア遠征を前にしても軍事的資質が重要視されたとする。

33 これに対して，E. Rawson, Caesar: Civil War and Dictatorship, J. A. Crook et al (eds.), *The Last Age of the Roman Republic, 146-43 BC.*（*The Cambridge Ancient History*（2nd ed.）Vol. 9), 1994, p. 440-441 は，カエサルが任命した属州総督のすべてが良質な者たちだったわけではないとして，軍事的な失敗，属州統治における不正などを例示している。

34 カッシウスとともにファルサルスの戦いのあとに赦され，前44年プラエトルに選出されたM. ブルトゥスも，ファルサルスの戦いのあとにガッリア・キサルピナの統治を委ねられ，優れた統治をしたといわれている(Plutarchos, *Brutus*, 6, 6-7)。

35 Bruhns, *op. cit.*, S. 154-156; Jehne, *op. cit.*, S. 372-374.

36 カエサルは，従来であれば抽選で決定された属州総督の任地を抽選なしで決定した(Dio, 42. 22, 2; Appianos, *Bella Civilia*, 2. 48)。

37 Caesar, *Bellum Gallicum*, 6. 29, 4-30, 2; 7. 90, 5.

38 Appianos, *Bella Civilia*, 2. 60.

39 Dio, 43. 47, 5.

40 Appianos, *Bella Civilia*, 2. 113; 3. 98.

41 R. Syme, *Sallust*, 1964, p. 39.

42 M. H. Dettenhofer, *Perdita iuventus: zwischen den Generationen von Caesar und Augustus*, 1992, S. 339-340.

43 Caesar, *Bellum Civile*, 3. 1, 2; Dio, 41. 37, 1-38, 2.

44 Dio, 42, 40, 3-4.

45 前47年の事件は，Plutarchos, *Antonius*, 9, 1-3; Dio, 42. 29-33; Livius, *Periochae*, 113 をもとに再構成した。

46 Caesar, *Bellum Civile*, 3. 20, 5-21, 2.

47 Cicero, *Epistulae ad Atticum*, 232（11. 23), 3.

48 Dettenhofer, *op. cit.*, S. 172; K. E. Welch, Antony, Fulvia, and the Ghost of Clodius in 47 BC., *Greece & Rome* 42-2, 1995, p. 191.

49 Dio, 42. 31, 1-2.

50 Cicero, *Orationes Philippicae*, 2. 24, 58-25, 63 によれば，カエサル不在に際してイタリアの管理を委ねられたアントニウスは，女性役者で愛人のキュテリスや賭博仲間を連れて行動し，略奪や財産没収を繰り返し，堕落した生活を送っていた。

51 Plutarchos, *Antonius*, 9, 2-4.

52 Welch, op. cit., p. 186.

53 *Ibid*., p. 191

54 他に，Dio, 42. 29, 2 は，ドラベッラ自身が負債をかかえていたために借財の帳消しを提案したとし，Plutarchos, *Antonius*, 9, 1-2 は，ドラベッラとアントニウスの妻アントニアが不倫関係にあったことが衝突の理由とする。

55 ドラベッラはカエサルの赦しを得たにもかかわらず，同様の提案をした前48年プラエトル，カエリウス・ルフスはコンスルのイサウリクスの反対にあい，反乱を企てて殺害された。この対応の違いの理由は明確にはわからないが，カエリウスは前49年末にカエサルが経済状況改善のための施策を打ち出した直後に，それとは別の方策を提案したために反対されたが，前48年末になってもカエサルの施策が効果を示さなかったために，ドラベッラはカエリウスと同様の提案をし，都市民の支持とカエサルの了承を得ることができたと筆者は考える。

56 Ed. Meyer, *Caesars Monarchie und das Principat des Pompejus: innere Geschichte Roms von 66 bis 44 v. Chr.* (3 aufl.), 1922, S. 380; Dettenhofer, *op. cit.*, S. 171; Rawson, op. cit., p. 435.

57 J. T. Ramsey, Did Julius Caesar Temporarily Banish Mark Antony from his Inner Circle?, *The Classical Quarterly* New Series 54-1, 2004, pp. 161-173.

58 E. G. Huzar, *Mark Antony*, 1978, p. 68. 他に，Meyer, *op. cit.*, S. 375.

59 Dio, 42. 51, 1.

60 Dio, 42. 33, 3.

61 Adcock, op. cit., pp. 675-676.

62 Dio, 42. 30, 3: ὡς γὰρ οὐκέτ᾽ αὐτοῦ ἐπανήξοντος, ἀλλ᾽ ἐκεῖ που πρὸς τῶν Αἰγυπτίων, ὥσπερ που ἤκουον, ἀπολουμένου, διεφέροντο. τότε δὲ χρόνον μέν τινα ἐμετρίασαν, ἐπεὶ δὲ ἐπὶ τὸν Φαρνάκην ἐκεῖνος πρότερον ἐπεστράτευσεν, ἐστασίασαν αὖθις.「なぜなら，彼〔カエサル〕はもう帰ってこない，そこでエジプト人に殺害されたと，そのように聞いていたから，彼ら〔ドラベッラとトレボニウス〕は対立していた。それから，しばらくのあいだ，彼らは穏健になったが，その人〔カエサル〕がまずファルナケスのもとへ進軍するからといって，再び争いを始めた」。

63 Meyer, *op. cit.*, S. 374.

64 前43年，キケロがプラエトル候補者のラミアを推薦する書簡をD.ブルトゥスに送っている(*Epistulae ad Familiares*, 434(11. 16), 2; 435(11. 17))ことから，キケロはカエサル暗殺後でさえも，従来の公職選挙が回復すると考えていたと推測できる。

65 Cicero, *Orationes Philippicae*, 2. 30, 75; *Epistulae ad Familiaris*, 250 (9. 11); 311 (9. 13), 1.

66 Dettenhofer, *op. cit.*, S. 175.

67 Suetonius, *Iulius*, 36; Dio, 41. 40; Appianos, *Bella Civilia*, 2. 41; 47; 49.

68 Cicero, *Epistulae ad Atticum*, 245(12. 8).

69 Cicero, *Epistulae ad Familiares*, 217(9. 10); 250(9. 11); 263(9. 12); 311(9. 13).

70 Dettenhofer, *op. cit.*, S. 175-176.

71 Cicero, *Orationes Philippicae*, 2. 29, 72-73.

72 *Ibid*, 2. 29, 74.

73 Ramsey, op. cit., pp. 161–173.

74 Plutarchos, *Antonius*, 10, 2–3.

75 Welch, op. cit., p. 192.

76 Plutarchos, *Antonius*, 10, 4.

77 Cicero, *Orationes Philippicae*, 2. 30, 75.

78 Huzar, *op. cit.*, pp. 170–171; Dettenhofer, *op. cit.*, S. 192 も，アントニウスの態度の変化へのフルウィアの影響を論じている。

79 Plutarchos, *Antonius*, 11, 1.

80 Cicero, *Orationes Philippicae*, 2. 32, 78.

81 Plutarchos, *Antonius*, 10, 2; Huzar, *op. cit.*, pp. 70–71.

82 Cicero, *Orationes Philippicae*, 2. 30, 76.

83 Dettenhofer, *op. cit.*, S. 178.

84 Cicero, *Orationes Philippicae*, 2. 32, 79: ille induxit ut peteret, promissum et receptum interuertit ad seque transtulit; ... ueniunt Kalendae Ianuariae; cogimur in senatum; inuectus est copiosius multo in istum et paratius Dolabella quam nunc ego.「彼〔カエサル〕は選挙運動をさせ，約束され，認められていたものを奪い，自分のもとへと移した。……１月１日になった。私たちは元老院へと集められた。今の私よりもよりたくさん，より準備を整えて，ドラベッラは彼を非難した」。

85 Cicero, *Orationes Philippicae*, 2. 32, 80–33, 83.

86 *Ibid.*, 2. 32, 79.（註84）

87 Dio, 42. 33, 3.

88 Dettenhofer, *op. cit.*, S. 179 は，前44年時点でアントニウスは39歳，ドラベッラは最高でも36歳だったとしている。

89 Meyer, *op. cit.*, S. 458; Dettenhofer, *op. cit.*, S 178.

第５章　国家再建三人委員と公職選挙

1 カエサル暗殺から三人委員時代の政治の動向については，島田誠「ローマ帝国の王権――ローマ帝政の成立とその性格」網野善彦他編『人類社会の中の天皇と王権（岩波講座 天皇と王権を考える 1）』2002年，192〜202頁。

2 例えば，R. Syme, *The Roman Revolution*, 1939（以下，'Syme, *Roman Revolution*' と略記），p. 201; J. W. Rich and J. H. C. Williams, Leges et Ivra P. R. Restitvit: A New Aureus of Octavian and the Settlement of 28–27 BC., *The Numismatic Chronicle* 159, 1999, p. 188.

3 Dio, 53. 2, 5; Tacitus, *Annales*, 3. 28, 1–2. F. Millar, Triumvirate and Principate, H. M. Cotton and G. M. Rogers (eds.), *The Roman Republic and the Augustan Revolution* (*Rome, the Greek World, and the East* Vol. 1), 2002, p. 242 も参照。

4 Syme, *Roman Revolution*, p. 243.

5 *Ibid.*, p. 239.

6 F. Millar, op. cit., p. 246; C. Pelling, The Triumviral Period, A. K. Bowman, et al.

(eds.), *The Augustan Empire, 43 BC.-AD. 69* (*The Cambridge Ancient History* (2nd ed.) Vol. 10), 1996, p. 4.

7 R. Frei-Stolba, *Untersuchungen zu den Wahlen in der römischen Kaiserzeit*, 1967, S. 77-86.

8 他にも，例えば W. Eck, (translated by D. L. Schmeider and R. Daniel), *The Age of Augustus* (2nd ed.), Malden, 2007, p. 31.

9 Millar, op. cit., p. 244.

10 K.-E. Petzold, Die Bedeutung des Jahres 32 für die Entstehung des Principats, *Historia* 18-3, 1969, S. 338.

11 Appianos, *Bella Civilia*, 5. 20.

12 Dio, 50. 1, 1-2, 1. P. Wallmann, *Triumviri rei publicae constituendae: Untersuchungen zur politischen Propaganda im zweiten Triumvirat (43-30 v. Chr.)*, 1989, S. 296-342.

13 C. H. Lange, *Res Publica Constituta: Actium, Apollo and the Accomplishment of the Triumviral Assignment*, 2009, pp. 18-26.

14 B. Levick, *Augustus: Image and Substance*, 2010, pp. 51-53; F. J. Vervaet, The Secret History: The Official Position of Imperator Caesar Divi filius from 31 to 27 BCE., *Ancient Society* 40, 2010, pp. 80-97.

15 Appianos, *Bella Civilia*, 4. 2: ἀποθέσθαι μὲν τὴν ὕπατον ἀρχὴν Καίσαρα καὶ Οὐεντίδιον αὐτὴν ἐς τὸ λοιπὸν τοῦ ἔτους μεταλαβεῖν, καινὴν δὲ ἀρχὴν ἐς διόρθωσιν τῶν ἐμφυλίων νομοθετηθῆναι Λεπίδῳ τε καὶ Ἀντωνίῳ καὶ Καίσαρι, ἣν ἐπὶ πενταετὲς αὐτοὺς ἄρχειν, ἴσον ἰσχύουσαν ὑπάτοις· ὧδε γὰρ ἔδοξεν ἀντὶ δικτατόρων ὀνομάσαι, διὰ τὸ δόγμα ἴσως τὸ Ἀντωνίου κωλῦον ἔτι γίγνεσθαι δικτάτορα. τοὺς δὲ ἀποφῆναι μὲν αὐτίκα τῆς πόλεως ἄρχοντας ἐς τὰ ἐτήσια ἐπὶ τὴν πενταετίαν, τὰς δὲ ἡγεμονίας τῶν ἐθνῶν νειμαμένους.「カエサル〔オクタウィアヌス〕はコンスル職を辞し，その年の残りの期間，ウェンティディウスが代わりにその職を得ること，レピドゥス，アントニウス，カエサルが，5年間にわたって，コンスルと同等の権限を有する公職に就くことを法で定めること。おそらくそれは，これ以上独裁官が出現することを禁じたアントニウスの〔提案による〕元老院決議のためである。また，ただちに毎年の都市の公職者を5年分明示すること，属州総督を〔以下のように〕分配すること」。

16 *Ibid*., 4. 7: αὐτίκα δὲ ἐν μέσῳ τούτων ἤγετο ἐκκλησία, καὶ δήμαρχος Πούπλιος Τίτιος ἐνομοθέτει καινὴν ἀρχὴν ἐπὶ καταστάσει τῶν παρόντων ἐς πενταετὲς εἶναι τριῶν ἀνδρῶν, Λεπίδου τε καὶ Ἀντωνίου καὶ Καίσαρος, ἴσον ἰσχύουσαν ὑπάτοις.「ただちに彼ら〔アントニウス，レピドゥス，オクタウィアヌス〕の前で民会が開かれ，護民官プブリウス・ティティウスは，3人，すなわちレピドゥス，アントニウス，オクタウィアヌスが，〔国政の〕回復のために，5年間，コンスルと同等の権限を有する新しい公職に就くことを，法によって定めた」。

17 Dio, 46. 55, 2-3: τάδε διωμολογήσαντο· κοινῇ μὲν τοὺς τρεῖς πρός τε διοίκησιν καὶ πρὸς κατάστασιν τῶν πραγμάτων ἐπιμελητάς τέ τινας καὶ διορθωτάς, καὶ

τοῦτο οὐκ ἐς ἀεὶ δῆθεν ἀλλ᾽ ἐς ἔτη πέντε, αἱρεθῆναι, ὥστε τά τε ἄλλα πάντα, κἂν μηδὲν ὑπὲρ αὐτῶν μήτε τῷ δήμῳ μήτε τῇ βουλῇ κοινώσωσι, διοικεῖν, καὶ τὰς ἀρχὰς τάς τε ἄλλας τιμὰς οἷς ἂν ἐθελήσωσι διδόναι.「彼らはこれらのことを申し合わせた。3人は，無期限ではなく5年間の，行政や国政に関する問題の監督，再建者に選出されること。すべてのことを，そのどれも市民にも元老院にも諮ることなく，運営すること。彼らが望むように，公職やあらゆる名誉を与えること」。

18 *Ibid*., 47. 19, 4: τάς τε ἀρχὰς τὰς ἐν τῇ πόλει ἐπὶ πλείω ἔτη προαπέδειξαν, τούς τε ἐπιτηδείους σφίσιν ἅμα δι᾽ αὐτῶν τιμῶντες, καὶ τὰ πράγματα ἐπὶ μακρότερον ταῖς τῶν ἀρξόντων διαδοχαῖς κρατυνόμενοι.「また，彼らはさらに数年分の都市の公職者を事前に選出し，彼らに支払うべきものを与えると同時に，公職者選出をより長く引き受けるためにこのやり方を強めた」。

19 Th. Mommsen, *Römisches Staatsrecht* Bd. 2 (3. aufl.), 1952, S. 732; G. Tibiletti, *Principe e Magistrati Repubblicani: Ricerca di Storia Augustea e Tiberiana*, 1953, pp. 77–78; Frei-Stolba, *op. cit.*, S. 81; V. Fadinger, *Die Begründung des Prinzipats: quellenkritische und staatsrechtliche Untersuchungen zu Cassius Dio und der Parallelüberlieferung*, 1969, S. 35–37.

20 Dio, 48. 32, 1.

21 Dio, 48. 32, 3.

22 Dio, 48. 35, 1.

23 Appianos, *Bella Civilia*, 5. 73.

24 Dio, 48. 36, 4.

25 Dio, 48. 43, 2.

26 Fadinger, *op. cit.*, S. 35–37.

27 Dio, 48. 35, 2: ὑπάτους δὲ οὐ δύο ἐτησίους, ὥσπερ εἴθιστο, ἀλλὰ πλείους τότε πρῶτον εὐθὺς ἐν ταῖς ἀρχαιρεσίαις εἵλοντο.

28 Mommsen, *op. cit.*, Bd. 2, S. 707.

29 Mommsen, *op. cit.*, Bd. 1, S. 193, A. 1.

30 Fadinger, *op. cit.*, S. 37–40; 44–45; J. Bleicken, *Zwischen Republik und Prinzipat: zum Charakter des Zweiten Triumvirats*, 1990, S. 42.

31 Appianos, *Bella Civilia*, 4. 7.(註16)

32 Mommsen, *op. cit.*, Bd. 2, S. 732–733 は，平民会選出の公職については「おそらく」と留保を付しつつ，彼らの公職任命権はすべての公職におよんだとしている。

33 Dio, 48. 36, 4.

34 Frei-Stolba, *op. cit.*, S. 81; Millar, op. cit., p. 52; Pelling, op. cit., p. 4; Levick, *op. cit.*, p. 32.

35 Dio, 49. 16, 2.

36 Appianos, *Bella Civilia*, 4. 2.(註15)

37 Dio, 47. 19, 4.(註18)

38 Dio, 48. 35, 1: ἀφ᾽ οὗπερ καὶ ἀρχὰς ἄλλας τε ἐπὶ πλείω ἔτη καὶ τὴν τῶν ὑπάτων ἐς ὀκτὼ ὅλα προκατεστήσαντο, τοὺς μὲν ἀμειβόμενοι τῶν συναραμένων σφίσι,

τοὺς δὲ ὑπαγόμενοι.「そしてこのとき，以後数年間のすべての公職者と，8年間すべてのコンスルを事前に任命し，彼らの協力に報い，協力を誘った」。

39　Dio, 48. 35, 2.(註27)

40　Appianos, *Bella Civilia*, 5. 73.

41　Pelling, op. cit., p. 20. Vervaet, op. cit. は，ミセヌム協定で事前に選出されたコンスルについて，前38年と前37年のコンスルは前42年にすでに決定されていたため(Dio, 47. 19, 4)，アッピアノス(*Bella Civilia*,5.73)が伝える者たちは前36年から前33年までのコンスルに任命されたが(pp. 85-86)，タレントゥム協定後に再び変更され，彼らは前34年から前31年のコンスルとなったとしている(pp. 96-97)。

42　M. H. Crawford, *Roman Republican Coinage* 2 vols., 1974, no. 533 (M. ANTONIVS M. F. M. N. AVGVR IMP. TERT. COS. DESIGN. ITER. ET TERT. IIIVIR R. P. C.); 537 (IMP. CAESAR DIVI F. IIIVIR R. P. C. COS. ITER. ET TER. DESIG.); 538; 539; 540; 541.

43　Petzold, op. cit., S. 338.

44　Appianos, *Bella Civilia*, 5. 20.

45　Appianos, *Bella Civilia*, 5. 18. Z. Yavetz, *Plebs and Princeps*, 1969, p. 84 も参照。

46　Lange, *op. cit.*, pp. 22-23; Appianos, *Bella Civilia*, 5. 43.

47　Crawford, *op. cit.*, no. 533/3a.

48　P. Groebe, M. Antonius (30), G. Wissowa et al. (Hg.), *Paulys Real-Encyclopädie der classischen Altertumswissenschaft* Bd. I, 1894, Sp. 2595-2596; E. G. Huzar, *Mark Antony: A Biography*, 1978, p. 180.

49　Appianos, *Bella Civilia*, 5. 66; Dio, 48. 33, 1; Livius, *Periochae*, 127.

50　Dio, 50. 4, 3.

51　管見の限り，コンスル就任者のなかで「レピドゥス派」と呼べるような，レピドゥスに近い政治的立場をとる者はいなかった。しかし，その理由はわからない。

52　Dio, 48. 35, 1.(註38)

53　Plutarchos, *Antonius*, 30, 4: ὑπατεύειν δὲ τάξαντες, ὅτε μὴ δόξειεν αὐτοῖς, φίλους ἑκατέρων παρὰ μέρος.

54　表中②，⑤，⑩(以下，○数字は「表4　三人委員時代のコンスル就任者」の名前の欄の数字と対応している(註57・58も同))。なお，⑩は，前44年のアントニウスによる属州割当を引き受けた少数の者の一人(Cicero, *Orationes Philippicae*, 3. 10, 26)で，ボノニア協定時にはアントニウス派だった可能性も考えられる。しかし，前38年頃からオクタウィアヌスのもとでセクストゥス・ポンペイウスとの戦いに従事し(Appianos, *Bella Civilia*, 5. 81ff.)，その後，前32年にはアントニウスを公然と非難している(Plutarchos, *Antonius*, 58, 3-59, 1)。コンスル就任以降，サビヌスはオクタウィアヌスに近い政治的立場をとっていたと考えられる。

55　Syme, *op. cit.*, p. 129; pp. 234ff.; 島田前掲論文199～200頁。

56　Dio, 48. 36, 4.

57　表中㉘㉙を含めて算出。㉘については，セクストゥス・ポンペイウスのもとで活動していたが，セクストゥスとアントニウスの連携を模索したと伝えられている。

また，㉙については，アントニウスが自身の代わりに選出したと伝えられている(Dio, 49. 39, 1)。

58 表中⑩㉙。

59 R. Syme, *The Augustan Aristocracy*, 1986, p. 27によれば，前42年から前33年のコンスルのうち，オクタウィアヌス，アントニウス兄弟，すでにコンスルを経験した者を除いた34人のうち，12人がコンスル家系出身者だった。つまり，22人は非コンスル家系出身者だったこととなる。

60 前39年予定コンスルとされるサルウィディエヌス・ルフスも新人である。管見の限り，彼が前39年の予定コンスルとされる明確な史料はないが，新人コンスルの割合が突出している時期に彼もコンスルに任命されていた可能性は充分に推測できる。

61 P. A. Brunt, The Lex Valeria Cornelia, *The Journal of Roman Studies* 51, 1961, p. 75. なお，ブラントは非コンスル家系出身者を「新人」と定義している。

62 ディオは，前39年ミセヌム協定後に補充コンスルも数年先まで任命されたことを伝えるなかで，ディオの時代と同様に補充コンスルは‘σμικροτέρους ὑπάτους’と呼ばれていたと述べている(Dio, 48. 35, 3)。文脈上，‘σμικροτέρος”は「短期間の」とも「価値の劣る」とも解することができるが，補充コンスルが正規コンスルよりも威厳の劣るものだったことを示唆する記述だといえよう。

63 砂田徹「帝政期におけるトリブスの変質」『共和政ローマとトリブス制——拡大する市民団の編成』2006年，295頁。

64 L. Clodius, Tullus Hostilius, M. Insteius, Rufrenus（前42年）, C.（P.?）Falcidius（前41年）,（M.?）Nonius Balbus(前32年）.

65 *Digesta*, 1. 2, 2, 44; Gellius, *Noctes Atticae*, 7. 5, 1.

66 Syme, *Roman Revolution*, p. 245.

第Ⅲ部　アウグストゥス時代

1 Velleius Paterculus, 2. 89, 3-4: Finita vicesimo anno bella civilia, sepulta externa, revocata pax, sopitus ubique armorum furor, restituta vis legibus, iudiciis auctoritas, senatui maiestas, imperium magistratuum ad pristinum redactum modum, tantummodo octo praetoribus adlecti duo. Prisca illa et antiqua rei publicae forma revocata.「20年の内乱が終結され，外地は鎮圧され，平和は取り戻され，武器の猛りはいたるところで鎮められ，諸法には力が，法廷には権威が，元老院には威厳が回復され，公職者の命令権は，10人のプラエトルには２人が加えられはしたが，かつての範疇に戻された。古き良き国政の形態がよみがえった」。

2 *Ibid*., 2. 126, 2: Revocata in forum fides, summota e foro seditio, ambitio campo, discordia curia, sepultaeque ac situ obsitae iustitia, aequitas, industria civitati redditae; accessit magistratibus auctoritas, senatui maiestas, iudiciis gravitas.「フォルムに信義がよみがえり，フォルムからは騒乱が，〔マルスの〕野からは選挙買収が，元老院議場からは不和が排除され，埋没し，忘却に覆われていた正義，平等，熱意が市民のもとへ戻された。公職者には権威が，元老院議員には威信が，審判人には厳格さが付与された」。

3 Tacitus, *Annales*, 1. 2.(序章註１)

4 *Ibid*., 1. 15: nam ad eam diem, etsi potissima arbitrio principis, quaedam tamen studiis tribuum fiebant.

5 Dio, 53. 21, 6-7: ὅ τε δῆμος ἐς τὰς ἀρχαιρεσίας καὶ τὸ πλῆθος αὖ συνελέγετο· οὐ μέντοι καὶ ἐπράττετό τι ὃ μὴ καὶ ἐκεῖνον ἤρεσκε. τοὺς γοῦν ἄρξοντας τοὺς μὲν αὐτὸς ἐκλεγόμενος προεβάλλετο, τοὺς δὲ καὶ ἐπὶ τῷ δήμῳ τῷ τε ὁμίλῳ κατὰ τὸ ἀρχαῖον ποιούμενος ἐπεμελεῖτο ὅπως μήτ᾽ ἀνεπιτήδειοι μήτ᾽ ἐκ παρακελεύσεως ἢ καὶ δεκασμοῦ ἀποδεικνύωνται.

6 Th. Mommsen, *Römisches Staatsrecht* Bd. 2 (3 aufl.), 1952,(初出：1887-1888), S. 916-923.

7 P. M. Swan, Προβαλλεσθαι in Dio's Account of Elections under Augustus, *The Classical Quarterly* New Series. 32, 1982, pp. 436-440.

8 例えば F. Millar, *The Emperor in the Roman World (31 BC.-AD. 337)*, 1977, p. 301 は，これらの権限の有無を論じてはいないが，モムゼンと同じく，Dio, 53. 21, 6-7 を根拠に，アウグストゥスは公職選挙で候補者を推薦したとする。

9 R. Syme, *The Roman Revolution*, 1939, p. 386. 治世初期(前27年〜前19年)の非コンスル家系出身者の増加は，内乱で自身に貢献した者にコンスル職を与えたためであり(p. 325; 372)，アウグストゥスの地位が安定した治世中期(前18年〜後３年)には，共和政以来の有力家系出身者を恐れる必要がないため，彼らにコンスル就任を認めた(pp. 362; 372-373)。そして治世後期(４年〜14年)の非コンスル家系出身者とコンスル家系出身者の併存については，アウグストゥスが前者を(pp. 362-363)，アウグストゥスの後継者であるティベリウスが後者の選出に影響(pp. 434-435)をおよぼしたため，こうした状況が生じたと説明する。

10 A. H. M. Jones, The Election under Augustus, *Studies in Roman Goverment and Law*, 1960(初出：1955), pp. 29-50.

11 A. J. Holladay, The Election of Magistrates in the Early Principate, *Latomus* 37, 1978, pp. 878-879; 885.

12 R. Frei-Stolba, *Untersuchungen zu den Wahlen in der römischen Kaiserzeit*, 1967, S. 87-160. とくに S. 98.

13 B. Levick, Imperial Control of the Elections under the Early Principate: Commendatio, Suffragatio, and Nominatio, *Historia* 16-2, 1967, pp. 207-230.

14 A. E. Astin, 'Nominare' in Accounts of Elections in the Early Principate, *Latomus* 28, 1969, pp. 863-874; D. Flach, Destinatio und Nominatio im frühen Prinzipat, *Chiron* 6, 1976, S. 193-203.

15 R. J. A. Talbert, The Senate and Senatorial and Equestrian Posts; A. Bowman et al. (eds.), *The Augustan Empire, 43 BC.-AD. 69* (*The Cambridge Ancient History* (2nd ed.) Vol. 10), 1996, pp. 326-327.

16 B. Levick, *Augustus: Image and Substance*, 2010, p. 122.

17 R. Alston, *Aspects of Roman History AD. 14-117*, 1998, p. 18.

第6章　アウグストゥスの公職選挙に関する権限

1　R. Syme, *The Roman Revolution*, 1939, p. 337.

2　B. Levick, Imperial Control of the Elections under the Early Principate: Commendatio, Suffragatio, and Nominatio, *Historia* 16-2, 1967（以下，'Levick, Imperial Control' と略記），pp. 207-230.

3　Th. Mommsen, *Römisches Staatsrecht* Bd. 2 (3 aufl.), 1952, S. 718-720; J. Rich and J. H. C. Williams, Leges et Ivra P. R. Restitvit: A New Aureus of Octavian and the Settlement of 28-27 BC., *The Numismatic Chronicle* 159, 1999, p. 188 など。

4　Dio, 53. 1, 1.

5　Augustus, *Res Gestae Divi Augusti*, 34, 1.（序章註３）

6　Dio, 53. 12; Strabo, 17. 25 (C840).

7　Dio, 53. 6, 6.

8　*Ibid.*, 53. 32, 5: τήν τε ἀρχὴν τὴν ἀνθύπατον ἐσαεὶ καθάπαξ ἔχειν ὥστε μήτε ἐν τῇ ἐσόδῳ τῇ εἴσω τοῦ πωμηρίου κατατίθεσθαι αὐτὴν μήτ᾽ αὖθις ἀνανεοῦσθαι, καὶ ἐν τῷ ὑπηκόῳ τὸ πλεῖον τῶν ἑκασταχόθι ἀρχόντων ἰσχύειν ἐπέτρεψεν.

9　*Ibid.*, 54. 10, 5: ἐπιμελητής τε τῶν τρόπων ἐς πέντε ἔτη παρακληθεὶς δὴ ἐχειροτονήθη, καὶ τὴν ἐξουσίαν τὴν μὲν τῶν τιμητῶν ἐς τὸν αὐτὸν χρόνον, τὴν δὲ τῶν ὑπάτων διὰ βίου ἔλεβαν, ὥστε καὶ ταῖς δώδεκα ῥάβδοις ἀεὶ καὶ πανταχοῦ χρῆσθαι, καὶ ἐν μέσῳ τῶν ἀεὶ ὑπατευόντων ἐπὶ τοῦ ἀρχικοῦ δίφρου καθίζεσθαι.「彼が５年間の風紀監督官に任じられることが決定され，同期間でケンソルの，また，終身のコンスル権限を受けとった。そうして，彼はいつでもどこでも12人のリクトルを帯同し，つねに両コンスルの間の公職者椅子に座ることとなった」。

10　Mommsen, *op. cit.*, Bd. 2, S. 707.

11　*Ibid.*, S. 840.

12　*Ibid.*, S. 873.

13　*Ibid.*, S. 1098.

14　*Ibid.*, S. 846.

15　Syme, *op. cit.*, p. 336, n. 2.

16　A. H. M. Jones, The Imperium of Augustus, *Studies in Roman Goverment and Law*, 1960（以下，'Jones, Imperium' と略記），pp. 13-15.

17　P. A. Brunt and J. M. Moore (eds.), *Res Gestae Divi Augusti: The Achievements of the Divine Augustus*, 1967, pp. 12-14.

18　J. - L. Ferrary, À Propos des Pouvoirs d'Auguste, *Cahiers du Centre Gustave Glotz* 12, 2001, pp. 119-120.

19　*Ibid.*, pp. 121-130.

20　J. A. Crook, Augustus: Power, Authority, Achievement, A. K. Bowman et al. (eds.), *The Augustan Empire, 43 BC.-AD. 69* (*The Cambridge Ancient History* (2nd ed.) Vol. 10), 1996, pp. 86-87; 91-92; 島田誠「ローマ帝国の王権――ローマ帝政の成立とその性格」網野善彦他編『人類社会の中の天皇と王権（岩波講座 天皇と王権を考える 1)』2002年，205頁 など。

21 例えば，H. H. Scullard, *From the Gracchi to Nero: A History of Rome 133 BC. to AD. 68, with a New Foreword by D. Rathbone*, 2011, p. 182; 弓削達『ローマ帝国の国家と社会』1964年，130〜133頁; B. Levick, *Augustus: Image and Substance*, 2010,（以下，'Levick, *Augustus*' と略記）, pp. 89-90 など。

22 A. E. Cooley, *Res Gestae Divi Augusti: Text, Translation, and Commentary*, 2009, pp. 129-130; F. Hurlet, Consulship and Consuls under Augustus, H. Beck et al. (eds.), *Consuls and Res Publica: Holding High Office in the Roman Republic*, 2011, p. 328 など。

23 H. Siber, Die Wahlreform des Tiberius, *Festschrift Paul Koschaker; mit Unterstützung der Rechts- und Staatswissenschaftlichen Fakultät der Friedrich-Wilhelms-Universität Berlin und der Leipziger Juristenfakultät zum 60 Geburtstag überreicht von seinen Fachgenossen* Bd. 1, 1939, S. 193; R. Frei-Stolba, *Untersuchungen zu den Wahlen in der römischen Kaiserzeit*, 1967, S. 107; E. S. Staveley, *Greek and Roman Voting and Elections*, 1972, p. 222.

24 F. Millar, *The Emperor in the Roman World (31 BC.-AD. 337)*, London, 1977, pp. 61-62.

25 Dio, 55. 10, 10.

26 Tacitus, *Annales*, 4. 2, 1.

27 Suetonius, *Augustus*, 49, 1.

28 Tacitus, *Annales*, 6. 11; Dio, 54. 19, 6.

29 R. J. A. Talbert, The Senate and Senatorial and Equestrian Posts, A. K. Bowman et al. (eds.), *The Augustan Empire, 43 BC.-AD. 69* (*The Cambridge Ancient History* (2nd ed.) Vol. 10), 1996, pp. 338-339.

30 この役職については，前註以外にも G. Rickman, *The Corn Supply of Ancient Rome*, 1980, p. 62.

31 Dio, 54. 1, 4.

32 Dio, 54. 17, 1.

33 *Ibid.*, 54. 1, 1-5; Augustus, *Res Gestae Divi Augusti*, 5, 1; Dio, 54. 6, 1-3.

34 Brunt and Moore, *op. cit.*, pp. 13-14.

35 Augustus, *Res Gestae Divi Augusti*, 5, 1-3: dictaturam et apsenti et praesenti mihi delatam et a populo et a senatu, ... non recepi. non sum deprecatus in summa frumenti penuria curationem annonae, quam ita administravi, ut intra dies paucos metu et periclo praesenti civitatem universam liberarim impensa et cura mea. consulatum quoque tum annuum et perpetuum mihi delatum non recepi.「〔前22年，〕ローマを不在にしていたときにも，ローマに滞在していたときにも，ローマの市民と元老院から提示された独裁官職を，私は受けとらなかった。極度の穀物不足に際して，食糧供給への配慮を引き受けることを断らず，これに私が対処し，わずか数日のうちに，私の出費で危機と脅威から全市民を救った。それから，私に委ねられた1年間の，さらに終身のコンスル職を受けとらなかった」。

36 *Ibid.*, 6, 1 senatu populoque Romano consentientibus ut curator legum et morum

summa potestate solus crearer, nullum magistratum contra morem maiorum delatum recepi.「〔前19年, 前18年, 前11年に〕元老院とローマ市民が, 私が最高の権限を備えた, 法と道徳の監督官に単独で選出されることに合意したが, 私は父祖の遺風に反して付与されるいかなる公職をも受けとらなかった」。

37 Dio, 54, 1, 5 は, 前22年に独裁官等の権限を提示された時点で,「すでに独裁官以上の権限と名誉を有していたために(τήν τε γὰρ ἐξουσίαν καὶ τὴν τιμὴν καὶ ὑπὲρ τοὺς δικτάτπρας ἔχων)」これを受けとらなかったと述べている。

38 *Ibid.*, 54. 10, 5.

39 Suetonius, *Augustus*, 27, 5.

40 Tacitus, *Annales*, 1. 11.

41 Augustus, *Res Gestae Divi Augusti*, 8, 2-4.

42 *Ibid.*, 34, 3.(序章註29)

43 Mommsen, *op. cit.*, Bd. 2, S. 917.

44 *Ibid.*, S. 921-923.

45 A. H. M. Jones, The Election under Augustus, *Studies in Roman Goverment and Law*, (以下, 'Jones, Election' と略記), 1960, pp. 33-35.

46 W. K. Lacey, Nominatio and the Elections under Tiberius, *Historia* 12-2, 1963, pp. 167-176. 予備選挙については, 第 7 章で詳述。

47 Levick, Imperial Control, pp. 214-221; Levick, *Augustus*, p. 122.

48 A. E. Astin, 'Nominare' in Accounts of Elections in the Early Principate, *Latomus* 28, 1969, pp. 863-874.

49 A. J. Holladay, The Election of Magistrates in the Early Principate, *Latomus* 37, 1978, p. 881.

50 Tacitus, *Annales*, 1. 14: Candidatos praeturae duodecim nominavit, numerum ab Augusto traditum; et hortante senatu ut augeret, iure iurando obstrinxit se non excessurum.

51 *Ibid.*, 1. 15: Tum primum e campo comitia ad patres translata sunt ... libens tenuit, moderante Tiberio ne plures quam quattuor candidatos commendaret sine repulsa et ambitu designandos.「このときはじめて, 民会〔公職選挙〕が〔マルスの〕野〔ケントゥリア民会会場〕から元老院へと移された。……元老院は, 買収と卑しい懇願から解放され, また, 落選も買収もなしに選出されるべきであるとして 4 人以上の候補者を推薦しないとティベリウスが自制したことで, 喜んで受け入れた」。

52 Levick, Imperial Control, p. 216 も参照。

53 Velleius Paterculus, 2. 124, 3: primum principalium eius operum fuit ordinatio comitiorum, quam manu sua scriptam divus Augustus reliquerat.「〔アウグストゥスの死後〕, 彼〔ティベリウス〕の第一の仕事は選挙での配役(ordinatio comitiorum)であり, 神アウグストゥスは自身の手でこれについて書き残していた」。

54 *Ibid.*, 2. 124, 4: ut neque post nos quemquam divus Augustus neque ante nos Caesar commendaret Tiberius.

55 Tacitus, *Annales*, 2. 36: Et certamen Gallo adversus Caesarem exortum est. Nam

censuit in quinquennium magistratuum comitia habenda, utque legionum legati, qui ante praeturam ea militia fungebantur, iam tum praetores destinarentur, princeps duodecim candidatos in annos singulos nominaret. Haud dubium erat eam sententiam altius penetrare et arcana imperii temptari.

56 B. Levick, *Tiberius the Politician* (Revised ed.), 1999, p. 223.

57 Plinius, *Panegyricus*, 69, 1. Cepisti tamen et adfectus nostri et iudicii experimentum, quantum maximum praesens capere potuisti, illo die quo sollicitudini pudorique candidatorum ita consuluisti, ne ullius gaudium alterius tristitia turbaret. Alii cum laetitia, alii cum spe recesserunt; multis gratulandum, nemo consolandus fuit.

58 *Ibid.*, 71, 1: Iam quo adsensu senatus, quo gaudio exceptum est, cum candidatis ut quemque nominaveras osculo occurreres, devexus quidem in planum et quasi unus ex gratulantibus.

59 *Ibid.*, 71, 6: Atque etiam, cum suffragatorum nomina honore quo solent exciperentur, tu quoque inter excipientes eras, et ex ore Caaesaris ille senatorius adsensus audiebatur.「またさらに，推薦者の名が，慣例となっているように，名誉によって引き受けられるとき，あなたもまた引き受ける者たちのなかに身をおき，彼〔候補者〕はカエサルの口から元老院議員の承認を聞かされるのです」。

60 *Ibid.*, 72, 1. Iam quod precatus es caelites, ut illa ipsa ordinatio comitiorum bene ac feliciter eveniret nobis rei publicae tibi.「それからあなたはこの選挙での配役(ordinatio comitorum)がわれわれにとって，国家にとって，あなたにとって，良くそして幸運なものとなるよう，天上の神々へ祈りを捧げます」。

61 立候補申請を認められた者の元老院への提示から投票までの進行については，Plinius, *Epistulae*, 3. 20, 5-7: citato nomine candidati silentium summum; dicebat ipse pro se; explicabat vitam suam, testes et laudatores dabat vel eum sub quo militaverat, vel eum cui quaestor fuerat, vel utrumque si poterat; addebat quosdam ex suffragatoribus; illi graviter et paucis loquebantur. Plus hoc quam preces proderat. Non numquam candidatus aut natales competitoris aut annos aut etiam mores arguebat. Audiebat senatus gravitate censoria. Ita saepius digni quam gratiosi praevalebant. Quae nunc immodico favore corrupta ad tacita suffragia quasi ad remedium decucurrerunt.「全くの沈黙のなか，候補者の名が読み上げられます。彼自身が自分のために話します。彼の経歴を述べます。その人のもとで軍務に服した，あるいはその人のクアエストルを務めた，もし可能ならばその両方を，証言者ないし賞賛者として提示します。そして推薦者(suffragator)をそこに加えます。彼らは多くを語りません。嘆願以上にこうしたものが有益なのです。時々，対立候補の出自，年齢，さらに習慣を問題にする候補者がおります。元老院は厳格な厳しさをもって耳を傾けます。そうして，威厳が人気に頻々と勝るのです。今や，甚大な好意により堕落した者たちが，あたかも救済に頼るかの如く，沈黙の〔投票板による〕投票に頼っております」。

62 *Lex de Imperio Vespasiano*, ll. 10-13 (H. Dessau (ed.), *Inscriptiones Latinae Selectae* Bd. 1, 1892, 244): utique quos magistratum potestatem imperium cura-

tionemve cuius rei petentes senatui populoque Romano commendaverit, quibusque suffragationem suam dederit promiserit, eorum comitis quibusque extra ordinem ratio habeatur.「また，彼〔ウェスパシアヌス〕は，公職者，職権，命令権，あるいは彼に関わることに権能を有する監督職を請い求める者を，元老院とローマ市民に推薦する(commendaverit)。そして彼は自身の推薦(suffragatio)をその者たちに与え，約束する。その民会において，彼らに対して特別な配慮がなされる」。

63 Mommsen, *op. cit.*, Bd. 2, S. 921-925.

64 Siber, op. cit., S. 183-188.

65 Levick, Imperial Control, pp. 211-214. ほかにも，Holladay, op. cit., pp. 879-880.

66 Frei-Stolba, *op. cit.*, S. 98-99.

67 例えば，Staveley, *op. cit.*, pp. 220-221.

68 Suetonius, *Augustus*, 56, 1: Quotiens magistratuum comitiis interesset, tribus cum candidatis suis circuibat supplicabatque more sollemni. Ferebat et ipse suffragium in tribu, ut unus e populo.

69 この語の用法については，G. E. M. de Ste. Croix, Suffragium: from Vote to Patronage, *The British Journal of Sociology* 5-1, 1954, pp. 33-48 も参照。

70 P. G. W. Glare (ed.), *Oxford Latin Dictionary* (2nd ed.), Vol. 2, 2012, p. 2052.

71 先に取り上げたプリニウスの記述(Plinius, *Panegyricus*, 71, 6(註59); Plinius, *Epistulae*, 3. 20, 5-7(註61))から，トラヤヌス時代においても 'suffragium' ないし 'suffragatio' は皇帝一人に独占された行為ではなかったことがわかる。

72 Suetonius, *Augustus*, 56, 2: Numquam filio suos populo commendavit ut non adiceret: "Si merebuntur."

73 Dio, 55. 34, 2: τότε δὲ τῇ μὲν γερουσίᾳ καὶ ἄνευ ἑαυτοῦ τὰ πολλὰ δικάζειν ἐπέτρεπεν, ἐς δὲ τὸν δῆμον οὐκέτι παρῄει, ἀλλὰ τῷ μὲν προτέρῳ ἔτει πάντας τοὺς ἄρξοντας αὐτός, ἐπειδήπερ ἐστασιάζετο, ἀπέδειξε, τούτῳ δὲ καὶ τοῖς ἔπειτα γράμματά τινα ἐκτιθεὶς συνίστη τῷ τε πλήθει καὶ τῷ δήμῳ ὅσους ἐσπούδαζε.「それから，彼〔アウグストゥス〕は彼不在で多くの事柄を裁定することを元老院に委ね，また，もはや市民のなか〔民会〕に参加することはなかった。しかし，その前年，衝突が生じたためであるが，彼自身がすべての公職就任者を任命し，これ以後，名簿を掲示して，彼が望むだけの者たちを平民と市民に推薦した」。

74 Dio, 58. 20, 4: καὶ μετὰ τοῦτο ἔς τε τὸν δῆμον καὶ ἐς τὸ πλῆθος οἱ προσήκοντες ἑκατέρῳ, τῆς ἀρχαίας ὁσίας ἕνεκα, … ἐσιόντες ἀπεδείκνυντο.「〔後33年の公職選挙について，〕いずれに関係するかに応じて，古来からの掟に従い，……市民と平民のもとへ(τε τὸν δῆμον καὶ ἐς τὸ πλῆθος)赴き，任命された」。

75 Tacitus, *Annales*, 1. 15.(註51)

76 G. Tibiletti, *Principe e Magistrati Repubblicani: Ricerca di Storia Augustea e Tiberiana*, 1953, p. 98.

77 前27年首都担当プラエトル(Dio, 53. 2, 3)，前23年コンスル，カルプルニウス・ピソ(Tacitus, *Annales*, 2. 43)およびセスティウス(Dio, 53. 32, 4)，前22年ケンソル(Dio, 54. 2, 1)，前19年コンスル(Dio, 54. 10, 2)，前 7 年度コンスル(Dio, 55. 6, 5)，

後5年コンスル(Seneca, *De Clementis*, 1. 9, 12; Dio, 55. 22, 1-2), 8年全公職者(Dio, 55. 34, 2)。

78 Dio, 53. 28, 4. 他にも，前7年度公職選挙の記述でも，'ἀποδεικνύμι' が「当選を宣言する(される)」の意味で用いられている。Dio, 55. 5, 3: αἰτιαθέντων καὶ ἐκείνων καὶ τῶν ἄλλων ἀρχόντων ὡς ἐκ δεκασμοῦ τινος ἀποδεδειγμένων,「両コンスルと他の公職者が買収によって当選宣言を受けたと告発されたことについて」。

79 Dio, 53. 32, 4.(註85)

80 Dio 54. 10, 2: ἐπειδὴ δὲ μὴ ἠθέλησεν αὐτῇ χρήσασθαι, πρέσβεις πρὸς τὸν Αὔγουστον, μετὰ δύο ῥαβδούχων ἕκαστον, ἔπεμψαν. μαθὼν οὖν ταῦτ᾽ ἐκεῖνος, καὶ συνιδὼν ὅτι οὐδὲν πέρας τοῦ κακοῦ γενήσοιτο, οὐκέτ᾽ αὐτοῖς ὁμοίως ὥσπερ καὶ πρὶν προσηνέχθη, ἀλλ᾽ ἔκ τε τῶν πρεσβευτῶν αὐτῶν Κύιντον Λουκρήτιον, καίπερ ἐν τοῖς ἐπικηρυχθεῖσιν ἀναγραφέντα, ὕπατον ἀπέδειξε, καὶ αὐτὸς ἐς τὴν Ῥώμην ἠπείχθη.「彼はそれを使うことを望まなかったので，彼らはそれぞれ2人のリクトルをつけて，アウグストゥスに使者を送った。そこでそれらの出来事を知ると，アウグストゥスは悪事に終わりはないことを悟り，もはや以前と同じようにそれらについて非難することはせずに，〔アウグストゥスのもとに来ていた〕使者のなかから，かつては公告者のなかに記録されていたにもかかわらず，Q. ルクレティウスをコンスルに任命し，自身はローマへと急いだ」。

81 Cicero, *Epistulae ad Atticum*, 245 (12. 8)は，前45年，独裁官カエサルがヒスパニアで公職者を選出する可能性を伝えており，都市ローマ外でのコンスル命令権(カエサルの場合は独裁官権限)保有者による公職選挙実施の可能性を示唆している。

82 Dio, 54. 10, 2.

83 Dio, 55. 34, 2.

84 Tacitus, *Annales*, 2. 43.

85 Dio, 53. 32, 4: καὶ ἐπί τε τούτῳ ἔπαινον ἔσχε, καὶ ὅτι Λούκιον ἀνθ᾽ ἑαυτοῦ Σήστιον ἀνθείλετο, ἀεί τε τῷ Βρούτῳ συσπουδάσαντα καὶ ἐν πᾶσι τοῖς πολέμοις συστρατεύσαντα, καὶ ἔτι καὶ τότε καὶ μνημονεύοντα αὐτοῦ καὶ εἰκόνας ἔχοντα καὶ ἐπαίνους ποιούμενον·「このため，彼〔アウグストゥス〕は栄誉を手にし，また，かつてブルトゥスのもとへ駆け込み，内乱を通じて軍務につき，そのときまだ，彼のことをよく記憶に留め，その像をもち，頌詩を読んだ，ルキウス・セスティウスを彼自身の代わりに選出した」。

86 Dio, 55. 22, 1-2: Ταῦτα τῆς Λιουίας εἰπούσης ὁ Αὔγουστος ἐπείσθη τε αὐτῇ, καὶ ἀφῆκε μὲν πάντας τοὺς ὑπαιτίους λόγοις τισὶ νουθετήσας, τὸν δὲ δὴ Κορνήλιον καὶ ὕπατον ἀπέδειξε. κἀκ τούτου καὶ ἐκεῖνον καὶ τοὺς λοιποὺς ἀνθρώπους οὕτως ᾠκειώσατο ὥστε μηδένα ἔτ᾽ αὐτῷ τῶν ἄλλων μήτ᾽ ὄντως ἐπιβουλεῦσαι μήτε δόξαι·「アウグストゥスは〔反逆者を赦すべきだという〕リウィアの提案と彼女自身に説得され，言葉でもって注意をすると，被告全員を解放し，さらにコルネリウス〔・キンナ〕をコンスルに任命した。これによって，アウグストゥスは彼〔キンナ〕や他の者たちを懐柔し，それ以降，彼らは彼〔アウグストゥス〕に対して実際に反抗しなかったばかりか，なんら反抗を企てもしなかった」。Dio, 55. 14, 1-21, 4; Seneca,

de Beneficiis, 4. 30, 2 も参照。

87 Dio, 55. 6, 5: τὸν δ᾽ οὖν Τιβέριον ἐς τὴν τοῦ αὐτοκράτορος ἀρχὴν ἀντὶ τοῦ Δρούσου προαγαγὼν τῇ τε ἐπικλήσει ἐκείνῃ ἐγαύρωσε καὶ ὕπατον αὖθις ἀπέδειξε.「それから，彼〔アウグストゥス〕はティベリウスを，ドルススの代わりに，指揮官の地位に昇格させ，〔インペラトルの〕称号により彼に自信を与えると，再び彼をコンスルに任命した」。

88 Suetonius, *Augustus*, 26, 2.

89 Dio, 53. 2, 3: πρὸς δὲ δὴ τούτοις τὸν ἀστυνόμον αὐτὸς ἀπέδειξεν· ὃ καὶ αὖθις πολλάκις ἐποίησε.「これらと並んで，アウグストゥスは自身で首都担当プラエトルを任命した。彼はしばしばこれをおこなった」。

90 帝政初期に設置された役職については，Talbert, op. cit., pp. 338-339.

91 以下で取り上げるもの以外では，Mommsen, *op. cit.*, Bd. 2, S. 718-720: V. Fadinger, *Die Begründung des Prinzipats: quellenkritische und staatsrechtliche Untersuchungen zu Cassius Dio und der Parallelüberlieferung*, 1969, S. 143-145: C. Pelling, The Triumviral Period, A. K. Bowman et al. (eds.), *The Augustan Empire, 43 BC.-AD. 69* (*The Cambridge Ancient History* (2nd ed.) Vol. 10), 1996, pp. 26-27.

92 H. W. Benario, Octavian's Status in 32 BC., *Chiron* 5, 1975, p. 304. なお，ベナリオは三人委員の任期満了を前33年末日としている。

93 C. H. Lange, *Res Publica Constituta: Actium, Apollo, and the Accomplishment of the Triumviral Assignment*, 2009, pp. 191-192.

94 Augustus, *Res Gestae Divi Augusti*, 34, 1.(註５)

95 A. E. Cooley, *op. cit.*, p. 260. また，Rich and Williams, op. cit., pp. 200-201 は，前28年に公職者選出に関する権限もローマ市民に返還されたとする。

96 Mommsen, *op. cit.*, Bd. 2, S. 916-917 は，アウグストゥスによる公職者任命は三人委員オクタウィアヌスに帰属した裁量権が起源だったと主張する。

第７章　アウグストゥス時代のコンスル選挙

1 R. Syme, *The Roman Revolution*, 1939, pp. 370-371; R. Frei-Stolba, *Untersuchungen zu den Wahlen in der römischen Kaiserzeit*, 1967, S. 101-102.

2 A. H. M. Jones, The Election under Augustus, *Studies in Roman Goverment and Law*, 1960, pp. 35-36. 他に，弓削達『ローマ帝国の国家と社会』1964年，158〜159頁。

3 本文で取り上げる２人以外では，前31年正規コンスル M. Valerius Messalla Corvinus は反カエサル派(Velleius Paterculus, 2. 71, 1)からアントニウス派(Appianos, *Bella Civilia*, 4. 136)，M. Titius はポンペイウス派(Dio, 48. 30, 5)からアントニウス派(Dio, 49. 18, 2)，前30年補充コンスル L. Saenius はポンペイウス派(Appianos, *Bella Civilia*, 4. 50)だったことが確認できる。

4 Appianos, *Bellum Illyricum*, 17.

5 Dio, 51. 4, 3.

6　Appianos, *Bella Civilia*, 4. 51: ἐπὶ δὲ ἐκείνοις αὐτὸν ὁ Καῖσαρ ἐς ἀπολογίαν τῆς Κικέρωνος ἐκδόσεως ἱερέα τε εὐθὺς ἀπέφηνε καὶ ὕπατον οὐ πολὺ ὕστερον καὶ Συρίας στρατηγόν.

7　Augustus, *Res Gestae Divi Augusti*, 34, 1.(第6章註5)

8　Dio, 53. 1, 1.

9　P. Matyszak, *The Sons of Caesar: Imperial Rome's First Dynasty*, 2006, pp. 94-95.

10　B. Levick, *Augustus: Image and Substance*, 2010, pp. 87-88.

11　Tacitus, *Annales*, 2. 43.

12　Dio, 54. 1, 1-4; Augustus, *Res Gestae Divi Augusti*, 5, 1.

13　Dio, 54. 6, 1-3.

14　エグナティウス・ルフスのアエディリス，プラエトル就任年については，P. Badot, À Propos de la Conspiration de M. Egnatius Rufus, *Latomus* 32, 1973, pp. 606-615; D. A. Phillips, The Conspiracy of Egnatius Rufus and the Election of Suffect Consuls under Augustus, *Historia* 46-1, 1997, pp. 103-112.

15　Velleius Paterculus, 2. 92, 4: et Egnatium florentem favore publico sperantemque ut praeturam aedilitati, ita consulatum praeturae se iuncturum, profiteri vetuit, et cum id non obtinuisset, iuravit, etiam si factus esset consul suffragiis populi, tamen se eum non renuntiaturum.

16　Velleius Paterculus, 2. 91, 3-4; 2. 92, 4; Dio, 53. 10, 1-2; 53. 24, 4-6.

17　Dio, 54. 10, 1-2.

18　Jones, op. cit., p. 36 は，前22年以降の公職選挙の混乱のみならず，前18年に選挙運動に関するユリウス法(後述)が成立したことも，それまで公職選挙において自由な競争が継続していたことを証左すると主張している。

19　Velleius Paterculus, 2. 91, 3.

20　H. Siber, Die Wahlreform des Tiberius, *Festschrift Paul Koschaker; mit Unterstützung der Rechts- und Staatswissenschaftlichen Fakultät der Friedrich-Wilhelms-Universität Berlin und der Leipziger Juristenfakultät zum 60 Geburtstag überreicht von seinen Fachgenossen* Bd. 1, 1939, S. 193.

21　Frei-Stolba, *op. cit.*, S. 116-117.

22　Dio 54. 16, 1: Ὁ δ᾽ οὖν Αὔγουστος ἄλλα τε ἐνομοθέτησε, καὶ τοὺς δεκάσαντας τινας ἐπὶ ταῖς ἀρχαῖς ἐς πέντε ἔτη αὐτῶν εἶρξε. Suetonius, *Augustus*, 40, 1 も参照。

23　A. von Premerstein, *Vom Werden und Wesen des Prinzipats*, 1937, S. 158 は，この法をアウグストゥスによる立候補申請受付と関連づけ，立候補者の資格審査はそれまでコンスルに委ねられていたため，これを調整する目的でこの法は制定されたとする。

24　Jones, op. cit., p. 36.

25　A. J. Holladay, The Election of Magistrates in the Early Principate, *Latomus* 37, 1978, p. 883.

26　Dio 55. 5, 3: καὶ μετὰ τοῦθ᾽ ὁ Αὔγουστος, αἰτιαθέντων καὶ ἐκείνων καὶ τῶν

ἄλλων ἀρχόντων ὡς ἐκ δεκασμοῦ τινος ἀποδεδειγμένων, τοῦτο μὲν οὔτε ἐξήλεγξεν οὔτ᾽ ἀρχὴν προσεποιήσατο εἰδέναι· οὔτε γὰρ κολάσαι τινας οὔτ᾽ αὖ συγγνῶναι ἐλεγχθεῖσιν ἠθέλησε· τοὺς δὲ δὴ σπουδαρχιῶντας χρήματα πρὸ τῶν ἀρχαιρεσιῶν ὥσπερ τι ἐνέχυρον προήτησεν, ἐπὶ τῷ μηδὲν τοιοῦτο αὐτοὺς ποιῆσαι ἢ στερηθῆναι τῶν δεδομένων.

27 H. H. Scullard, *From the Gracchi to Nero: A History of Rome 133 BC. to 68 AD., with a New Foreword by D. Rathbone*, 2011, p. 190. これに対して，W. Eck (translated by D. L. Schmeider and R. Daniel),The Age of Augustus (2nd ed.), 2007, p. 82 は，アウグストゥスが介入したためにこの時期の公職選挙は混乱しなかったとする。

28 Suetonius, *Augustus*, 40, 2.

29 Syme, *op. cit.*, p. 373.

30 P. A. Brunt, The Lex Valeria Cornelia, *The Journal of Roman Studies* 51, 1961, p. 73.

31 R. J. A. Talbert, The Senate and Senatorial and Equestrian Posts, A. Bowman et al. (eds.), *The Augustan Empire, 43 BC.-AD. 69* (*The Cambridge Ancient History* (2nd ed.) Vol. 10), 1996, pp. 338-339 は，ローマおよびイタリアにおける元老院議員の官職増加と関連づける。

32 Levick, *op. cit.*, p. 123.

33 Syme, *op. cit.*, p. 362; pp. 372-373.

34 Brunt, op. cit., p. 75.

35 Phillips, op. cit., p. 112. また，クラウディウスが死去する際に，クラウディウス死後の補充コンスルは選出されていなかった(Suetonius, *Claudius*, 46.)。

36 弓削『前掲書』165〜180頁。

37 ヘバ青銅板の校訂に関しては M. H. Crawford (ed.), *Roman Statutes*, 1996, § 37-38; L. R. Taylor, *Roman Voting Assemblies from the Hannibalic War to Dictatorship of Caesar*, 1966, Appendix I; V. Ehrenberg and A. H. M. Jones (eds.), *Documents Illustrating the Reigns of Augustus and Tiberius* (2nd ed.), 1955, pp. 76-79 を参照した。

38 *Tabula Hebana*, ll. 6-9: utique ad decem centurias Caesarum quae de consulibus praetoribus destinandis suffragium ferre solent adiciantur quinque; centuriaeque quae primae decem citabuntur Cai et Luci Caesarum appellentur, insequentes quinque Germanici Caesaris; inque is omnibus centuris senatores et equites omnium decuriarum quae iudiciorum publicorum caussa constitutae sunt erunt suffragium ferant.「また，コンスルとプラエトルの予選のために投票することが習いとなっている，カエサルの10ケントゥリアに 5〔ケントゥリア〕が加えられるべし。前者10ケントゥリアはガイウスおよびルキウス・カエサルの〔ケントゥリア〕と呼ばれ，後者 5 ケントゥリアはゲルマニクス・カエサルの〔ケントゥリア〕と呼ばれる。これらすべてのケントゥリアにおいて，元老院議員，公法廷のために構成されている，また構成されるであろう，全デクリアの騎士たちが投票すべし」。

39 *Tabula Hebana*, ll. 21-26: deinde in conspectu omnium magistratuum et eorum qui suffragium laturi erunt sedentium in supsellis, sicuti cum in decem centurias Caesarum suffragium ferebatur sedebant, is trium et triginta tribuum excepta Sucusana et Esquilina pilas quam maxime aequatas in urnam uersatilem coici et sortitionem pronuntiari iubeat sortirique qui senatores et equites in quamque cistam suffragium ferre debeant, dum in centurias primas quae Cai et Luci Caesarum adpellantur sortitio fiat ita uti in primam secundam tertiam quartam cistas sortiatur binas tribus in quintam cistam tres, in sextam septimam octauam nonam binas, in decimam tres.「それから，10ケントゥリアで投票しようと座っていた時と同様に，腰掛に座っている公職者および投票予定者たち全員の眼前で，〔選挙主宰者は〕可能な限り同じ〔形状〕にした，スクサナとエスクィリナを除く33トリブスの球を動かした壺に投じ，抽選が開示されるよう命じ，また元老院議員と騎士の誰がどの籠に票を投じねばならないか抽選されるように命じる。すなわち，ガイウスとルキウス・カエサルにちなんで名づけられた最初のケントゥリアにおいて，第一，第二，第三，第四の籠に２トリブスが，第五の籠に３トリブスが籤で割り当てられ，第六，第七，第八，第九の籠に２トリブスが，第十の籠に３トリブスが〔割り当てられる〕」。

40 *Tabula Hebana*, ll. 38-44: deinde delatis diribitisque eius destinationis suffragis ex quindecim centuris Cai et Luci Caesarum et Germanici Caesaris tabellaque prolata centuriae eius quae sorte ducta erit, is qui eam destinationem habebit eam tabellam ita recitet uti eum ex ea lege, quam Lucius Valerius Messalla Volesus Cnaeus Cornelius Cinna Magnus consules tulerunt, ex decem centuris Cai et Luci Caesarum tabellam centuriae eius quae sorte ducta esset recitare oporteret, dum quae tabula centuriae Cai et Luci Caesarum sorte ducta erit eam sub nomine Cai et Luci Caesarum recitandam quique ea centuria candidati destinati sint unumquemque sub illorum nomine renuntiandum curet.「ガイウスとルキウス・カエサル，およびゲルマニクス・カエサルの15ケントゥリアによるこの予備選挙の票が〔投票場に〕運ばれ，集計されてから，籤で選ばれたケントゥリアの投票板が公表される。予備選挙主宰者は，コンスルだったルキウス・ウァレリウス・メッサッラ・ウォレススとグナエウス・コルネリウス・キンナ・マグヌスが可決させた法律に基づき，ガイウスとルキウス・カエサルの10ケントゥリアから籤で選ばれたケントゥリアの投票板を読み上げねばならなかったのと同様に，この投票板を読み上げる。そして，籤で選ばれたガイウスとルキウス・カエサルのケントゥリアの票は，そのケントゥリアによって誰が予選候補者とされたかを，ガイウスとルキウス・カエサルの名のもとで読み上げられ，各人が同じ名のもとで投票が承認されるよう，〔予備選挙主宰者は〕配慮すること」。

41 G. Tibiletti, *Principe e Magistrati Repubblicani: Ricerca di Storia Augustea e Tiberiana*, 1953, p. 22.

42 *Ibid*., pp. 40-42.

43 E. S. Staveley, *Greek and Roman Voting and Elections*, 1972, pp. 218-219. Levick,

op. cit., p. 123 も同様の見解を示す。

44 J. A. Crook, Augustus: Power, Authority, Achievement, A. K. Bowman et al (eds.), *The Augustan Empire, 43 BC.-AD. 69* (*The Cambridge Ancient History* (2nd ed.) Vol. 10), 1996, p. 127.

45 Jones, op. cit., pp. 43-45; 50. Scullard, *op. cit.*, p. 191 もこの説に従う。

46 Frei-Stolba, *op. cit.*, S. 128.

47 Brunt, op. cit., pp. 72-73.

48 *Ibid.*, pp. 76-78. Staveley, *op. cit.*, p. 219 はブラントの説明を支持している。

49 D. Flach, Destinatio und Nominatio im frühen Prinzipat, *Chiron* 6, 1976, S. 200-201.

50 B. Levick, *Tiberius the Politician* (Revised ed.), 1999, p. 52.

51 Holladay, op. cit., p. 886.

52 新保良明「ローマ帝政初期における政務官選挙」『長野工業高等専門学校紀要』19, 1988年, 132～133頁。

53 Dio, 55. 34, 2.(第6章註73)

54 前13年二十人役および護民官(Dio, 54. 26, 3-9), 前12年護民官(Dio, 54. 30), 後5年アエディリス(Dio, 55. 34, 2), 12年護民官(Dio, 56. 27)。Jones, op. cit., p. 32 は, 護民官は立法, アエディリスは見世物開催という, 市民の人気を獲得する機会を奪われ, 利益と魅力がなくなったために, これらの公職候補者が不足したと指摘する。

55 Holladay, op. cit., pp. 886-887.

56 Siber, op. cit., S. 183-184.

57 予備選挙導入により, 全193ケントゥリア中, 騎士ケントゥリア18のいくつかが予備選挙に移ったと考えられるが, 予備選挙導入後のケントゥリア民会の構成は知られていない。

58 *Tabula Hebana*, l. 20.

59 W. K. Lacey, Nominatio and the Elections under Tiberius, *Historia* 12-2, p. 171

60 Dio, 56. 25, 4.

61 Tacitus, *Annales*, 1. 15.(第6章註51)